PLANETA FAVELA

PLANETA FAVELA

Mike Davis

POSFÁCIO
Erminia Maricato

ENSAIO FOTOGRÁFICO
André Cypriano

TRADUÇÃO
Beatriz Medina

Copyright © Mike Davis, 2006
Copyright desta edição © Boitempo, 2006

Título original: *Planet of slums* (Londres, Verso, 2006)

COORDENAÇÃO EDITORIAL	Ivana Jinkings
ASSISTÊNCIA	Ana Paula Castellani
TRADUÇÃO	Beatriz Medina
EDIÇÃO DE TEXTO	Sandra Brazil (preparação)
	Leticia Braun (revisão)
DIAGRAMAÇÃO	Raquel Sallaberry Brião
CAPA	Antonio Kehl
FOTOS (MIOLO E CAPA)	André Cypriano
PRODUÇÃO GRÁFICA	Livia Campos

CIP-BRASIL. CATALOGAÇÃO-NA-FONTE
SINDICATO NACIONAL DOS EDITORES DE LIVROS, RJ

D 294P

Davis, Mike, 1946-
    Planeta Favela / Mike Davis ; tradução de Beatriz Medina.
    - São Paulo : Boitempo, 2006
    272 p. : il.

    Inclui bibliografia
    ISBN 978-85-7559-087-4

    1. Favelas. 2. Pobres urbanos. 3.Vida urbana. 4. Sociologia
    urbana. I.Título.

06-3530.
                                  CDD 307.76
                                  CDU 316.334.56

É vedada a reprodução de qualquer parte
deste livro sem a expressa autorização da editora.

1ª edição: outubro de 2006; 1ª reimpressão: julho de 2007;
2ª reimpressão: fevereiro de 2008; 1ª edição revista: fevereiro de 2011;
1ª reimpressão: agosto de 2013; 2ª reimpressão: fevereiro de 2015;
3ª reimpressão: junho de 2017; 4ª reimpressão: novembro de 2018;
5ª reimpressão: outubro de 2020

BOITEMPO
Jinkings Editores Associados Ltda.
Rua Pereira Leite, 373
05442-000   São Paulo   SP
Tel.: (11) 3875-7250 / 3872-6869
editor@boitempoeditorial.com.br | www.boitempoeditorial.com.br
www.blogdaboitempo.com.br | www.facebook.com/boitempo
www.twitter.com/editoraboitempo | www.youtube.com/tvboitempo

para a minha querida Roisin

Favela, semifavela e superfavela...
a isso chegou a evolução das cidades.

Patrick Geddes[*]

---

[*] Citado em Lewis Mumford, *The City in History: Its Origins, Its Transformations, and Its Prospects* (Nova York, Harcourt, Brace & World, 1961), p. 464.

Sumário

1. O climatério urbano 13

2. A generalização das favelas...31

3. A traição do Estado...59

4. As ilusões da autoajuda..79

5. Haussmann nos trópicos...103

6. Ecologia de favela 127

7. "Desajustando" o Terceiro Mundo....................................155

8. Humanidade excedente? 175

   Epílogo: Descendo a rua Vietnã 199

   Agradecimentos 207

   Posfácio, por Erminia Maricato 209

   Ensaio fotográfico, por André Cypriano..............................225

   Bibliografia 233

   Índice remissivo 255

   Créditos das imagens..271

1

O climatério urbano

> Vivemos na era da cidade. A cidade é tudo para nós –
> ela nos consome, e por esta razão a glorificamos.
> Onookome Okome[1]

Em algum momento, daqui a um ou dois anos, uma mulher vai dar à luz na favela de Ajegunle, em Lagos, na Nigéria; um rapaz fugirá da sua aldeia no oeste de Java para as luzes brilhantes de Jacarta ou um fazendeiro partirá com a família empobrecida para um dos inumeráveis *pueblos jovenes** de Lima. O fato exato não importa e passará totalmente despercebido. Ainda assim, representará um divisor de águas na história humana, comparável ao Neolítico ou às revoluções industriais. Pela primeira vez, a população urbana da Terra será mais numerosa do que a rural. Na verdade, dada a imprecisão dos recenseamentos no Terceiro Mundo, essa transição sem igual pode já ter ocorrido.

A Terra urbanizou-se ainda mais depressa do que previra o Clube de Roma em seu relatório de 1972, *Limits of Growth* [Limites do crescimento], sabidamente malthusiano. Em 1950, havia 86 cidades no mundo com mais de 1 milhão de habitantes; hoje são 400, e em 2015 serão pelo menos 550[2]. Com efeito, as cidades absorveram quase dois terços da explosão populacional

---

[1] Onookome Okome, "Writing the Anxious City: Images of Lagos in Nigerian Home Video Films", em Okwui Enwezor et al. (orgs.), *Under Siege: Four African Cities – Freetown Johannesburg, Kinshasa, Lagos* (Ostfildern-Ruit, Hatje Cantz, 2002), p. 316.

* Neste livro há inúmeras ocorrências de termos que, em maior ou menor grau, designam realidades sociais semelhantes ou idênticas às da favela tal como a conhecemos no Brasil. Optamos por respeitar a opção do autor e usar os termos em sua grafia original, pois julgamos desnecessário tentar oferecer uma tradução pelo menos aproximada deles, posto que o próprio desenvolvimento do texto encarregar-se-á de explicitar as particularidades locais de cada termo. (N. E.)

[2] UN Department of Economic and Social Affairs, Population Division, *World Urbanization Prospects* (revisão de 2001, Nova York, 2002).

Planeta Favela

global desde 1950 e hoje o crescimento é de 1 milhão de bebês e migrantes por semana[3]. A força de trabalho urbana do mundo mais que dobrou desde 1980, e a população urbana atual de 3,2 bilhões de pessoas é maior do que a população total do mundo quando John F. Kennedy tomou posse[4]. Enquanto isso, o campo, no mundo todo, chegou à sua população máxima e começará a encolher a partir de 2020. Em consequência, as cidades serão responsáveis por quase todo o crescimento populacional do mundo, cujo pico, de cerca de 10 bilhões de habitantes, espera-se que aconteça em 2050[5].

Megacidades e *desakotas*

Noventa e cinco por cento desse aumento final da humanidade ocorrerá nas áreas urbanas dos países em desenvolvimento, cuja população dobrará para quase 4 bilhões de pessoas na próxima geração[6]. De fato, a população urbana conjunta da China, da Índia e do Brasil já é quase igual à da Europa e da América do Norte. Além disso, a escala e a velocidade da urbanização do Terceiro Mundo amesquinham completamente a Europa vitoriana. Londres, em 1910, era sete vezes maior do que em 1800, mas Daca (Bangladesh), Kinshasa (Congo) e Lagos (Nigéria), hoje, são aproximadamente quarenta vezes maiores do que eram em 1950. A China, que se urbaniza "numa velocidade sem precedentes na história humana", somou mais moradores urbanos na década de 1980 do que a Europa inteira (incluindo a Rússia) em todo o século XIX![7]

É claro que o fenômeno mais comemorado é o florescimento de novas megacidades com mais de 8 milhões de habitantes e, ainda mais espetaculares, hipercidades com mais de 20 milhões de habitantes – população urbana mundial

---

[3]   Population Information Program, Center for Communication Programs, The Johns Hopkins Bloomburg School of Public Health, *Meeting the Urban Challenge*, *Population Reports*, v. 30, n. 4, Baltimore, outono (set.-nov.) de 2002, p. 1.

[4]   Dennis Rondinelli e John Kasarda, "Job Creation Needs in Third World Cities", em John D. Kasarda e Allan M. Parnell (orgs.), *Third World Cities: Problems, Policies and Prospects* (Newbury Park, Sage, 1993), p. 101.

[5]   Wolfgang Lutz, Warren Sanderson e Sergei Scherbov, "Doubling of World Population Unlikely", *Nature*, n. 387, 19 jun. 1997, p. 803-4. No entanto, a população da África subsaariana triplicará, e a da Índia dobrará.

[6]   Embora ninguém duvide da velocidade da urbanização global, a taxa de crescimento de cidades específicas pode frear de repente caso esbarre no atrito do tamanho e da congestão. Um caso famoso dessas "reversões de polarização" é a Cidade do México, prevista para chegar a 25 milhões de habitantes na década de 1990 (a população atual, provavelmente, está entre 19 e 22 milhões). Ver Yue-man Yeung, "Geography in an Age of Mega-Cities", *International Social Sciences Journal*, n. 151, 1997, p. 93.

[7]   *Financial Times*, 27/7/2004; David Drakakis-Smith, *Third World Cities* (2. ed., Londres, Routledge, 2000).

O climatério urbano

Figura 1.1
Crescimento populacional mundial

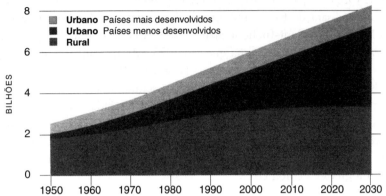

FONTE: Nações Unidas, World Urbanization Prospects: The 2001 Revision (2002): tabelas A.3 e A.4.

Tabela 1.1[8]
Megacidades do Terceiro Mundo
(em milhões de habitantes)

	1950	2004
Cidade do México	2,9	22,1
Seul-Incheon	1,0	21,9
Nova York	12,3	21,9
São Paulo	2,4	19,9
Mumbai (Bombaim)	2,9	19,1
Délhi	1,4	18,6
Jacarta	1,5	16,0
Daca	0,4	15,9
Kolkata (Calcutá)	4,4	15,1
Cairo	2,4	15,1
Manila	1,5	14,3
Karachi	1,0	13,5
Lagos	0,3	13,4
Xangai	5,3	13,2
Buenos Aires	4,6	12,6
Rio de Janeiro	3,0	11,9
Teerã	1,0	11,5
Istambul	1,1	11,1
Pequim	3,9	10,8
Krung Thep (Bangcoc)	1,4	9,1
Gauteng (Witwaterstand)	1,2	9,0
Kinshasa/Brazzaville	0,2	8,9
Lima	0,6	8,2
Bogotá	0,7	8,0

---

[8] Tabela produzida a partir de dados do UN-Habitat Urban Indicators Database, 2002; Thomas Brinkhoff, "The Principal Agglomerations of the World"; disponível em <www.citypopulation.de/World.html>, maio 2004.

Planeta Favela

estimada na época da Revolução Francesa. Em 2000, segundo a Divisão Populacional da Organização das Nações Unidas (ONU), somente a Tóquio metropolitana ultrapassara de forma incontestável esse patamar (embora Cidade do México, Nova York e Seul-Incheon aparecessem em outras listas)[9]. A publicação *Far Eastern Economic Review* estima que em 2025 a Ásia, sozinha, poderá ter dez ou onze conurbações desse porte, como Jacarta (24,9 milhões), Daca (25 milhões) e Karachi (26,5 milhões). Xangai, cujo crescimento foi congelado durante décadas pela política maoista de suburbanização deliberada, poderia ter até 27 milhões de moradores em sua imensa região metropolitana estuarina. Enquanto isso, prevê-se que Mumbai (Bombaim) atinja 33 milhões de habitantes, embora ninguém saiba se concentrações de pobreza tão gigantescas são sustentáveis em termos biológicos e ecológicos[10].

As cidades que explodem no mundo em desenvolvimento também entretecem novos e extraordinários corredores, redes e hierarquias. Nas Américas, os geógrafos já mencionam um leviatã conhecido como Região Metropolitana Ampliada Rio-São Paulo (RMARSP), que inclui as cidades de tamanho médio no eixo viário de 500 quilômetros entre as duas maiores metrópoles brasileiras, assim como a importante área industrial dominada por Campinas; com uma população atual de 37 milhões de habitantes, essa megalópole embrionária já é maior que Tóquio-Yokohama[11]. Do mesmo modo, a ameba gigante da Cidade do México, que já fagocitou Toluca, estende pseudópodes que acabarão incorporando boa parte do centro do México, inclusive as cidades de Cuernavaca, Puebla, Cuautla, Pachuca e Querétaro, em uma única megalópole, com população, em meados do século XXI, de aproximadamente 50 milhões de pessoas – cerca de 40% do total nacional[12].

Ainda mais surpreendente é a vasta conurbação da África ocidental que coalesce rapidamente em torno do golfo da Guiné, cujo fulcro é Lagos (23 milhões de habitantes em 2015, segundo uma estimativa). Em 2020, de acordo com um estudo da Organização para Cooperação e Desenvolvimento Econômico (OCDE), essa rede de trezentas cidades com mais de 100 mil habitantes terá "uma população comparável à da costa leste dos Estados Unidos, com cinco cidades de mais de 1 milhão de moradores [...] [e] um total de mais de 60 milhões de habitantes numa faixa de terra com 600 quilômetros de com-

---

[9] *UN-Habitat Urban Indicators Database*, 2002.

[10] *Far Eastern Economic Review*, Asia 1998 Yearbook, p. 63.

[11] Hamilton Tolosa, "The Rio/São Paulo Extended Metropolitan Region: A Quest for Global Integration", *The Annals of Regional Science*, v. 37, n. 2, set. 2003, p. 480-5.

[12] Gustavo Garza, "Global Economy, Metropolitan Dynamics and Urban Policies in Mexico", *Cities*, v. 16, n. 3, 1999, p. 154.

primento, que vai de leste a oeste entre as cidades de Benim e Acra [capital de Gana]"[13]. Trágica e provavelmente, será também a maior região de pobreza urbana da face da Terra.

Tabela 1.2[14]
Urbanização do golfo da Guiné

Cidades	1960	1990	2020
mais de 100.000 habitantes	17	90	300
mais de 5.000 habitantes	600	3.500	6.000

No entanto, as maiores estruturas pós-urbanas estão surgindo na Ásia oriental. O delta dos rios Pérola (Hong Kong-Cantão)[15] e Yang-tsé (Xangai), junto com o corredor Pequim-Tianjin, estão se transformando rapidamente em megalópoles urbano-industriais comparáveis a Tóquio-Osaka, ao baixo Reno e a Nova York-Filadélfia. Na verdade, a China, caso único entre os países em desenvolvimento, planeja agressivamente o desenvolvimento urbano em escala suprarregional usando como modelos Tóquio-Yokohama e o litoral leste dos Estados Unidos. Criada em 1983, a Zona Econômica de Xangai é a maior entidade de planejamento subnacional do mundo e engloba a metrópole e cinco províncias vizinhas com uma população agregada quase tão grande quanto a dos Estados Unidos[16].

Essas novas megalópoles chinesas, segundo dois importantes pesquisadores, podem ser apenas o primeiro estágio do surgimento de "um corredor urbano contínuo que se estenda do Japão/Coreia do Norte até o oeste de Java"[17]. Ao tomar forma durante o próximo século, esse grande espraiamento de cidades, mais parecido com um dragão, constituirá a culminância física e demográfica da evolução urbana do milênio. A ascendência da Ásia oriental litorânea, por sua vez, promoverá, com toda a certeza, o dipolo da "cidade mundial" Tóquio-

---

[13] Jean-Marie Cour e Serge Snrech (orgs.), *Preparing for the Future: A Vision of West Africa in the Year 2020* (Paris, OCDE, 1998), p. 94.

[14] Ibidem, p. 48.

[15] Ver Yue-man Yeung, "Viewpoint: Integration of the Pearl River Delta", *International Development Planning Review*, v. 25, n. 3, 2003.

[16] Aprodicio Laquian, "The Effects of National Urban Strategy and Regional Development Policy on Patterns of Urban Growth in China", em Gavin Jones e Pravin Visaria (orgs.), *Urbanization in Large Developing Countries: China, Indonesia, Brazil, and India* (Oxford, Clarendon, 1997), p. 62-3.

[17] Yue-man Yeung e Fu-chen Lo, "Global Restructuring and Emerging Urban Corridors in Pacific Asia", em Lo e Yeung (orgs.), *Emerging World Cities in Pacific Asia* (Tóquio, Brookings, 1996), p. 41.

Planeta Favela

-Xangai à igualdade com o eixo Nova York-Londres no controle do fluxo global de capital e informações.

Entretanto, o preço dessa nova ordem urbana será a desigualdade cada vez maior, tanto dentro de cidades de diferentes tamanhos e especializações econômicas quanto entre elas. Com efeito, os especialistas chineses vêm debatendo hoje se o antigo abismo de renda e desenvolvimento entre a cidade e o campo não está sendo agora substituído por um fosso igualmente fundamental entre as cidades pequenas, principalmente do interior, e as gigantescas metrópoles litorâneas[18]. No entanto, será exatamente nas pequenas cidades que em breve estará morando a maior parte da Ásia. Embora as megacidades sejam as estrelas mais brilhantes do firmamento urbano, três quartos do fardo do crescimento populacional futuro serão suportados por cidades de segundo escalão pouco visíveis e por áreas urbanas menores; lugares onde, como enfatizam os pesquisadores da ONU, "há pouco ou nenhum planejamento para acomodar essas pessoas e prestar-lhes serviços"[19]. Na China – oficialmente, 43% urbana em 1993 –, o número de "cidades" oficiais disparou de 193 para 640 desde 1978, mas as grandes metrópoles, apesar do crescimento extraordinário, na verdade reduziram a sua participação relativa no total da população urbana. Em vez disso, foram as cidades pequenas e médias e as vilas recentemente "promovidas" a cidades que absorveram a maior parte da força de trabalho rural tornada excedente pelas reformas do mercado a partir de 1979[20]. Em parte, isso resulta de planejamento consciente: desde a década de 1970 o Estado chinês vem adotando políticas que visam promover uma hierarquia urbana mais equilibrada de investimento industrial e população[21].

Na Índia, pelo contrário, as vilas e as cidades pequenas perderam a força de tração econômica e a participação demográfica na recente transição neoliberal; há poucos indícios de uma urbanização de "mão dupla" à moda chinesa. Mas quando a proporção urbana disparou na década de 1990 de um quarto para um terço do total da população, cidades de tamanho médio, como Saharanpur em Uttar Pradesh, Ludhiana no Punjab, e a mais famosa, Visakhapatnam em Andhra Pradesh, floresceram. Prevê-se que Hyderabad, que cresceu quase 5% ao ano nos últimos 25 anos, será uma megacidade de 10,5 milhões de habitantes em 2015.

---

[18] Gregory Guldin, *What's a Peasant To Do? Village Becoming Town in Southern China* (Boulder, Westview, 2001), p. 13.

[19] UN-Habitat, *The Challenge of Slums: Global Report on Human Settlements 2003* [daqui em diante *Challenge*] (Londres, Earthscan, 2003), p. 3.

[20] Guldin, *What's a Peasant To Do?*

[21] Sidney Goldstein, "Levels of Urbanization in China", em Mattei Dogan e John Kasarda (orgs.), *The Metropolis Era: Volume One – A World of Giant Cities* (Newbury Park, Sage, 1988), p. 210-1.

O climatério urbano

Segundo o recenseamento mais recente, 35 cidades indianas estão hoje acima do patamar de 1 milhão de habitantes e respondem por uma população total de quase 110 milhões de pessoas[22].

Na África, o crescimento explosivo de algumas cidades – que lembra o de uma supernova –, como Lagos (de 300 mil habitantes em 1950 para 13,5 milhões atualmente), combinou com a transformação de várias dezenas de cidadezinhas e oásis como Uagadugo, Nuakchote, Duala, Kampala, Tanta, Conacri, N'Djamena, Lumumbashi, Mogadíscio, Antananarivo e Bamaco em cidades desordenadas e maiores que São Francisco e Manchester. (Talvez ainda mais espetacular tenha sido a transformação de Mbuji-Mayi, árido centro do comércio congolês de diamantes, de cidadezinha com 25 mil pessoas em 1960 em uma metrópole contemporânea de 2 milhões de habitantes, cujo crescimento ocorreu principalmente na década passada[23].) Na América Latina, onde as cidades principais monopolizaram o crescimento, cidades secundárias como Santa Cruz, Valencia, Tijuana, Curitiba, Temuco e Bucaramanga, Maracay, Salvador e Belém estão hoje em expansão, com crescimento mais rápido nas cidades com menos de 500 mil habitantes[24].

Além disso, como enfatizou o antropólogo Gregory Guldin, a urbanização deve ser conceituada como transformação estrutural e intensificação da interação de todos os pontos de um contínuo urbano-rural. Em seu estudo de caso sobre o sul da China, Guldin verificou que o campo vem se urbanizando *in loco*, além de gerar migrações jamais vistas: "As aldeias ficam mais parecidas com cidades de feira e *xiang towns* e as cidadezinhas provinciais ficam mais parecidas com cidades grandes". Na verdade, em muitos casos a população rural não precisa mais migrar para a cidade; a cidade migra até eles[25].

Isso também ocorre na Malásia, onde o jornalista Jeremy Seabrook descreve o destino dos pescadores de Penang, "engolidos pela urbanização, sem migrar, suas vidas viradas de cabeça para baixo, mesmo permanecendo no lugar onde nasceram". Depois que suas casas foram isoladas do mar por uma nova estrada, seus locais de pesca poluídos pelos resíduos urbanos, e as colinas vizinhas desmatadas

---

22   *Census 2001*, Office of the Registrar General and Census Commissioner, Índia; e Alain Durand-Lasserve e Lauren Royston, "International Trends and Country Contexts", em Durand-Lasserve e Royston (orgs.), *Holding Their Ground: Secure Land Tenure for the Urban Poor in Developing Countries* (Londres, Earthscan, 2002), p. 20.

23   Mbuji-Mayi é o centro do "verdadeiro estado-empresa" da região de Kaasai, administrado pela Société Minière de Bakwanga. Ver Michela Wrong, *In the Footsteps of Mr. Kurtz: Living on the Brink of Disaster in the Congo* (Londres, Fourth Estate, 2000), p. 121-3.

24   Miguel Villa e Jorge Rodríguez, "Demographic Trends in Latin America's Metropolises, 1950-1990", em Alan Gilbert (org.), *The Mega-City in Latin America* (Tóquio e Nova York, United Nations University, 1996), p. 33-4.

25   Guldin, *What's a Peasant To Do?*, p. 14-7.

Planeta Favela

para construir prédios de apartamentos, eles não tiveram escolha senão mandar as filhas para a exploração das fábricas japonesas na região. "Foi a destruição", enfatiza Seabrook, "não só do meio de vida de pessoas que sempre viveram em simbiose com o mar, mas também da psique e do espírito dos pescadores"[26].

O resultado dessa colisão entre o rural e o urbano na China, em boa parte do Sudeste Asiático, na Índia, no Egito e talvez na África ocidental é uma paisagem hermafrodita, um campo parcialmente urbanizado que, argumenta Guldin, pode ser "um caminho novo e importante de assentamento e desenvolvimento humanos [...] uma forma nem rural, nem urbana, mas uma fusão das duas na qual uma rede densa de transações amarra grandes núcleos urbanos às suas regiões circundantes"[27]. O arquiteto e teórico urbano alemão Thomas Sieverts propõe que esse urbanismo difuso, que chama de *Zwischenstadt* ("a cidade intermédia"), esteja se tornando rapidamente a paisagem que define o século XXI, tanto nos países ricos quanto nos pobres, seja qual for sua história urbana pregressa. No entanto, ao contrário de Guldin, Sieverts conceitua essas novas conurbações como teias policêntricas sem núcleos tradicionais nem periferias fáceis de reconhecer.

> Em todas as culturas do mundo inteiro, compartilham características específicas comuns: uma estrutura de ambientes urbanos completamente diferentes que, à primeira vista, é difusa e desorganizada, com ilhas individuais de padrões geometricamente estruturados, uma estrutura sem centro claro mas, portanto, com muitas áreas, redes e nós com especialização funcional mais ou menos aguda.[28]

Essas "regiões metropolitanas ampliadas", escreve o geógrafo David Drakakis-Smith, referindo-se especificamente a Délhi,

> representam uma fusão de desenvolvimento urbano e regional na qual a distinção entre o que é urbano e o que é rural fica incerta conforme as cidades se expandem ao longo de corredores de comunicação, contornando ou cercando cidadezinhas ou aldeias que, em seguida, sofrem mudanças de função e ocupação *in loco*.[29]

---

[26] Jeremy Seabrook, *In the Cities of the South: Scenes from a Developing World* (Londres, Verso, 1996), p. 16-7.

[27] Guldin, *What's a Peasant To Do?*, p. 14-7. Ver também Jing Neng Li, "Structural and Spatial Economic Changes and Their Effects on Recent Urbanization in China", em Jones and Visaria, *Urbanization in Large Developing Countries*, p. 44. Ian Yeboah encontra um padrão de *desakotas* ("aldeias-cidades") desenvolvendo-se em torno de Acra, cujo crescimento desordenado (sua área aumentou 188% na década de 1990) e motorização recente ele atribui ao impacto das políticas de ajuste estrutural. Yeboah, "Demographic and Housing Aspects of Structural Adjustment and Emerging Urban Form in Accra, Ghana", *Africa Today*, v. 50, n. 1, 2003, p. 108, 116-7.

[28] Thomas Sieverts, *Cities Without Cities: An Interpretation of the Zwischenstadt* (Londres, Taylor and Francis, 2003), p. 3.

[29] Drakakis-Smith, *Third World Cities*, p. 21.

O climatério urbano

Na Indonésia, onde há um processo semelhante de hibridação rural/urbana bem avançado em Jabotabek (região da grande Jacarta), os pesquisadores denominam esses novos padrões de uso de terra de *desakotas* ("aldeias-cidades") e discutem se são paisagens de transição ou uma espécie nova e dramática de urbanismo[30].

Um debate análogo vem ocorrendo entre urbanistas latino-americanos confrontados com o surgimento de sistemas urbanos policêntricos sem fronteiras claras entre o rural e o urbano. Os geógrafos Adrian Aguilar e Peter Ward propõem o conceito de "urbanização baseada em regiões" para caracterizar o desenvolvimento periurbano contemporâneo em torno da Cidade do México, de São Paulo, de Santiago e de Buenos Aires.

> Os níveis mais baixos de crescimento metropolitano coincidiram com uma circulação mais intensa de mercadorias, pessoas e capital entre o centro da cidade e o seu interior, com fronteiras ainda mais difusas entre o urbano e o rural e desconcentração industrial rumo à periferia metropolitana, principalmente além dos espaços periurbanos ou da penumbra que cerca as megacidades.

Aguilar e Ward acreditam que "é neste espaço periurbano que a reprodução do trabalho tem maior probabilidade de se concentrar nas maiores cidades do mundo no século XXI"[31].

Em todo caso, o novo e o velho não se misturam com facilidade, e na *desakota* dos arredores de Colombo "as comunidades estão divididas, com os de fora e os de dentro incapazes de construir relacionamentos e comunidades coesas"[32]. Mas

---

[30] T. G. McGee fornece uma visão geral em "The Emergence of *Desakota* Regions in Asia: Expanding a Hypothesis", em Norton Ginsburg, Bruce Koppel e T. G. McGee (orgs.), *The Extended Metropolis: Settlement Transition in Asia* (Honolulu, University of Hawaii, 1991). Philip Kelly, em seu artigo sobre Manila, concorda com McGee sobre a especificidade da trajetória da urbanização do Sudeste Asiático, mas argumenta que as paisagens *desakotas* são instáveis, com a agricultura sendo aos poucos abandonada. Kelly, "Everyday Urbanization: The Social Dynamics of Development in Manila's Extended Metropolitan Region", *International Journal of Urban and Regional Research*, v. 23, n. 2, 1999, p. 284-6.

[31] Adrián Aguilar e Peter Ward, "Globalization, Regional Development, and Mega-City Expansion in Latin America: Analyzing Mexico City's Peri-Urban Hinterland", *Cities*, v. 20, n. 1, 2003, p. 4, 18. Os autores afirmam que o desenvolvimento do tipo *desakota* não ocorre na África: "Em vez disso, o crescimento da cidade tende a ser firmemente urbano e baseado na cidade grande e está contido dentro de limites bem definidos. Não há desenvolvimento metaurbano nem periurbano ligado a processos do núcleo urbano ou causado por eles" (p. 5). Mas, com certeza, Gauteng (Witwatersrand), na África do Sul, pode ser citada como exemplo de "urbanização regional" inteiramente análoga aos exemplos latino-americanos.

[32] Ranjith Dayaratne e Raja Samarawickrama, "Empowering Communities: The Peri-Urban Areas of Colombo", *Environment and Urbanization*, 15:1, abr. 2003, p. 102. (Ver também, no mesmo número, L. van den Berg, M. van Wijk e Pham Van Hoi, "The Transformation of Agricultural and Rural Life Downstream of Hanoi".)

Planeta Favela

o processo, como ressalta a antropóloga Magdalena Nock no caso do México, é irreversível: "A globalização aumentou o movimento de pessoas, bens, serviços, informações, notícias, produtos e dinheiro e, portanto, a presença de características urbanas em áreas rurais e de traços rurais em centros urbanos"[33].

De volta a Dickens

A dinâmica da urbanização no Terceiro Mundo recapitula e confunde os precedentes da Europa e da América do Norte no século XIX e início do século XX. Na China, a maior revolução industrial da história é a alavanca de Arquimedes que desloca uma população do tamanho da europeia de aldeias rurais para cidades cheias de fumaça e arranha-céus: desde as reformas de mercado do final da década de 1970, estima-se que mais de 200 milhões de chineses mudaram-se das áreas rurais para as cidades. Espera-se que mais 250 ou 300 milhões de pessoas – a próxima "enchente camponesa" – sigam-nas nas próximas décadas[34]. Como resultado desse fluxo estarrecedor, em 2005, 166 cidades chinesas (em comparação com apenas nove cidades dos Estados Unidos) tinham população de mais de 1 milhão de habitantes[35]. Cidades industriais em expansão, como Dongguan, Shenjen, Cidade Fushan e Chengchow são as Sheffields e Pittsburghs pós-modernas. Como destacou recentemente o *Financial Times*, daqui a uma década "a China deixa[rá] de ser o país predominantemente rural que foi durante milênios"[36]. Na verdade, o grande óculo do Centro Financeiro Mundial de Xangai pode, em breve, mirar um vasto mundo urbano jamais imaginado por Mao nem, aliás, por Le Corbusier.

Também seria improvável que alguém há cinquenta anos conseguisse prever que os acampamentos de invasores e as ruínas de guerra de Seul se metamorfoseariam com tamanha rapidez (espantosos 11,4% ao ano durante a década de 1960) em uma megalópole tão grande quanto a grande Nova York – mas, novamente, que vitoriano seria capaz de prever uma cidade como Los Angeles em 1920? No entanto, tão imprevisível quanto as suas histórias locais e seus milagres urbanos específicos, a urbanização do leste da Ásia, acompanhada da triplicação do PIB *per capita* desde 1965, conserva uma relação quase clássica com o crescimento industrial e a migração urbana. Oitenta por cento do proletariado industrial de

---

[33] Magdalena Nock, "The Mexican Peasantry and the *Ejido* in the Neo-Liberal Period", em Deborah Bryceson, Cristóbal Kay e Jos Mooij (orgs.), *Disappearing Peasantries? Rural Labour in Africa, Asia and Latin America* (Londres, ITDG, 2000), p. 173.

[34] *Financial Times*, 16/12/2003, 27/7/2004.

[35] *New York Times*, 28/7/2004.

[36] Wang Mengkui, Diretor do Centro de Pesquisas de Desenvolvimento do Conselho de Estado, citado no *Financial Times*, 26/11/2003.

O climatério urbano

Tabela 1.3[37]
Urbanização industrial da China
(percentual urbano)

	População	PIB
1949	11	—
1978	13	—
2003	38	54
2020 (projetado)	63	85

Marx vive hoje na China ou em algum lugar fora da Europa ocidental e dos Estados Unidos[38].

Mas, na maior parte do mundo em desenvolvimento, falta ao crescimento das cidades o poderoso motor industrial-exportador da China, da Coreia e de Taiwan, assim como a enorme importação chinesa de capital estrangeiro (hoje, igual à metade do investimento estrangeiro total em todo o mundo em desenvolvimento). Desde meados da década de 1980, as grandes cidades industriais do hemisfério sul – Bombaim, Joanesburgo, Buenos Aires, Belo Horizonte e São Paulo – sofreram todas o fechamento maciço das fábricas e a tendência à desindustrialização. Em outros lugares, a urbanização desligou-se mais radicalmente da industrialização e até do desenvolvimento propriamente dito, e, na África subsaariana, daquela suposta condição *sine qua non* da urbanização, o aumento da produtividade agrícola. Em consequência, é comum que o tamanho da economia de uma cidade tenha, surpreendentemente, pouca relação com o tamanho da sua população e vice-versa. A Tabela 1.4 ilustra essa disparidade entre a classificação por população e pelo PIB das maiores áreas metropolitanas.

Alguns argumentariam que a urbanização sem indústria é expressão de uma tendência inexorável: aquela inerente ao capitalismo do silício de desvincular o crescimento da produção do crescimento do emprego. Mas na África, na América Latina, no Oriente Médio e em boa parte do sul da Ásia, a urbanização sem crescimento, como veremos adiante, é mais obviamente herança de uma conjuntura política global – a crise mundial da dívida externa do final da década de 1970 e a subsequente reestruturação das economias do Terceiro Mundo sob a liderança do FMI nos anos 1980 – do que uma lei férrea do progresso da tecnologia.

---

[37] Goldstein, "Levels of Urbanization in China", Tabela 7.1, p. 201; valor de 1978 tirado de Guilhem Fabre, "La Chine", em Thierry Paquot, *Les mondes des villes: panorama urbain de la planète* (Bruxelas, Complexe, 1996), p. 187. É importante notar que a série temporal do Banco Mundial difere daquela de Fabre, com uma taxa de urbanização em 1978 de 18%, não de 13%. (Ver Banco Mundial, *World Development Indicators*, 2001, versão em CD-ROM.)

[38] Banco Mundial, *World Development Report 1995: Workers in an Integrating World* (Nova York, 1995), p. 170.

Planeta Favela

Tabela 1.4[39]
As dez maiores cidades por população e PIB

(1) segundo a população em 2000		(2) segundo o PIB em 1996 (posição segundo a população em 2000)
1.	Tóquio	Tóquio (1)
2.	Cidade do México	Nova York (3)
3.	Nova York	Los Angeles (7)
4.	Seul	Osaka (8)
5.	São Paulo	Paris (25)
6.	Mumbai	Londres (19)
7.	Délhi	Chicago (26)
8.	Los Angeles	São Francisco (35)
9.	Osaka	Düsseldorf (46)
10.	Jacarta	Boston (48)

Além disso, a urbanização do Terceiro Mundo continuou em seu passo aceleradíssimo (3,8% ao ano entre 1960 e 1993) durante os anos difíceis da década de 1980 e no início dos anos 1990, apesar da queda do salário real, da alta dos preços e da disparada do desemprego urbano[40]. Essa perversa expansão urbana surpreendeu muitos especialistas e contradisse os modelos econômicos ortodoxos que previam que o *feedback* negativo da recessão urbana retardaria ou até reverteria a migração vinda do campo[41]. "Parece", maravilhou-se o economista desenvolvimentista Nigel Harris em 1990, "que nos países de baixa renda uma queda significativa da renda urbana talvez não produza necessariamente, a curto prazo, o declínio da migração rural-urbana"[42].

A situação na África foi especialmente paradoxal. Como as cidades da Costa do Marfim, da Tanzânia, do Congo-Kinshasa, do Gabão, de Angola e de outros países, cuja economia vinha encolhendo 2% a 5% ao ano, ainda conseguiram manter um crescimento populacional anual de 4% a 8%[43]? Como Lagos, na

---

[39] Classificação populacional de Thomas Brinkhoff (disponível em <www.citypopulation.de>); classificação pelo PIB de Denise Pumain, "Scaling Laws and Urban Systems", *Santa Fe Institute Working Paper* 02-04-002 (Santa Fé, 2002), p. 4.

[40] Josef Gugler, "Introduction – II. Rural-Urban Migration", em *Cities in the Developing World: Issues, Theory and Policy* (Oxford, Oxford University, 1997), p. 43.

[41] Sally Findley enfatiza que todos na década de 1980 subestimavam os níveis de migração rural-urbana constante e a resultante taxa de urbanização. Findley, "The Third World City", em Kasarda e Parnell, *Third World Cities: Problems*, p. 14.

[42] Nigel Harris, "Urbanization, Economic Development and Policy in Developing Countries", *Habitat International*, v. 14, n. 4, 1990, p. 21-2.

[43] David Simon, "Urbanization, Globalization and Economic Crisis in Africa", em Carole Rakodi (org.), *The Urban Challenge in Africa: Growth and Management in Its Large Cities* (Tóquio, United Nations University, 1997), p. 95. Sobre as taxas de crescimento das cidades industriais inglesas entre 1800 e 1850, ver Adna Weber, *The Growth of Cities in the Nineteenth Century: A Study in Statistics* (Nova York, Macmillan, 1899), p. 44, 52-3.

O climatério urbano

década de 1980, pôde crescer duas vezes mais depressa que a população nigeriana, enquanto a sua economia urbana estava em profunda recessão[44]? Na verdade, como a África como um todo, hoje numa idade das trevas de estagnação do emprego urbano e paralisia da produtividade agrícola, foi capaz de manter uma taxa de urbanização anual (3,5% a 4,0%) consideravelmente maior do que a média da maioria das cidades europeias (2,1%) nos anos de máximo crescimento vitoriano[45]?

Parte do segredo, claro, reside no fato de que as políticas de desregulamentação agrícola e de disciplina financeira impostas pelo Fundo Monetário Internacional (FMI) e pelo Banco Mundial continuaram a gerar o êxodo da mão de obra rural excedente para as favelas urbanas, ainda que as cidades deixassem de ser máquinas de empregos. Como enfatiza Deborah Bryceson, importante africanista europeia, em seu resumo de recente pesquisa agrária, as décadas de 1980 e 1990 foram uma época de convulsão nunca vista nas áreas rurais no mundo inteiro:

> Um a um os governos nacionais, mergulhados em dívidas, submeteram-se a planos de ajuste estrutural (PAEs) e à condicionalidade do FMI. Os pacotes de insumos agrícolas subsidiados e aprimorados e a construção de infraestrutura rural foram drasticamente reduzidos. Quando as iniciativas de "modernização" camponesa das nações latino-americanas e africanas foram abandonadas, os camponeses foram submetidos à estratégia econômica do "pegar ou largar" das instituições financeiras internacionais. A desregulamentação do mercado nacional empurrou os produtores agrícolas para o mercado global de *commodities*, no qual os camponeses de porte médio e pobres acharam difícil competir. Os PAEs e as políticas de liberação econômica representaram a convergência das forças mundiais de desruralização e das políticas nacionais que promoviam a descampesinação.[46]

Quando as redes locais de segurança desapareceram, os agricultores pobres ficaram cada vez mais vulneráveis a qualquer choque exógeno: seca, inflação, aumento dos juros ou queda do preço das *commodities*. (Ou doença: estima-se que 60% dos pequenos camponeses cambojanos que vendem a sua terra e mudam-se para a cidade são forçados a isso por dívidas com assistência médica[47].)

---

[44] A. S. Oberai, *Population Growth, Employment and Poverty in Third-World Mega-Cities: Analytical Policy Issues* (Londres, Palgrave Macmillan, 1993), p. 165.

[45] United Nations Economic Programme (Unep), *African Environment Outlook: Past, Present and Future Perspectives*, citado em *Al Ahram Weekly*, Cairo, 2-8/10/2003; Alain Jacquemin, *Urban Development and New Towns in the Third World: Lessons from the New Bombay Experience* (Aldershot, Ashgate, 1999), p. 28.

[46] Deborah Bryceson, "Disappearing Peasantries? Rural Labour Redundancy in the Neo-Liberal Era and Beyond", em Bryceson, Kay e Mooij, *Disappearing Peasantries?*, p. 304-5.

[47] Sébastien de Dianous, "Les Damnés de la terre du Cambodge", *Le Monde Diplomatique*, set. 2004, p. 20.

Planeta Favela

Ao mesmo tempo, líderes guerreiros gananciosos e guerras civis crônicas, muitas vezes estimuladas pela desorganização econômica do ajuste estrutural imposto pela dívida ou por predadores econômicos estrangeiros (como no Congo e em Angola), desarraigaram todo o campo. As cidades, apesar do crescimento econômico estagnado ou negativo e sem o necessário investimento em nova infraestrutura, instalações educacionais e sistemas de saúde pública, simplesmente colheram o produto da crise agrária mundial. Em vez do estereótipo clássico do uso intensivo de mão de obra no campo e uso intensivo do capital na metrópole industrial, o Terceiro Mundo apresenta hoje muitos exemplos de campo com uso intensivo de capital e cidades desindustrializadas com uso intensivo de mão de obra. A "superurbanização", em outras palavras, é impulsionada pela reprodução da pobreza, não pela oferta de empregos. Essa é apenas uma das várias descidas inesperadas para as quais a ordem mundial neoliberal vem direcionando o futuro[48].

De Karl Marx a Max Weber, a teoria social clássica acreditava que as grandes cidades do futuro seguiriam os passos industrializantes de Manchester, Berlim e Chicago – e, com efeito, Los Angeles, São Paulo, Pusan (Coreia do Sul) e, hoje, Ciudad Juarez (México), Bangalore e Cantão aproximaram-se de certa forma dessa trajetória canônica. No entanto, a maioria das cidades do hemisfério sul se parece mais com Dublin na época vitoriana, que, como enfatizou o historiador Emmet Larkin, não teve igual em meio a "todos os montes de cortiços produzidos no mundo ocidental no século XIX [...] [porque] os seus cortiços não foram produto da Revolução Industrial. Dublin, na verdade, sofreu mais entre 1800 e 1850 com os problemas da desindustrialização do que com a industrialização"[49].

Do mesmo modo, Kinshasa, Cartum (Sudão), Dar es Salaam (Tanzânia), Guayaquil (Equador) e Lima continuam crescendo prodigiosamente, apesar da ruína do setor de substituição de importações, do encolhimento do setor público e da decadência da classe média. As forças globais que "empurram" as pessoas para fora do campo – a mecanização da agricultura em Java e na Índia, a importação de alimentos no México, no Haiti e no Quênia, a guerra civil e a seca em toda a África e, por toda parte, a consolidação de minifúndios em grandes propriedades e a competição do agronegócio de escala industrial – parecem manter a urbanização mesmo quando a "atração" da cidade é drasticamente

---

[48] Ver Josef Gugler, "Overurbanization Reconsidered", em *Cities in the Developing World*, p. 114-23.

[49] Prefácio de Jacinta Prunty, *Dublin Slums, 1800-1925: A Study in Urban Geography* (Dublin, Irish Academic, 1998), p. IX. Larkin, naturalmente, esquece a contrapartida mediterrânea de Dublin: Nápoles.

O climatério urbano

enfraquecida pelo endividamento e pela depressão econômica. Como resultado, o crescimento urbano rápido no contexto do ajuste estrutural, da desvalorização da moeda e da redução do Estado foi a receita inevitável da produção em massa de favelas. Um pesquisador da Organização Internacional do Trabalho (OIT) estimou que o mercado habitacional formal do Terceiro Mundo raramente oferece mais de 20% do estoque de residências e assim, por necessidade, as pessoas recorrem a barracos construídos por elas mesmas, a locações informais, a loteamentos clandestinos ou às calçadas[50]. "O mercado imobiliário ilegal ou informal", diz a ONU, "forneceu terrenos para a maioria dos acréscimos ao estoque de residências na maior parte das cidades do hemisfério sul nos últimos trinta ou quarenta anos"[51].

Desde 1970, o crescimento das favelas em todo o hemisfério sul ultrapassou a urbanização propriamente dita. Assim, examinando a Cidade do México do final do século XX, a urbanista Priscilla Connolly observa que "até 60% do crescimento da cidade resulta de pessoas, principalmente mulheres, que constroem heroicamente suas próprias moradias em terrenos periféricos sem uso, enquanto o trabalho informal de subsistência sempre foi responsável por grande proporção do total de empregos"[52]. As favelas de São Paulo – meros 1,2% da população em 1973, mas 19,8% em 1993 – cresceram na década de 1990 no ritmo explosivo de 16,4% ao ano[53]. Na Amazônia, uma das fronteiras urbanas que crescem com mais velocidade em todo o mundo, 80% do crescimento das cidades tem-se dado nas favelas, privadas, em sua maior parte, de serviços públicos e transporte municipal, tornando assim sinônimos "urbanização" e "favelização"[54].

As mesmas tendências são visíveis em toda a Ásia. As autoridades policiais de Pequim estimam que 200 mil "flutuantes" (migrantes rurais não registrados) chegam todo ano, muitos deles amontoados em favelas ilegais na orla sul da capital[55]. Enquanto isso, no sul da Ásia, um estudo do final da década de 1980

---

[50] Oberai, *Population Growth, Employment and Poverty in Third-World and Mega-Cities*, p. 13.

[51] UN-Habitat, *An Urbanising World: Global Report on Human Settlements* (Oxford, Oxford University. 1996), p. 239.

[52] Priscilla Connolly, "Mexico City: Our Common Future?", *Environment and Urbanization*, v. 11, n. 1, abr. 1999, p. 56.

[53] Ivo Imparato e Jeff Ruster, *Slum Upgrading and Participation: Lessons from Latin America* (Washington, World Bank, 2003), p. 333.

[54] John Browder e Brian Godfrey, *Rainforest Cities: Urbanization, Development, and Globalization of the Brazilian Amazon* (Nova York, Columbia University, 1997), p. 130.

[55] Yang Wenzhong e Wang Gongfan, "Peasant Movement: A Police Perspective", em Michael Dutton (org.), *Streetlife China* (Cambridge, Cambridge University, 1998), p. 89.

Planeta Favela

mostrou que até 90% do crescimento das famílias urbanas ocorreu nas favelas[56]. A população cada vez maior de *katchi abadi* (invasores) de Karachi dobra a cada década, e as favelas indianas continuam a crescer 250% mais depressa do que a população em geral[57]. O déficit habitacional anual estimado de Mumbai de 45 mil unidades no setor formal traduz-se em um aumento correspondente de moradias informais nas favelas[58]. Das 500 mil pessoas que migram para Délhi todo ano, estima-se que um total de 400 mil acabem nas favelas; em 2015, a capital da Índia terá uma população favelada de mais de 10 milhões de pessoas. "Se essa tendência continuar sem se abater", avisa o especialista em planejamento Gautam Chatterjee, "só teremos favelas sem cidades"[59].

A situação africana, naturalmente, é ainda mais extremada. As favelas da África crescem com o dobro da velocidade das explosivas cidades do continente. Na verdade, incríveis 85% do crescimento populacional do Quênia entre 1989 e 1999 foram absorvidos pelas favelas fétidas e atulhadíssimas de Nairóbi e Mombasa[60]. Enquanto isso, toda esperança realista de mitigar a pobreza urbana da África desapareceu do horizonte oficial. Na reunião anual conjunta do FMI e do Banco Mundial em outubro de 2004, Gordon Brown, chanceler do Tesouro do Reino Unido e possível herdeiro de Tony Blair, observou que as Metas de Desenvolvimento do Milênio da ONU para a África, projetadas originalmente para se cumprirem em 2015, não serão atingidas por várias gerações: "A África subsaariana só obterá educação primária universal em 2130, uma redução de 50% da pobreza em 2150 e a eliminação da mortalidade infantil evitável em 2165"[61]. Em 2015, a África negra terá 332 milhões de favelados, número que continuará a dobrar a cada quinze anos[62].

Assim, as cidades do futuro, em vez de feitas de vidro e aço, como fora previsto por gerações anteriores de urbanistas, serão construídas em grande

---

[56] Dileni Gunewardena, "Urban Poverty in South Asia: What Do We Know? What Do We Need To Know?", artigo apresentado na Conference on Poverty Reduction and Social Progress, Rajendrapur, Bangladesh, abril de 1999, p. 1.

[57] Arif Hasan, "lntroduction", em Akhtar Hameed Khan, *Orangi Pilot Project: Reminiscences and Reflections* (Karachi, Oxford University, 1996), p. XXXIV.

[58] Suketu Mehta, *Maximum City: Bombay Lost and Found* (Nova York, Knopf, 2004), p. 117.

[59] Gautam Chatterjee, "Consensus versus Confrontation", *Habitat Debate*, v. 8, n. 2, jun. 2002, p. 11. A estatística sobre Délhi advém de Rakesh K. Sinha, "New Delhi: The World's Shanty Capital in the Making", *OneWorld South Asia*, 26/8/2003.

[60] Harvey Herr e Guenter Karl, "Estimating Global Slum Dwellers: Monitoring the Millenium Development Goal 7, Target 11", artigo do UN-Habitat, Nairóbi, 2003, p. 19.

[61] Gordon Brown, citado em *Los Angeles Times*, 4/10/2004.

[62] Estatística da ONU citada em John Vidal, "Cities Are Now the Frontline of Poverty", *The Guardian*, 2/2/2005.

O climatério urbano

parte de tijolo aparente, palha, plástico reciclado, blocos de cimento e restos de madeira. Em vez das cidades de luz arrojando-se aos céus, boa parte do mundo urbano do século XXI instala-se na miséria, cercada de poluição, excrementos e deterioração. Na verdade, o bilhão de habitantes urbanos que moram nas favelas pós-modernas podem mesmo olhar com inveja as ruínas das robustas casas de barro de Çatal Hüyük, na Anatólia, construídas no alvorecer da vida urbana há 9 mil anos.

2

A generalização das favelas

> Ele deixou sua mente viajar enquanto
> fitava a cidade, meio favela, meio paraíso.
> Como um lugar podia ser tão feio
> e violento, mas bonito ao mesmo tempo?
>
> Chris Abani[1]

A generalização espantosa das favelas é o principal tema de *The Challenge of Slums* [O desafio das favelas], relatório histórico e sombrio publicado em outubro de 2003 pelo Programa de Assentamentos Humanos das Nações Unidas (UN-Habitat). Essa primeira auditoria verdadeiramente global da pobreza urbana, que segue as famosas pegadas de Friedrich Engels, Henry Mayhew, Charles Booth e Jacob Riis, é o ponto culminante de dois séculos de reconhecimento científico da vida favelada, que teve início em 1805 com *Survey of Poverty in Dublin* [Estudo da pobreza em Dublin], de James Whitelaw. É também a contrapartida empírica há muito esperada das advertências do Banco Mundial na década de 1990 de que a pobreza urbana se tornaria "o problema mais importante e politicamente explosivo do próximo século"[2].

The Challenge of Slums, fruto da colaboração de mais de cem pesquisadores, integra três novas fontes de análise e dados. Em primeiro lugar, baseia-se em estudos sinópticos da pobreza, das condições de vida na favela e da política habitacional de 34 metrópoles, de Abidjã (Costa do Marfim) a Sydney; o projeto foi coordenado para o UN-Habitat pela Unidade de Planejamento de Desenvolvimento do University College London[3]. Em segundo lugar, utiliza um banco de dados

---

[1]   Chris Abani, *Graceland* (Nova York, Farrar, Straus and Giroux, 2004), p. 7.

[2]   Anqing Shi, "How Access to Urban Potable Water and Sewerage Connections Affects Child Mortality", Finance, Development Research Group, artigo para discussão, Banco Mundial, jan. 2000, p. 14.

[3]   University College London Development Planning Unit e UN-Habitat, *Understanding Slums: Case Studies for the Global Report on Human Settlements 2003*, disponível em <www.ucl.ac.uk/dpu-projects/Global_Report>. A maior parte desses estudos está resumida em um apên-

Planeta Favela

comparativo inigualável de 237 cidades do mundo inteiro criado pelo Programa de Indicadores Urbanos do UN-Habitat para a Cúpula das Cidades Istambul + 5 de 2001[4]. E, por último, incorpora dados de pesquisas domiciliares globais que abrem novos caminhos ao incluir a China e o antigo bloco soviético. Os autores da ONU registram o seu débito específico a Branko Milanovic, economista do Banco Mundial pioneiro na utilização dessas pesquisas como microscópio poderoso para estudar a desigualdade global. (Em um dos seus artigos, Milanovic explica: "Pela primeira vez na história humana, os pesquisadores têm dados razoavelmente exatos sobre a distribuição de renda ou bem-estar [despesas ou consumo] de mais de 90% da população mundial"[5].) Enquanto os relatórios da Mesa-Redonda Intergovernamental sobre Mudança Climática representam o consenso científico sem precedentes sobre os perigos do aquecimento global, *The Challenge of Slums* soa como alerta igualmente conclusivo sobre a catástrofe mundial da pobreza urbana.

Mas o que é *slum*, palavra inglesa que significa "favela"? A primeira definição de que se tem conhecimento foi publicada no *Vocabulary of the Flash Language* [Vocabulário da linguagem vulgar], de 1812, do escritor condenado à prisão James Hardy Vaux, no qual é sinônimo de *racket*, "estelionato" ou "comércio criminoso"[6]. No entanto, nos anos da cólera das décadas de 1830 e 1840, os pobres já moravam em *slums* em vez de praticá-los. O cardeal Wiseman, em seus textos sobre reforma urbana, recebe às vezes o crédito por ter transformado *slum* ("cômodo onde se faziam transações vis") de gíria das ruas em palavra confortavelmente usada por escritores requintados[7]. Em meados do século XIX, identificavam-se *slums* na França, na América e na Índia, geralmente reconhecidos como fenômeno internacional. Os especialistas e diletantes debatiam onde a degradação humana era mais horrenda: Whitechapel ou La Chapelle, Gorbals ou Liberties, Pig Alley ou Mulberry Bend. Num estudo de 1895 sobre os "pobres das grandes cidades", a *Scribner's Magazine* votou nos *fondaci* de Nápoles como "as mais apavorantes moradias humanas da face da Terra", mas Gorki tinha certeza de que o famoso bairro Khitrov, em Moscou, era na verdade o "fundo

---

dice no final de *The Challenge of Slums*. Falta, contudo, o brilhante trabalho de Galal Eldin Eltayeb sobre Cartum, excluído, supõe-se, devido à sua caracterização do "regime islamita totalitário".

[4] Ver *Challenge*, p. 245.

[5] Branko Milanovic, "True World Income Distribution, 1988 and 1993: First Calculation Based on Household Survey Alone", artigo para discussão, Banco Mundial, Nova York, 1999, não pag.

[6] Prunty, *Dublin Slums*, p. 2.

[7] J. A. Yelling, *Slums and Slum Clearance in Victorian London* (Londres, Taylor and Francis, 1986), p. 5.

A generalização das favelas

mais fundo", enquanto Kipling ria-se e levava os seus leitores "mais fundo, mais fundo ainda" até Colootollah, "o mais vil de todos os esgotos" na "cidade da noite assustadora" de Calcutá[8].

Essas favelas clássicas eram lugares pitorescos e sabidamente restritos, mas em geral os reformadores concordavam com Charles Booth – o Dr. Livingstone dos párias de Londres – que todas se caracterizavam por um amálgama de habitações dilapidadas, excesso de população, doença, pobreza e vício. É claro que, para os liberais do século XIX, a dimensão moral era decisiva e a favela era vista, acima de tudo, como um lugar onde um "resíduo" social incorrigível e feroz apodrecia em um esplendor imoral e quase sempre turbulento; na verdade, uma vasta literatura excitava a classe média vitoriana com histórias chocantes do lado negro da cidade. "Selvagens", declamou o reverendo Chapin em *Humanity in the City* (1854), "não em florestas soturnas, mas sob a força das lâmpadas de gás e os olhos dos guardas; com os mesmos gritos de guerra e clavas, e trajes tão fantásticos e almas tão violentas quanto quaisquer de seus parentes nos antípodas"[9]. Quarenta anos depois, o novo Departamento do Trabalho dos Estados Unidos, na primeira pesquisa "científica" sobre a vida nos cortiços norte-americanos (*The Slums of Baltimore, Chicago, New York, and Philadelphia*, 1894), ainda definia *slum* como "uma área de becos e ruelas sujas, principalmente quando habitada por uma população miserável e criminosa"[10].

Um recenseamento global das favelas

Os autores de *The Challenge of Slums* descartam essas calúnias vitorianas, mas fora isso conservam a definição clássica da favela, caracterizada por excesso de população, habitações pobres ou informais, acesso inadequado a água potável e condições sanitárias e insegurança da posse da moradia. Essa definição operacional, adotada oficialmente numa reunião da ONU em Nairóbi, em outubro de 2002, está "restrita às características físicas e legais do assentamento" e evita as "dimensões sociais", mais difíceis de medir, embora igualem-se, na maioria das circunstâncias, à marginalidade econômica e social[11]. Englobando tanto as áreas periurbanas pobres quanto o arquétipo dos cortiços das regiões decadentes

---

[8]   Robert Woods et al., *The Poor in Great Cities: Their Problems and What is Being Done to Solve Them* (Nova York, C. Scribner's Sons, 1895), p. 305 (*Scribner's Magazine*); Blair Ruble, *Second Metropolis: Pragmatic Pluralism in Gilded Age Chicago, Silver Age Moscow, and Meiji Osaka* (Cambridge, Cambridge University, 2001), p. 266-7 (Khitrov); Rudyard Kipling, *The City of Dreadful Night, and Other Places* (Allahabad/Londres, A. H. Wheeler, 1891), p. 71.

[9]   Rev. Edwin Chapin, *Humanity in the City* (Nova York, DeWitt & Davenport, 1854), p. 36.

[10] Ver Carroll D. Wright, *The Slums of Baltimore, Chicago, New York, and Philadelphia* (Washington, 1894), p. 11-5.

[11] *Challenge*, p. 12-3.

Planeta Favela

do centro da cidade, essa abordagem multidimensional é, na prática, um gabarito bem conservador do que se classifica como favela; muitos leitores ficarão surpresos com a conclusão nada empírica da ONU de que somente 19,6% dos mexicanos urbanos moram em favelas (em geral os especialistas locais admitem que quase dois terços dos mexicanos moram em *colonias populares* ou cortiços mais antigos). Mesmo utilizando essa definição restritiva, os pesquisadores da ONU estimam que havia pelo menos 921 milhões de favelados em 2001 e mais de 1 bilhão em 2005: quase a mesma população do mundo quando o jovem Engels aventurou-se pela primeira vez pelas ruas ignóbeis de St. Giles e da Old Town de Manchester em 1844[12].

Na verdade, o capitalismo neoliberal, a partir de 1970, multiplicou exponencialmente o famoso cortiço Tom-All-Alone de Charles Dickens em *A casa soturna*. Os favelados, embora sejam apenas 6% da população urbana dos países desenvolvidos, constituem espantosos 78,2% dos habitantes urbanos dos países menos desenvolvidos; isso corresponde a pelo menos um terço da população urbana global.

Tabela 2.1[13]
Maiores populações faveladas por país

	% da pop. urbana na favela	Número (milhões)
China	37,8	193,8
Índia	55,5	158,4
Brasil	36,6	51,7
Nigéria	79,2	41,6
Paquistão	73,6	35,6
Bangladesh	84,7	30,4
Indonésia	23,1	20,9
Irã	44,2	20,4
Filipinas	44,1	20,1
Turquia	42,6	19,1
México	19,6	14,7
Coreia do Sul	37,0	14,2
Peru	68,1	13,0
Estados Unidos	5,8	12,8
Egito	39,9	11,8
Argentina	33,1	11,0
Tanzânia	92,1	11,0
Etiópia	99,4	10,2
Sudão	85,7	10,1
Vietnã	47,4	9,2

---

[12] Anna Tibaijuka, diretora executiva do UN-Habitat, citada em "More than One Billion People Call Urban Slums Their Home", *City Mayors Report*, fev. 2004. Disponível em: <www.citymayors.com/report/slums.html>.

[13] Essas estimativas foram obtidas de estudos de 2003 do UN-Habitat e da média tirada de dezenas de fontes diversas, numerosas demais para serem citadas.

A generalização das favelas

De acordo com o UN-Habitat, os maiores percentuais de favelados do mundo estão na Etiópia (espantosos 99,4% da população urbana), Tchade (também 99,4%), Afeganistão (98,5%) e Nepal (92%). Mumbai, com 10 a 12 milhões de invasores de terrenos e moradores de favelas, é a capital global dos favelados, seguida por Cidade do México e Daca (9 a 10 milhões cada) e depois Lagos, Cairo, Karachi, Kinshasa-Brazzaville, São Paulo, Xangai e Délhi (6 a 8 milhões cada)[14].

As favelas cujo crescimento é mais rápido encontram-se na Federação Russa (principalmente nas antigas "cidades de empresas socialistas", que dependiam de uma única fábrica fechada atualmente) e nas ex-repúblicas soviéticas, onde a decrepitude urbana vem brotando na mesma velocidade vertiginosa da desigualdade econômica e do desinvestimento municipal. Em 1993, o Programa de Indicadores Urbanos da ONU citou taxas de pobreza de 80% ou mais tanto em Baku (Azerbaijão) quanto em Erevan (Armênia)[15]. Do mesmo modo, Ulaanbaatar (Mongólia), núcleo urbano de concreto e aço da época soviética, está hoje cercada por um mar de 500 mil ou mais ex-pastores empobrecidos que moram em tendas chamadas *guers*, e poucos deles conseguem comer mais de uma vez ao dia[16].

No entanto, é provável que a população urbana mais pobre esteja em Luanda, Maputo (Moçambique), Kinshasa e Cochabamba (Bolívia), onde dois terços ou mais dos moradores ganham menos que o custo da nutrição mínima necessária por dia[17]. Em Luanda, onde um quarto das famílias tem um consumo *per capita* de menos de 75 centavos de dólar por dia, a mortalidade infantil (crianças com menos de 5 anos) foi de horrendos 320 a cada 1.000 em 1993 – a mais alta do mundo[18].

---

[14] UN-Habitat, "Slums of the World: The Face of Urban Poverty in the New Millennium?", artigo para discussão, Nairóbi, 2003, anexo 3.

[15] Christiaan Grootaert e Jeanine Braithwaite, "The Determinants of Poverty in Eastern Europe and the Former Soviet Union", em Jeanine Braithwaite, Christiaan Grootaert e Branko Milanovic (orgs.), *Poverty and Social Assistance in Transition Countries* (Nova York, Palgrave Macmillan, 2000), p. 49; UNCHS Global Indicators Database, 1993.

[16] Prefeitura da cidade de Ulaanbaatar, "Urban Poverty Profile", apresentado ao Banco Mundial, s/d. Disponível em: <http://infocity.org/F2F/poverty/papers2/UB(Mongolia)%20 Poverty.pdf>.

[17] Simon, "Urbanization, Globalization, and Economic Crisis in Africa", p. 103; Jean-Luc Piermay, "Kinshasa: A Reprieved Mega-City?", em Rakodi, *The Urban Challenge in Africa*, p. 236; e Carmen Ledo Garcia, *Urbanization and Poverty in the Cities of the National Economic Corridor in Bolivia* (tese, Delft University of Technology, 2002), p. 175 (60% dos habitantes de Cochabamba ganham um dólar por dia ou menos).

[18] Pode-se também dizer que a mortalidade infantil de Luanda é quatrocentas vezes maior que a de Rennes, na França, cidade com a menor taxa de mortalidade de crianças até 5 anos. (Shi, "How Access to Urban Portable Water Sewerage Connections Affects Child Mortality", p. 2.)

Planeta Favela

Claro que nem todos os pobres urbanos moram em favelas e nem todos os favelados são pobres; na verdade, *The Challenge of Slums* ressalta que, em algumas cidades, a maioria dos pobres mora, na verdade, fora da favela propriamente dita[19]. Embora, obviamente, as duas categorias se sobreponham, o número de pobres urbanos é consideravelmente maior: pelo menos metade da população urbana do mundo, definida pelos patamares de pobreza nacional relativa[20]. Além disso, aproximadamente um quarto dos habitantes urbanos (conforme pesquisa de 1988) vive em pobreza "absoluta", difícil de imaginar, sobrevivendo – não se sabe como – com um dólar ou menos por dia[21]. Se os dados da ONU são precisos, a diferença de renda *per capita* entre as famílias de uma cidade rica como Seattle e de uma cidade paupérrima como Ibadan (Nigéria) chega a *739 para 1* – desigualdade inacreditável[22].

Na verdade, é difícil conseguir estatísticas exatas pois é comum a população pobre e favelada ser subcalculada, de forma deliberada e às vezes maciça, pelos órgãos públicos. No final dos anos 1980, por exemplo, Bangcoc tinha uma taxa oficial de pobreza de apenas 5%, mas as pesquisas verificaram que quase um quarto da população (1,16 milhão) mora em mil favelas e acampamentos de invasores[23]. Do mesmo modo, o governo do México afirmou na década de 1990 que somente um em cada dez habitantes urbanos era verdadeiramente pobre, apesar de dados incontestes da ONU mostrarem que quase 40% deles viviam com 2 dólares ou menos por dia[24]. As estatísticas indonésias e malaias também são famosas por encobrir a pobreza urbana. O dado oficial de Jacarta, onde a maioria dos pesquisadores estima que um quarto da população compõe-se de moradores pobres de *kampungs*, é simplesmente absurdo: menos de 5%[25]. Na Malásia, o geógrafo Jonathan Rigg queixa-se de que a linha oficial de pobreza "não leva em conta o custo mais alto da vida urbana" e subestima deliberadamente os pobres

---

[19] *Challenge*, p. 28.

[20] Kavita Datta e Gareth A. Jones, "Preface", em Datta e Jones (orgs.), *Housing and Finance in Developing Countries* (Londres, Routledge, 1999), p. XVI. Em Kolkata, por exemplo, a linha de pobreza é definida como o equivalente monetário de 2.100 calorias de alimentação por dia. Assim, o homem mais pobre da Europa muito provavelmente seria rico em Kolkata e vice-versa.

[21] Relatório do Banco Mundial, citado em Ahmed Soliman, *A Possible Way Out: Formalizing Housing Informality in Egyptian Cities* (Lanham, University Press of America, 2004), p. 125.

[22] Shi, "How Access to Urban Potable Water and Sewerage Connections Affects Child Mortality", apêndice 3, derivado de UNCHS Global Urban Indicators Database, 1993. A vírgula decimal pode estar posicionada no lugar errado no valor relativo a Ibadan.

[23] Jonathan Rigg, *Southeast Asia: A Region in Transition* (Londres, Unwin Hyman, 1991), p. 143.

[24] Imparato e Ruster, *Slum Upgrading and Participation*, p. 52.

[25] Paul McCarthy, "Jakarta, Indonesia", UN-Habitat Case Study, Londres, 2003, p. 7-8.

A generalização das favelas

chineses[26]. Já o sociólogo urbano Erhard Berner acredita que as estimativas da pobreza de Manila são obscuras propositalmente e que pelo menos um oitavo da população favelada não é levada em conta[27].

Uma classificação das favelas

Existem provavelmente mais de 200 mil favelas, cuja população varia de algumas centenas a mais de 1 milhão de pessoas em cada uma delas. Sozinhas, as cinco grandes metrópoles do sul da Ásia (Karachi, Mumbai, Délhi, Kolkata [Calcutá] e Daca) contêm cerca de 15 mil comunidades faveladas distintas, cuja população total excede os 20 milhões de habitantes. As "megafavelas" surgem quando bairros pobres e comunidades invasoras fundem-se em cinturões contínuos de moradias informais e pobreza, em geral na periferia urbana. A Cidade do México, por exemplo, tinha, em 1992, estimados 6,6 milhões de pessoas vivendo aglomeradas em 348 quilômetros quadrados de moradias informais[28]. Do mesmo modo, a maioria dos pobres de Lima mora em três grandes *conos* periféricos que se irradiam da cidade central; essas imensas concentrações espaciais de pobreza urbana também são comuns na África e no Oriente Médio. No sul da Ásia, pelo contrário, os pobres urbanos tendem a viver em um número muito maior de favelas distintas, dispersas com mais amplitude por todo o tecido urbano, com padrões quase fractais de complexidade. Em Kolkata, por exemplo, milhares de *thika bustees* – nove aglomerados de cinco cabanas cada, com cômodos de 45 metros quadrados compartilhados, na média, por incríveis 13,4 pessoas – misturam-se a uma variedade de outras condições residenciais e tipos de uso da terra[29]. Em Daca, é provável que faça mais sentido considerar as áreas que não são favelas como enclaves numa matriz dominante de extrema pobreza.

Embora algumas favelas tenham uma longa história – a primeira favela do Rio de Janeiro, no morro da Providência, surgiu na década de 1880 –, a maioria das megafavelas cresceu a partir da década de 1960. Ciudad Nezahualcóyotl, por exemplo, mal tinha 10 mil moradores em 1957; hoje, esse subúrbio pobre da Cidade do México tem 3 milhões de habitantes. A cada vez maior Manshiet Nast, junto do Cairo, surgiu na década de 1960 como acampamento dos operários que construíam o subúrbio de Cidade Nasr, enquanto a imensa favela de Orangi/Baldia, nos morros de Karachi, com sua população mista de refugiados muçulmanos da Índia e patanes provindos da fronteira afegã, foi criada em 1965.

---

[26] Rigg, *Southeast Asia*, p. 119.

[27] Erhard Berner, *Defending a Place in the City: Localities and the Struggle for Urban Land in Metro Manila* (Cidade Quezon, Ateneo de Manila, 1997), p. 21, 25, 26.

[28] Keith Pezzoli, *Human Settlements and Planning for Ecological Sustainability: The Case of Mexico City* (Cambridge, MIT, 1998), p. 13.

[29] Nitai Kundu, "Kolkata, India", UN-Habitat Case Study, Londres, 2003, p. 7.

Planeta Favela

Tabela 2.2
As trinta maiores megafavelas (2005)[30]

		(milhões de habitantes)
1.	Neza/Chalco/Izta (Cidade do México)[31]	4,0
2.	Libertador (Caracas)	2,2
3.	El Sur/Ciudad Bolivar (Bogotá)	2,0
4.	San Juan de Lurigancho (Lima)[32]	1,5
5.	Cono Sur (Lima)[33]	1,5
6.	Ajegunle (Lagos)	1,5
7.	Cidade Sadr (Bagdá)	1,5
8.	Soweto (Gauteng)	1,5
9.	Gaza (Palestina)	1,3
10.	Comunidade Orangi (Karachi)	1,2
11.	Cape Flats (Cidade do Cabo)[34]	1,2
12.	Pikine (Dacar)	1,2
13.	Imbaba (Cairo)	1,0
14.	Ezbet El-Haggana (Cairo)	1,0
15.	Cazenga (Luanda)	0,8
16.	Dharavi (Mumbai)	0,8
17.	Kibera (Nairóbi)	0,8
18.	El Alto (La Paz)	0,8
19.	Cidade dos Mortos (Cairo)	0,8
20.	Sucre (Caracas)	0,6
21.	Islamshahr (Teerã)[35]	0,6
22.	Tlalpan (Cidade do México)	0,6
23.	Inanda INK (Durban)	0,5
24.	Manshiet Nasr (Cairo)	0,5
25.	Altindag (Ancara)	0,5
26.	Mathare (Nairóbi)	0,5
27.	Aguas Blancas (Cali)	0,5
28.	Agege (Lagos)	0,5
29.	Cité-Soleil (Porto Príncipe)	0,5
30.	Masina (Kinshasa)	0,5

Villa El Salvador, uma das maiores *barriadas* de Lima, surgiu em 1971 sob o patrocínio do governo militar do Peru e, em poucos anos, tinha uma população de mais de 300 mil habitantes.

---

[30] Dezenas de fontes foram consultadas e selecionados os valores médios em vez dos extremos.

[31] Inclui Nezahualcoyotl (1,5 milhão de habitantes), Chalco (300 mil), Iztapalapa (1,5 milhão), Chimalhuacan (250 mil) e catorze outras delegações e municípios contíguos do quadrante sudeste da metrópole.

[32] Inclui S. J. de L. (750 mil), Comas (500 mil) e Independencia (200 mil).

[33] Cono Sur = Villa El Salvador (350 mil), San Juan de Miraflores (400 mil) e Villa Maria de Triunfo (400 mil).

[34] Cape Flats, Khayelitsha (400 mil), Mitchell's Plain (250 mil), Crossroads (180 mil) e comunidades menores (segundo o recenseamento de 1996).

[35] Islamshahr (350 mil habitantes) mais Chahar Dangeh (250 mil).

A generalização das favelas

Em toda parte do Terceiro Mundo a escolha da moradia é um cálculo complicado de considerações ambíguas. Como a frase famosa do arquiteto anarquista John Turner, "Moradia é um verbo". Os pobres urbanos têm de resolver uma equação complexa ao tentar otimizar o custo habitacional, a garantia da posse, a qualidade do abrigo, a distância do trabalho e, por vezes, a própria segurança. Para alguns, como muitos moradores de rua, a localização próxima do trabalho – digamos, em uma feira livre ou estação de trem – é ainda mais importante do que o teto. Para outros, o terreno gratuito, ou quase isso, compensa viagens épicas da periferia para o trabalho no centro. E para todos a pior situação é um local ruim e caro sem serviços públicos nem garantia de posse. No famoso modelo de Turner, que teve como base seu trabalho no Peru da década de 1960, os migrantes rurais primeiro mudam-se da província para um local no centro da cidade a qualquer preço, para encontrar emprego; depois, com a segurança do emprego, mudam-se para a periferia, onde podem obter a propriedade. É claro que esse progresso (em sua terminologia) da "cabeça-de-ponte" à "consolidação" é uma idealização que só pode refletir uma situação historicamente transitória num único continente ou país[36].

Em uma análise mais sofisticada, o especialista em habitação Ahmed Soliman discute quatro estratégias básicas de abrigo dos pobres do Cairo. Primeiro, se o acesso ao mercado central de trabalho é fundamental, a família pode pensar na possibilidade de alugar um apartamento; os prédios para locação oferecem centralidade e garantia de ocupação, mas são caros e não trazem a esperança de propriedade posterior. A segunda opção fica no centro, mas é um abrigo informal; situação descrita por Soliman como

> um cômodo ou sótão pequeníssimo, localizado num ambiente de má qualidade com aluguel barato, ou sem aluguel, com bom acesso a oportunidades de trabalho mas sem esperança de garantia de propriedade. Esses moradores ilegais acabarão forçados a se mudar para terrenos invadidos ou habitações semi-informais.[37]

A terceira solução de moradia, a mais barata delas, é ocupar terra pública, em geral nos arredores desertos do Cairo e quase sempre a favor do vento que sopra de áreas poluídas; as considerações negativas dessa possibilidade incluem o custo altíssimo do transporte até o trabalho e a negligência governamental com relação à infraestrutura. "Por exemplo, a área invadida no distrito de El Dekhila é um assentamento há quarenta anos, sem que haja nenhuma ação ou intervenção

---

[36] Ver John Turner, "Housing Priorities, Settlement Patterns and Urban Development in Modernizing Countries", *Journal of the American Institute of Planners*, 34, 1968, p. 354-63; e "Housing as a Verb", em John Turner e Robert Fichter (orgs.), *Freedom to Build: Dweller Control of the Housing Process* (Nova York, Macmillan, 1972).

[37] Soliman, *A Possible Way Out*, p. 119-20.

Planeta Favela

pública da autoridade local." A quarta solução, que acaba sendo a preferida pela maioria dos cairotas pobres, é comprar um terreno em um dos enormes loteamentos semi-informais (muitas vezes em terras compradas de beduínos ou em aldeias de camponeses) com ocupação legal, mas sem autorização oficial para construções. Embora distantes do emprego, essas áreas são seguras e, depois de considerável mobilização das comunidades e negociações políticas, costumam ser atendidas por serviços públicos básicos[38].

Podem-se especificar modelos semelhantes de escolha racional para todas as cidades, gerando uma série enorme de tipos específicos de ocupação e assentamento local. A classificação apresentada no Quadro 2.1 é uma simplificação analítica que ignora características locais importantes em prol da possibilidade de comparação global. Outros analistas podem dar prioridade à situação legal da habitação (*formal* ou *informal*), mas acho que a primeira decisão da maioria dos recém-chegados na cidade é se podem ou não pagar aluguel perto das principais concentrações de empregos (*núcleo* ou *periferia*).

No Primeiro Mundo, é claro, há uma distinção arquetípica entre as cidades norte-americanas em forma de "anel", com os pobres concentrados no centro, em núcleos dilapidados e subúrbios mais pobres, e as cidades-"pires" europeias, com a população de imigrantes e desempregados aquilombada em prédios de muitos andares na orla externa da cidade. Os pobres norte-americanos, por assim dizer, moram em Mercúrio; os europeus, em Netuno ou Plutão. Como ilustra a Tabela 2.3, os favelados do Terceiro Mundo ocupam várias órbitas urbanas, com a maior concentração nas construções baixas das periferias. Ao contrário da Europa, no hemisfério sul as moradias públicas para os pobres são exceção – Hong Kong, Singapura, China – em vez de regra. Entre um quinto e um terço dos pobres urbanos moram dentro ou perto do núcleo urbano, principalmente em moradias multifamiliares alugadas, mais antigas.

1. A pobreza dentro da cidade

Nas cidades norte-americanas e europeias, há uma distinção básica entre a moradia em antigos casarões, como as *brownstones* do Harlem e as *georgians* de Dublin, e os prédios construídos para os pobres, como os *Mietskaserne* de Berlim e os famosos *dumbbells* do Lower East Side de Nova York. Embora rara nas novas cidades da África, a reutilização de casarões antigos, como as mansões coloniais e vilas vitorianas convertidas, é bastante comum na América Latina e em algumas cidades asiáticas. Fosse qual fosse o seu antigo esplendor, a maior parte dos *palomares* da Cidade da Guatemala, das *avenidas* e *vilas* do Rio de Janeiro, os *conventillos* de Buenos Aires e Santiago, as *quintas* de Quito e as *cuarterias* de Havana Velha estão

---

[38] Idem.

A generalização das favelas

Quadro 2.1
Classificação das favelas

A. Núcleo metropolitano

1. Formal
   (a) cortiços
       (a.1) casarões antigos
       (a.2) construídos para os pobres
   (b) moradias públicas para aluguel
   (c) pensões, hospedarias, abrigos etc.
2. Informal
   (a) invasores
       (a.1) com autorização
       (a.2) sem autorização
   (b) moradores de rua

B. Periferia

1. Formal
   (a) aluguel particular
   (b) moradias públicas para aluguel

2. Informal
   (a) loteamentos clandestinos
       (a.1) ocupado pelo proprietário
       (a.2) sublocação
   (b) invasores
       (b.1) com autorização (inclusive lotes urbanizados)
       (b.2) sem autorização
3. Campos de refugiados

Tabela 2.3
Onde moram os pobres[39]
(percentual da população pobre)

	Favelas dentro da cidade	Favelas periféricas
Karachi	34	66
Cartum	17	83
Lusaka (Zâmbia)	34	66
Cidade do México	27	73
Mumbai	20	80
Rio de Janeiro	23	77

---

[39] Keith Pezzoli, "Mexico's Urban Housing Environments", em Brian Aldrich e Ranvinder Sandhu (orgs.), *Housing the Urban Poor: Policy and Practice in Developing Countries* (Londres, Taschner, 1995), p. 145; K. Sivaramakrishnan, "Urban Governance: Changing Realities", em Michael Cohen et al. (orgs.), *Preparing for the Urban Future: Global Pressures and Local Forces* (Washington, Woodrow Wilson Center, 1997), p. 229; Mariana Fix, Pedro Arantes e Giselle M. Tanaka, "São Paulo, Brazil", UN-Habitat Case Study, Londres, 2003, p. 9; Jacquemin, *Urban Development and New Towns in the Third World*, p. 89.

Planeta Favela

hoje perigosamente dilapidadas e densamente povoadas. O arquiteto David Glasser visitou uma antiga mansão unifamiliar de Quito, por exemplo, que abrigava 25 famílias e 128 pessoas, mas não era atendida por serviços funcionais municipais[40]. Embora estejam sendo rapidamente reformadas ou demolidas, algumas *vecindades* da Cidade do México ainda permanecem tão apinhadas quanto a Casa Grande, famoso cortiço que abriga setecentas pessoas e que o antropólogo Oscar Lewis celebrizou em *Os filhos de Sanchez* (1961)[41]. Na Ásia, o equivalente são as decadentes (e hoje municipalizadas) mansões *zamindar*, em Kolkata, e os poeticamente denominados "jardins-favela", em Colombo (Sri Lanka), que constituem 18% do rol de moradias da cidade[42]. Provavelmente o exemplo em maior escala, embora agora reduzido em tamanho e população pela renovação urbana, seja a favela interna de Pequim, a Cidade Velha, formada de moradias anexas aos castelos Ming e Qing e sem instalações nem serviços modernos[43].

Muitas vezes, como no antigo bairro elegante de Campos Elísios em São Paulo ou em partes da paisagem urbana colonial de Lima, bairros burgueses inteiros transformaram-se em favelas. No famoso bairro à beira-mar de Bab-el-Oued, em Argel, pelo contrário, os nativos pobres substituíram os operários estrangeiros. Embora o padrão dominante global seja a expulsão dos pobres do centro, algumas cidades do Terceiro Mundo reproduzem a segregação urbana à moda dos Estados Unidos, com a classe média pós-colonial fugindo do núcleo para condomínios fechados e para as chamadas "cidades periféricas". É o que acontece há muito tempo em Kingston (Jamaica), onde 250 mil pobres habitam em Downtown, a cidade baixa, violenta mas culturalmente dinâmica, enquanto a classe média mora em Uptown, a cidade alta. Do mesmo modo, quando os ricos começaram a abandonar o centro de Montevidéu nas décadas de 1970 e 1980 em busca dos bairros mais atraentes do litoral leste, os sem-teto mudaram-se para as casas abandonadas e hotéis em ruínas. Essa dinâmica de sucessão aconteceu bem mais cedo em Lima: as classes média e alta começaram a abandonar o centro histórico da cidade depois do grande terremoto de 1940; no entanto, o combate ao comércio de rua em 1996 supostamente deu origem à *reconquista* da área, que estava nas mãos da classe traba-

---

[40] David Glasser, "The Growing Housing Crisis in Ecuador", em Carl Patton (org.), *Spontaneous Shelter: International Perspectives and Prospects* (Filadélfia, Temple University, 1988), p. 150.

[41] Oscar Lewis, *The Children of Sanchez: Autobiography of a Mexican Family* (Nova York, Random, 1961) [ed. portuguesa: *Os filhos de Sanchez*, Lisboa, Moraes, 1970].

[42] Kalinga Tudor Silva e Karunatissia Athukorala, *The Watta-Dwellers: A Sociological Study of Selected Urban Low-Income Communities in Sri Lanka* (Lanham, University Press of America, 1991), p. 20.

[43] Feng-hsuan Hsueh, *Beijing: The Nature and the Planning of the Chinese Capital City* (Chichester, John Wiley & Sons, 1995), p. 182-4.

A generalização das favelas

lhadora andina[44], movimento este encabeçado pelo governo. Enquanto isso, em Joanesburgo, nos últimos anos, as sedes de empresas e as lojas mais caras fugiram para os subúrbios da zona norte, habitados principalmente por brancos. Com a sua mistura de cortiços e conjuntos habitacionais de classe média, o bairro comercial central, que já foi a capital financeira de todo o continente, tornou-se um centro de comércio informal e de microempresas africanas[45].

O exemplo mais incomum de oferta de moradias herdadas é, sem dúvida, a Cidade dos Mortos, no Cairo, onde 1 milhão de pobres usam sepulturas mamelucas como módulos habitacionais pré-fabricados. O imenso cemitério onde foram sepultadas gerações de sultões e emires é uma ilha urbana murada cercada de vias congestionadas. Os moradores originais do século XVIII eram os guardas que cuidavam das sepulturas das famílias cairotas mais ricas, seguidos por pedreiros e canteiros e depois, na época contemporânea, por refugiados expulsos do Sinai e de Suez durante a guerra de 1967. "Os invasores", observa Jeffrey Nedoroscik, pesquisador da American University do Cairo, "adaptaram os túmulos com criatividade para atender às necessidades dos vivos. Cenotáfios e placas fúnebres são usados como escrivaninhas, cabeceiras, mesas e estantes. Barbantes amarrados entre as lápides servem para secar a roupa"[46]. Também no Cairo, que já foi uma cidade com 29 sinagogas, grupos menores de invasores ocuparam cemitérios judaicos abandonados. "Numa visita na década de 1980", escreve o jornalista Max Rodenbeck, "encontrei um jovem casal com quatro filhos instalados com todo o conforto num sepulcro neofaraônico de especial esplendor. Os moradores do túmulo tinham aberto o columbário e viram que era um prático armário embutido para roupas, panelas e um televisor em cores"[47].

No entanto, na maior parte do Terceiro Mundo o reaproveitamento de moradias é menos comum que os cortiços e as residências construídas para aluguel. Na Índia colonial, a avareza do Raj, que se recusava a fornecer o mínimo de água e rede de esgoto aos bairros indianos urbanos, andava de mãos dadas com a política habitacional que, na verdade, baseava-se na ganância das elites de proprietários locais que construíram as casas de cômodos apinhadíssimas e anti-higiênicas, mas extremamente lucrativas, que ainda hoje abrigam milhões de pessoas[48].

---

[44] Hans Harms, "To Live in the City Centre: Housing and Tenants in Central Neighborhoods of Latin American Cities", *Environment and Urbanization*, v. 9, n. 2, out. 1997, p. 197-8.

[45] Ver Jo Beall, Owen Crankshaw e Susan Parnell, *Uniting a Divided City: Governance and Social Exclusion in Johannesburg* (Londres, Earthscan, 2002), principalmente o capítulo 7.

[46] Jeffrey Nedoroscik, *The City of the Dead: A History of Cairo's Cemetery Communities* (Westport, Greenwood, 1997), p. 43.

[47] Max Rodenbeck, *Cairo: The City Victorious* (Nova York, Knopf, 1999), p. 158-9.

[48] Ver Nandini Gooptu, *The Politics of the Urban Poor in Early Twentieth-Century India* (Cambridge, Cambridge University, 2001), p. 91-102.

Planeta Favela

Em Mumbai, o *chawl* típico (75% do estoque formal de residências da cidade) é uma moradia alugada de um só cômodo e em ruínas onde uma família de seis pessoas aglomera-se em 15 metros quadrados; o sanitário costuma ser dividido com mais seis famílias[49].

Assim como os *chawls* de Mumbai, os *callejones* de Lima foram construídos especificamente para ser alugados aos pobres, muitos deles pelo maior proprietário de cortiços da cidade, a Igreja Católica[50]. São em geral moradias miseráveis feitas de adobe ou *quincha* (uma estrutura de madeira preenchida com lama e palha), que se deterioram com rapidez e costumam ser perigosamente instáveis. Um estudo sobre os *callejones* revelou que 85 pessoas dividiam uma torneira d'água e 93 usavam o mesmo vaso sanitário[51]. Do mesmo modo, até a explosão de favelas periféricas que se deu no início da década de 1980, a maioria dos pobres de São Paulo morava em quartos alugados nos cortiços do centro da cidade, metade dos quais foi construída para esse fim, e metade eram casarões antigos herdados da burguesia urbana[52].

Os *inquilinatos* de madeira e lata de Buenos Aires foram construídos originalmente por imigrantes italianos pobres nos *barrios* portuários, como La Boca e Barracas. No entanto, desde a última crise da dívida muitas famílias que antes eram da classe média foram expulsas dos seus apartamentos particulares e hoje se acumulam em um único cômodo de *inquilinato*, dividindo a cozinha e o banheiro comunitários com cinco outras famílias ou mais. Buenos Aires, na última década, eivada de crises, também contraiu estimados 100 mil invasores a mais em fábricas e prédios abandonados somente no centro do Distrito Federal[53].

Na África subsaariana, pelo contrário, antigos cortiços no centro da cidade são mais ou menos inexistentes. "Nas antigas colônias britânicas", destaca o geógrafo Michael Edwards,

> são raros os cortiços porque falta às cidades um núcleo urbano histórico. Embora a locação fosse quase universal entre os africanos antes da independência, os locatários moravam em hospedarias (se homens solteiros) ou em casas comunitárias (se famílias) em vez de cortiços.[54]

---

[49] Jacquemin, *Urban Development and New Towns in the Third World*, p. 89.

[50] Geert Custers, "Inner-city Rental Housing in Lima: A Portrayal and an Explanation", *Cities*, v. 18, n. 1, 2001, p. 252.

[51] Ibidem, p. 254.

[52] Fix, Arantes e Tanaka, "São Paulo, Brazil".

[53] David Keeling, *Buenos Aires: Global Dreams, Local Crises* (Chichester, John Wiley & Sons, 1996), p. 100.

[54] Michael Edwards, "Rental Housing and the Urban Poor", em Philip Amis e Peter Lloyd (orgs.), *Housing Africa's Urban Poor* (Manchester, Manchester University, 1990), p. 263.

A generalização das favelas

Em setores mais antigos de Acra e Kumasi (Gana), ainda é comum a proprie-dade consuetudinária da terra; e embora a locação predomine, os laços do clã costumam impedir os aluguéis altíssimos tão comuns em Lagos e Nairóbi. Na verdade, o complexo habitacional baseado no parentesco, em que os pobres moram com parentes mais ricos em casas que abrigam a família ampliada, torna os bairros de Gana mais diversificados em termos econômicos do que nas outras cidades africanas[55].

As outras opções habitacionais do interior da cidade, sejam formais ou informais, incluem uma série engenhosa de anexos ilegais, pensões, invasões e minifavelas. Em Hong Kong, 250 mil pessoas moram em anexos ilegais nos telhados ou em antigos poços de ventilação fechados no centro dos prédios. As piores condições de vida, entretanto, são suportadas pelos chamados

> "homens engaiolados" – expressão local dada aos leitos para solteiros, a "gaiola" sugerida pela tendência desses moradores de construir coberturas de arame sobre as suas camas para impedir o roubo dos seus pertences. O número médio de moradores nesses apartamentos-dormitório é de 38,3 e a média de espaço vital *per capita* é de 1,8 metro quadrado.[56]

As variantes da *flophouse* (hospedaria) norte-americana à moda antiga também são comuns na maioria das grandes cidades asiáticas. Em Seul, por exemplo, aqueles que são despejados dos assentamentos tradicionais de invasores da cidade, assim como os desempregados, acumulam-se nos estimados 5 mil *jjogbang*, que alugam camas por dia e só têm um banheiro para cada quinze residentes[57].

Alguns moradores empobrecidos dos bairros depauperados da cidade moram no ar. Um em cada dez habitantes de Phnom Penh dorme no telhado, assim como incríveis 1,5 milhão de cairotas e 200 mil alexandrinos[58]. A chamada "segunda cidade" do Cairo é menos quente do que dentro dos cortiços, mas os moradores dos telhados ficam mais expostos à poluição do ar causada pelo trânsito e pelas fábricas de cimento, assim como à poeira do deserto. Enquanto isso, os cortiços flutuantes, embora ainda comuns no sudeste da Ásia, vêm desaparecendo com rapidez em Hong Kong, onde os barcos já constituíram 10% das moradias da

---

[55] A. Graham Tipple e David Korboe, "Housing Poverty in Ghana", em Aldrich e Sandhu, *Housing the Urban Poor*, p. 359-61.

[56] Alan Smart, *Making Room: Squatter Clearance in Hong Kong* (Hong Kong, Centre of Asian Studies, 1992), p. 63.

[57] Seong-Kyu Ha, "The Urban Poor, Rental Accomodation, Housing Policy in Korea", *Cities*, v. 19, n. 3, 2002, p. 197-8.

[58] Asian Coalition for Housing Rights, "Building an Urban Poor People's Movement in Phnom Penh, Cambodia", *Environment and Urbanization*, v. 12, n. 2, out. 2001, p. 63; Soliman, *A Possible Way Out*, p. 119.

Planeta Favela

Colônia da Coroa, principalmente para as etnias tanka e hakka, consideradas inferiores pela maioria han[59].

Finalmente, há a própria rua. Los Angeles é a capital dos sem-teto no Primeiro Mundo, estimados em 100 mil, incluindo-se o número crescente de famílias acampadas nas ruas do centro da cidade ou que vivem furtivamente em parques e nos gramados das autoestradas. A maior população de moradores de rua do Terceiro Mundo está provavelmente em Mumbai, onde uma pesquisa feita em 1995 calculou 1 milhão de pessoas morando nas calçadas[60]. O estereótipo tradicional do morador de rua indiano é o camponês que perdeu tudo, recém-chegado do interior, que sobrevive na mendicância parasitária, mas, como revelou a pesquisa em Mumbai, quase todos (97%) têm pelo menos um ganha-pão, 70% estão na cidade há pelo menos seis anos e um terço foi despejado de algum cortiço ou *chawl*[61]. Na verdade, muitos moradores de rua são simplesmente trabalhadores – condutores de riquixá, operários da construção civil e carregadores do mercado –, forçados por causa do emprego a morar no caríssimo coração da metrópole[62].

No entanto, morar na rua raramente é gratuito. Como enfatiza Erhard Berner, "até os moradores das calçadas da Índia ou das Filipinas têm de pagar taxas regulares a policiais ou quadrilhas"[63]. Em Lagos, empresários alugam carrinhos de mão, emprestados de canteiros de obras, como leitos substitutos para os sem-teto[64].

2. A urbanização irregular

A maioria dos pobres urbanos do mundo não mora mais em bairros pobres no centro da cidade. Desde 1970, o maior quinhão do crescimento populacional urbano mundial foi absorvido pelas comunidades faveladas da periferia das cidades do Terceiro Mundo. O crescimento horizontal há muito deixou de ser um fenômeno distintamente norte-americano, se é que já o foi. A "horizontalização" das cidades pobres costuma ser tão espantosa quanto o seu crescimento populacional: Cartum, por exemplo, em 1988, era 48 vezes maior em área construída do que em 1955[65]. De fato, hoje as zonas suburbanas de muitas cidades

---

[59] Bruce Taylor, "Hong Kong's Floating Settlements", em Patton, *Spontaneous Shelter*, p. 198.

[60] Minar Pimple e Lysa John, "Security of Tenure: Mumbai's Experience", em Durand-Lasserve e Royston, *Holding Their Ground*, p. 78.

[61] Jacquemin, *Urban Development and New Towns in the New World*, p. 90.

[62] Frederic Thomas, *Calcutta Poor: Elegies on a City, Above Pretense* (Armonk, M. E. Sharpe, 1997), p. 47, 136.

[63] Erhard Berner, "Learning from Informal Markets", em David Westendorff e Deborah Eade (orgs.), *Development and Cities: Essays from Development Practice* (Oxford, 2002), p. 233.

[64] Amy Otchet, "Lagos: The Survival of the Determined", *Unesco Courier*, 1999.

[65] Galal Eldin Eltayeb, "Khartoum, Sudan", UN-Habitat Case Study, Londres, 2003, p. 2.

A generalização das favelas

pobres são tão vastas que fazem ver a necessidade de repensar a *periferalidade*. Em Lusaka, por exemplo, as favelas mais remotas abrigam dois terços da população da cidade, o que levou um escritor a aventar que "esses complexos são chamados de 'periurbanos', mas, na realidade, é a cidade propriamente dita que é periférica"[66]. O sociólogo turco Çaglar Keyder afirma algo semelhante sobre os *gecekondus* que circundam Istambul: "Na verdade, não seria muito inexato pensar em Istambul como um conglomerado desses bairros *gecekondu* com limitada unidade orgânica. Conforme se acrescentam novas áreas de *gecekondu*, inevitavelmente no perímetro exterior, mais nós se tecem na rede de maneira serial"[67].

Assim, nas cidades de crescimento desordenado do Terceiro Mundo, "periferia" é um termo extremamente relativo e específico de um momento: a orla urbana de hoje, vizinha de campos, florestas ou desertos, pode amanhã tornar-se parte de um denso núcleo metropolitano. Com exceção da Ásia oriental, onde há uma quantidade significativa de moradias periféricas construídas pelo Estado (como em Shijingshan, Fengtai e Changxiandian, subúrbios industriais mais antigos de Pequim), o desenvolvimento da orla das áreas urbanas do Terceiro Mundo assume duas formas principais: assentamentos de invasores e, para utilizar o expressivo nome colombiano, *urbanizaciones piratas*. Ambos geram paisagens "faveladas" com grande percentual de habitações abaixo do padrão e construídas pelo próprio morador, com pouco fornecimento de infraestrutura. Embora seja comum dar aos loteamentos clandestinos o rótulo errado de comunidades de invasores, há diferenças fundamentais.

Invadir, claro, é se apossar da terra sem compra nem título de propriedade. A terra periférica "sem custo" tem sido muito discutida como o segredo mágico do urbanismo do Terceiro Mundo: um imenso subsídio não planejado aos paupérrimos. No entanto, é rara a invasão não ter algum custo prévio. O mais comum é que os invasores sejam coagidos a pagar propinas consideráveis a políticos, bandidos ou policiais para ter acesso aos terrenos, e podem continuar pagando esses "aluguéis" informais em dinheiro e/ou votos durante anos. Além disso, há o custo punitivo de um local sem serviços públicos e longe do centro urbano. Na verdade, quando se somam todos os custos, como ressalta Erhard Berner em seu estudo sobre Manila, a invasão não é necessariamente mais barata do que a compra de um terreno. A sua principal atração é a "possibilidade de construir aos poucos e depois melhorar a construção, o que leva a uma diluição do custo [em fases]"[68].

---

[66] Sivaramakrishnan, "Urban Governance", em Cohen, *Preparing for the Urban Future*, p. 229.

[67] Çaglar Keyder, "The Housing Market from Informal to Global", em Keyder (org.), *Istanbul: Between the Global and the Local* (Lanham, Rowman & Littlefield, 1999), p. 149.

[68] Berner, *Defending a Place*, p. 236-7.

Planeta Favela

Por vezes, a invasão de terras pode tornar-se um drama político digno de manchetes. Na América Latina entre as décadas de 1960 e 1980, assim como no Egito, na Turquia e na África do Sul em épocas diferentes, esse tipo de ocupação assumiu a forma de invasões violentas de terras, muitas vezes com o apoio de grupos radicais ou, mais raramente, de governos nacionais populistas (Peru na década de 1960 e Nicarágua na de 1980). Por depender da solidariedade pública, os ocupantes dos terrenos visam tradicionalmente à terra pública não construída ou a áreas de um único grande proprietário (que às vezes é indenizado posteriormente). É comum a ocupação tornar-se um desafio prolongado à força de vontade e à resistência contra a máquina repressora do Estado. "Não é difícil ouvir falar", escreveu uma equipe de pesquisa da Ucla sobre Caracas na década de 1970, "de um assentamento de invasores construído durante a noite, demolido pela polícia no dia seguinte, reconstruído na noite seguinte, destruído outra vez e reconstruído até que as autoridades se cansem de brigar"[69]. Do mesmo modo, em seu romance *Berji Kristin: Tales from the Garbage Hills* [Berji Kristin: contos do morro do Lixo], a escritora turca Latife Tekin explica por que as favelas de Istambul chamam-se *gecekondus* ("montadas à noite"): os ocupantes heroicos do "morro das Flores" constroem e reconstroem cada barraco durante a noite porque as autoridades os põem abaixo toda manhã. Só depois de um cerco homérico de 37 dias o governo finalmente desiste e permite que o novo *gecekondu* crie raízes numa montanha de lixo[70].

No entanto, muitas comunidades de invasores são consequência do que o sociólogo Asef Bayat, ao escrever sobre Teerã e Cairo, chamou de "apropriação silenciosa de rotina": a infiltração em pequena escala e sem confrontos em terrenos marginais ou intersticiais. Ao contrário do "modo brechtiano de luta de classes e resistência" dos camponeses pobres, evocado nos famosos estudos de James Scott, essas lutas dos pobres urbanos não são "meramente defensivas", mas sim, segundo Bayat, "sub-repticiamente ofensivas", já que sempre visam expandir o espaço de sobrevivência e os direitos dos que não têm voz e voto[71]. Essas apropriações, como veremos no capítulo 3, "A traição do Estado", costumam sincronizar-se com uma oportunidade favorável de ocupação de terras, como uma eleição difícil, um desastre natural, um golpe de Estado ou uma revolução.

---

[69] Kenneth Karst, Murray Schwartz e Audrey Schwartz, *The Evolution of Law in the Barrios of Caracas* (Los Angeles, University of California, 1973), p. 6-7.

[70] Latife Tekin, *Berji Kristin: Tales from the Garbage Hills* (Londres, Marion Boyars, 1996) (publicado na Turquia em 1984).

[71] Asef Bayat, "Un-civil Society: The Politics of the 'Informal People'", *Third World Quarterly*, v. 18, n. 1, 1997, p. 56-7.

A generalização das favelas

É provável que todos os tipos de ocupação e invasão tenham atingido o ponto máximo na América Latina, no Oriente Médio e no Sudeste Asiático durante a década de 1970. Hoje, a ocupação *stricto sensu* continua primariamente em terra urbana de baixo valor, em geral em lugares de risco ou extremamente marginais, como planícies sujeitas a cheias, encostas, pântanos ou antigas instalações industriais poluídas. Como observa a economista urbana Eileen Stillwaggon: "Em essência, os invasores ocupam terra não arrendada, terra que tem tão pouco valor que ninguém se dá ao trabalho de fazer cumprir seus direitos de propriedade sobre ela"[72]. Em Buenos Aires, por exemplo, a maioria das *villas de emergencia* – habitadas muitas vezes por imigrantes ilegais bolivianos e paraguaios – localiza-se ao longo das margens fétidas do poluidíssimo rio de la Reconquista e do rio de la Matanza. "A água estagnada e o esgoto não tratado", escreve o geógrafo David Keeling sobre a visita a uma *villa* típica na margem do rio de la Reconquista, "criaram um fedor insuportável e toda a área estava infestada de ratos, mosquitos, moscas e outros insetos". As *villas* só são toleradas porque esses terrenos abandonados estão temporariamente sem valor numa economia em depressão[73]. Do mesmo modo, os precários *ranchos* de invasores em Caracas continuam subindo lentamente as encostas íngremes e sujeitas a deslizamentos que nenhum incorporador com sanidade mental consideraria sequer como terreno que pudesse vender. A invasão tornou-se um jogo de azar contra o desastre inevitável.

Mas a terra periférica plana, mesmo no deserto, tem valor de mercado, e hoje a maioria dos assentamentos de baixa renda na orla urbana, embora muitas vezes caracterizados como invasões, na verdade funcionam por meio de um mercado imobiliário invisível[74]. Essa "urbanização irregular" foi meticulosamente estudada pela primeira vez por Rakesh Mohan e sua equipe de pesquisa do Banco Mundial em Bogotá, no final da década de 1970:

> [...] esses assentamentos em loteamentos piratas não resultam de invasões de terra; na verdade a terra mudou de mãos por meio de compras legais. É o loteamento propriamente dito que costuma ser ilegal. Mas é melhor descrever esses assentamentos como extralegais, em vez de ilegais. Famílias de renda baixa, média-baixa ou média, depois de expulsas do mercado habitacional formal, compram lotes de empresários que adquirem terrenos vagos e loteiam-nos sem respeitar as leis de zoneamento, as regras oficiais para loteamentos nem os padrões de fornecimento de serviços. Os lotes vendidos costumam ter apenas o mínimo de urbanização, em geral nada além de

---

[72] Eileen Stillwaggon, *Stunted Lives, Stagnant Economies: Poverty Disease and Underdevelopment* (New Brunswick, Rutgers University Press, 1998), p. 67.

[73] Keeling, *Buenos Aires*, p. 102-5.

[74] Paul Baróss, "Sequencing Land Development: The Price Implications of Legal and Illegal Settlement Growth", em Paul Baróss e Jan van der Linden (orgs.), *The Transformation of Land Supply Systems in Third World Cities* (Aldershot, Gower, 1990), p. 69.

Planeta Favela

algumas ruas e bicas d'água. Geralmente essa infraestrutura rudimentar é melhorada aos poucos depois que o assentamento inicial já aconteceu.[75]

A urbanização irregular é, com efeito, a privatização das invasões. Em um importante estudo de 1990, os especialistas em habitação Paul Baróss e Jan van der Linden caracterizaram os assentamentos clandestinos, ou "loteamentos residenciais comerciais abaixo do padrão" (LRCAPs), como nova norma habitacional dos pobres. Ao contrário dos invasores verdadeiros, os moradores de um loteamento clandestino têm o título de posse do terreno, de fato ou de direito. Quanto o título é legalizado, o loteador costuma ser um especulador, um *latifundista* ou grande fazendeiro, uma comuna rural (por exemplo, um *ejido* mexicano) ou uma entidade consuetudinária (como uma tribo beduína ou um conselho de aldeia). Os donos da terra, como no caso do *asentamiento* suburbano de Buenos Aires discutido por David Keeling, podem até encorajar os moradores a se organizar como se estivessem invadindo as terras na hábil expectativa de que o Estado seja obrigado a lhes garantir uma possível indenização, além de construir a infraestrutura[76].

No segundo caso de posse de fato, a terra costuma pertencer ao Estado, mas os moradores compraram a garantia de posse de políticos poderosos, líderes tribais ou grandes quadrilhas organizadas (por exemplo, as Tríades, que são os maiores incorporadores informais dos terrenos de Hong Kong)[77]. Outro exemplo famoso são os *dalals* de Karachi, que Akhtar Hameed Khan, fundador do famoso Projeto-Piloto Orangi, descreve como "empresários particulares que aprenderam a arte de colaborar e manipular com os nossos políticos e burocratas gananciosos. Com o seu caro patrocínio, os *dalals* asseguram a posse de terrenos [públicos], compram proteção contra despejos e obtêm água e meios de transporte"[78]. Os *dalals* (a palavra pode significar tanto "cafetão" quanto "intermediário") dominam os *katchi abadis* – loteamentos clandestinos como Orangi –, que abrigam quase metade da população de Karachi[79].

Embora quase sempre as casas não tenham autorização formal do governo local, os loteamentos clandestinos, ao contrário de muitos acampamentos de invasores, costumam ser divididos em lotes uniformes, com ruas traçadas do modo convencional; no entanto, os serviços públicos são rudimentares ou inexistentes e o preço de venda se baseia na capacidade dos residentes de negociar

---

[75] Rakesh Mohan, *Understanding the Developing Metropolis: Lessons from the City: Study of Bogotá and Cali, Colombia* (Nova York, Oxford University, 1994), p. 152-3.

[76] Keeling, *Buenos Aires*, p. 107-8.

[77] Sobre o controle das Tríades sobre a ocupação, ver Smart, *Making Room*, p. 114.

[78] Khan, *Orangi Pilot Project*, p. 72.

[79] Urban Resource Center, "Urban Poverty and Transport: A Case Study from Karachi", *Environment and Urbanization*, v. 13, n. 1, abr. 2001, p. 224.

A generalização das favelas

ou piratear os seus próprios melhoramentos infraestruturais. "Em resumo", escrevem Baróss e Van der Linden, "plantas planejadas, baixo nível de serviços, localização suburbana, elevada segurança da posse, falta de obediência aos planos de desenvolvimento urbano e residência construída pelo próprio morador são as características genéricas dos LRCAPs"[80]. Com as inovações locais apropriadas, essa definição caracteriza a incorporação imobiliária da periferia de Cidade do México, Bogotá, São Paulo, Cairo, Túnis, Harare (Zimbábue), Karachi, Manila e centenas de outras cidades – incluindo, no bloco da Organização para a Cooperação e o Desenvolvimento Econômico (OCDE), os *clandestinos* em torno de Lisboa e de Nápoles, assim como as recentes *colonias* junto a El Paso e Palm Springs.

Em alguns países a comercialização de favelas periféricas existe há décadas. "Em meados da década de 1960", explica a urbanista Ayse Yonder,

> a invasão de terras no sentido tradicional da palavra desapareceu de Istambul. Os invasores tinham de pagar aos homens fortes locais pelo direito de invadir até terras públicas. Em meados da década de 1970, empresários ligados ao submundo começaram a controlar as terras públicas de determinados bairros de Istambul, vendendo-as e monopolizando toda a atividade de construção.[81]

Em Nairóbi, hoje uma cidade de locatários pobres que pagam aluguéis elevados, a comercialização em grande escala decolou no início da década de 1970, quando gente rica de fora da cidade descobriu que as invasões estavam criando um novo mercado imobiliário com vantagens imensas com a legalização. Os proprietários da terra (muitas vezes sucessores dos donos asiáticos originais) começaram a vendê-las como loteamentos ilegais. Segundo o pesquisador da pobreza, Philip Amis, "na verdade eles invadiram a sua própria terra, construindo habitações sem autorização de acordo com os seus próprios planos [...] o risco era muito lucrativo. Não se emitiam mandados de demolição e o retorno do investimento era altíssimo"[82].

3. Locatários invisíveis

Regra geral, tanto a literatura popular quanto a acadêmica sobre habitação informal tendem a romantizar os invasores e ignorar os locatários. Como admi-

---

[80] Paul Baróss e Jan van der Linden, "Introduction", em *Transformation of Land Supply Systems in Third World Cities*, p. 2-7.

[81] Ayse Yonder, "Implications of Double Standards in Housing Policy: Development of Informal Settlements in Istanbul", em Edésio Fernandes e Ann Varley (orgs.), *Illegal Cities: Law and Urban Change in Developing Countries* (Londres, Zed, 1998), p. 62.

[82] Philip Amis, "Commercialized Rental Housing in Nairobi", em Patton, *Spontaneous Shelter*, p. 240, 242.

Planeta Favela

tiram recentemente os pesquisadores do Banco Mundial, "há muitíssimo menos pesquisas sobre o mercado de locação de baixa renda"[83]. A locação, na verdade, é uma relação social fundamental e divisiva na vida favelada do mundo todo. É o principal modo para os pobres urbanos gerarem renda com o seu patrimônio (formal ou informal), mas, com frequência, numa relação de exploração de pessoas ainda mais pobres. A mercadorização da habitação informal incluiu o crescimento rápido de distintos subsetores da locação: construção entre as casas de favelas mais antigas ou prédios multifamiliares em loteamentos clandestinos. Com certeza, a maioria dos pobres urbanos da África ocidental sempre alugaram dos donos da terra, assim como a maioria dos moradores de Daca e de algumas outras cidades asiáticas (em Bangcoc, dois terços dos "invasores" na verdade alugam a terra onde constroem seus barracos)[84]. A locação também tornou-se muito mais comum do que se costuma admitir na periferia das cidades latino-americanas, sul-africanas e do Oriente Médio. No Cairo, por exemplo, os pobres com mais recursos compram dos fazendeiros terras pirateadas, enquanto os menos remediados invadem terras municipais; os mais pobres de todos, contudo, alugam dos invasores[85]. Do mesmo modo, como observou o geógrafo urbano Alan Gilbert na América Latina em 1993, a "imensa maioria das novas habitações para aluguel localiza-se na periferia consolidada de residências construídas pelo próprio morador, em vez do centro da cidade"[86].

A Cidade do México é um caso importante desse tipo. Apesar da Lei Modelo das *colonias proletarias* que visava interditar a propriedade de donos ausentes, a "usurpação" e a especulação com habitações de baixa renda, o governo Lopez Portillo (1976-82) permitiu que os favelados vendessem a sua propriedade a preços de mercado. Um dos resultados dessa reforma foi o enobrecimento ou gentrificação de algumas antigas *colonias* pobres, localizadas em pontos valorizados, pela classe média; outro foi a proliferação de pequenos proprietários que vivem da locação. Como descobriu a socióloga Susan Eckstein em 1987, quando voltou à *colonia* que estudara quinze anos antes, entre 25% e 50% dos invasores originais tinham construído pequenas *vecindades* para duas a quinze famílias, que eram então alugadas aos recém-chegados mais pobres. "Há, em essência", escreveu, "um mercado habitacional em duas camadas que reflete as diferenças socioeconômicas entre *colonos*". Ela encontrou também "um nivelamento socioeconômico da população 'por baixo' desde que estive lá pela última vez. [...]

---

[83] Marianne Fay e Anna Wellenstein, "Keeping a Roof over One's Head", em Fay (org.), *The Urban Poor in Latin America* (Washington, World Bank, 2005), p. 92.

[84] Rigg, *Southeast Asia*, p. 143.

[85] Soliman, *A Possible Way Out*, p. 97.

[86] Alan Gilbert et al., *In Search of a Home: Rental and Shared Housing in Latin America* (Tucson, University of Arizona, 1993), p. 4.

A generalização das favelas

A camada de locatários mais pobres aumentou". Embora alguns residentes mais antigos tenham prosperado como proprietários, os locatários mais novos tinham muito menos esperança de mobilidade socioeconômica que a geração anterior e a *colonia* como um todo não era mais uma "favela da esperança".

Na verdade, os locatários costumam ser os moradores mais invisíveis e impotentes das favelas. Em caso de renovação urbana e despejo, não costumam ter direito a indenização nem a reassentamento. Além disso, ao contrário dos moradores dos cortiços de Berlim ou de Nova York no início do século XX, que tinham entre si uma solidariedade bastante forte diante dos donos das casas de cômodos, é comum faltar aos locatários das favelas de hoje o poder de criar organizações de moradores ou organizar "greves" do pagamento do aluguel. Como explicam dois importantes pesquisadores habitacionais: "Os locatários espalham-se em assentamentos irregulares com uma vasta gama de sistemas de locação informal e costumam ser incapazes de organizar-se como grupo de pressão para proteger-se"[87].

As grandes favelas periféricas, principalmente na África, costumam ser colchas de retalhos bem complexas de redes de parentesco, sistemas de posse da terra e relações de locação. Diana Lee-Smith, uma das fundadoras do Instituto Mazingira de Nairóbi, estudou de perto Korogocho, imensa favela na borda leste da cidade. Korogocho inclui sete aldeias e oferece um cardápio variado de tipos de moradia e de aluguel. A aldeia mais dilapidada, Grogan, consiste de barracos de papelão de um só cômodo e é povoada principalmente por famílias chefiadas por mulheres despejadas de uma favela mais antiga próxima do centro da cidade. Githaa, por outro lado, parecida com um quartel, "é uma aldeia totalmente especulativa, construída por empresários para locação", apesar do fato de a terra ser de propriedade pública. A vizinha Dandora é um loteamento de terrenos urbanizados onde hoje não reside metade dos proprietários. Lee-Smith enfatiza que ser um pequeno proprietário que vive da locação e da sublocação é uma estratégia importante de enriquecimento dos pobres e que quem possui casa própria logo se torna explorador de gente ainda mais empobrecida. Apesar da persistente imagem heroica do invasor como construtor da própria moradia e ocupante-proprietário, a realidade em Korogocho e em outras favelas de Nairóbi é o aumento irrefreável da locação e da pequena exploração[88].

Soweto, que passou de subúrbio a cidade-satélite com quase 2 milhões de habitantes, também tem uma ampla faixa de situações habitacionais. Dois terços de seus moradores moram em lares privados do setor formal (a classe média de profissionais liberais) ou, mais comumente, em casas pertencentes ao governo

---

[87] Durand-Lasserve e Royston, "International Trends and Country Contexts", p. 7.

[88] Diana Lee-Smith, "Squatter Landlords in Nairobi: A Case Study of Korogocho", em Amis e Lloyd, *Housing Africa's Urban Poor*, p. 176-85.

Planeta Favela

(o operariado tradicional); nessas últimas, os moradores construíram no quintal, ilegalmente, barracos alugados a famílias mais jovens ou adultos solteiros. Até as pessoas mais pobres, como os imigrantes rurais, abrigam-se em pensões ou invadem os arredores de Soweto. Alexandra, outra favela famosa de Joanesburgo da época áurea do *apartheid*, é mais dilapidada e tem menos casas do setor formal. A maioria da população é de invasores, locatários ou moradores de pensões[89].

Não surpreende que essa diversidade de direitos de propriedade e formas de moradia nas grandes favelas africanas e latino-americanas gere noções de interesse muito diferentes. Como ressalta o geógrafo Peter Ward no caso da Cidade do México, "é bem provável que o ponto de vista ideológico de alguém seja configurado pelas suas condições de moradia":

> A heterogeneidade do assentamento irregular [...] debilita a reação coletiva ao dividir os assentamentos com base no modo de obtenção da terra, o "estágio" da consolidação, as prioridades de serviço dos moradores, as estruturas de liderança comunitária, as classes sociais e, acima de tudo, as relações de posse (proprietários *versus* coproprietários *versus* locatários). Essas divisões de posse multiplicam ainda mais os grupos a que pertencem as pessoas ou nos quais podem ser divididas. [...] Locatários, invasores perseguidos, locatários desalojados do centro da cidade têm mais probabilidade de ser mais radicais e dispostos a participar de manifestações contra o governo do que aqueles que, na verdade, foram comprados pelo governo com sucessivas políticas habitacionais.[90]

4. A orla dos párias

Quanto mais a análise se afasta do centro da cidade do Terceiro Mundo, mais espessa fica a névoa epistemológica. Como ressalta a historiadora Ellen Brennan, "falta à maioria das cidades [do Terceiro Mundo] dados atuais sobre padrões de conversão do uso da terra, número de unidades habitacionais (formais e informais) construídas no ano anterior, padrões de distribuição infraestrutural, padrões de loteamento e assim por diante"[91]. E os governos sabem ainda menos sobre as suas fronteiras periurbanas, esses estranhos limbos onde se faz a transição entre cidades ruralizadas e campos urbanizados[92].

A orla urbana é a zona de impacto social onde a força centrífuga da cidade colide com a implosão do campo. Assim, Pikine, imenso subúrbio empobrecido

---

[89] Jo Beall, Owen Crankshaw e Susan Parnell, "Local Government, Poverty Reduction and Inequality in Johannesburg", *Environment and Urbanization*, v. 12, n. 1, abr. 2000, p. 112-3.

[90] Peter Ward, *Mexico City: The Production and Reproduction of an Urban Environment* (Londres, Belhaven, 1990), p. 193.

[91] Ellen Brennan, "Urban Land and Housing Issues Facing the Third World", em Kasarda e Parnell, *Third World Cities*, p. 80.

[92] Ver Seabrook, *In the Cities of the South*, p. 187.

A generalização das favelas

de Dacar, segundo o pesquisador Mohamadou Abdoul, é produto da convergência de "dois fluxos demográficos de grande escala que surgem na década de 1970: a chegada de populações expulsas, frequentemente pelos militares, dos bairros e favelas da classe operária de Dacar e a chegada de pessoas envolvidas pelo êxodo rural"[93]. Do mesmo modo, os 2 milhões de pobres da periferia favelada de Bangalore, em crescimento acelerado, incluem tanto favelados despejados do centro quanto trabalhadores rurais expulsos da terra. Nas orlas da Cidade do México, de Buenos Aires e de outras cidades latino-americanas, é comum encontrar favelas de novos migrantes rurais ao lado de condomínios fechados de moradores de classe média, que fogem do crime e da insegurança do centro da cidade[94].

Um fluxo migratório de indústrias poluidoras, tóxicas e muitas vezes ilegais também busca a obscuridade permissiva da periferia. O geógrafo Hans Schenk observa que a franja urbana da Ásia é um vácuo regulador, verdadeira fronteira onde "Darwin vence Keynes" e empresários clandestinos e políticos corruptos não costumam ser incomodados pela lei nem pela vigilância do público. A maior parte das fabriquetas de vestuário de Pequim, por exemplo, esconde-se num arquipélago de aldeias ainda parcialmente agrícolas e favelas da orla sul da cidade. Em Bangalore, do mesmo modo, é na franja urbana que os empresários podem garimpar do modo mais lucrativo a mão de obra barata com mínima supervisão do Estado[95]. Milhões de trabalhadores temporários e camponeses desesperados também circulam pela orla de capitais mundiais da superexploração, como Surate e Shenjen. Falta a esses nômades trabalhistas uma base segura, seja na cidade seja no campo, e eles costumam passar a vida num tipo de movimento browniano entre os dois. Enquanto isso, na América Latina funciona a lógica contrária: cada vez mais os contratadores de mão de obra buscam moradores das favelas urbanas para trabalho temporário ou sazonal no campo[96].

Mas a principal função da orla urbana do Terceiro Mundo continua a ser a de depósito de lixo humano. Em alguns casos, o lixo urbano e os imigrantes indesejados acabam juntos, como em "favelas-lixo" famosas como a oportunamente batizada Quarantina, perto de Beirute, Hillat Kusha, em Cartum,

---

[93] Mohamadou Abdoul, "The Production of the City and Urban Informalities", em Enwezor et al., *Under Siege*, p. 342.

[94] Guy Thuillier, "Gated Communities in the Metropolitan Area of Buenos Aires", *Housing Studies*, v. 20, n. 2, mar. 2005, p. 255.

[95] Hans Schenk, "Urban Fringes in Asia: Markets versus Plans", em I. S. A. Baud e J. Post (orgs.), *Realigning Actors in an Urbanizing World: Governance and Insfitutions from a Development Perspective* (Aldershot, Ashgate, 2002), p. 121-2, 131.

[96] Cristóbal Kay, "Latin America's Agrarian Transformation: Peasantization and Proletarianization", em Bryceson, Kay e Mooij, *Disappearing Peasantries?*, p. 131.

Planeta Favela

Santa Cruz Meyehualco, na Cidade do México, a antiga Smoky Mountain (Montanha Fumegante) de Manila, ou Dhapa, imenso depósito de lixo e favela na franja de Kolkata. Também comuns são os acampamentos dilapidados do governo e os assentamentos primitivos em loteamentos urbanizados que armazenam as populações expulsas pelas guerras municipais às favelas. Por exemplo, nos arredores de Penang e Kuala Lumpur (Malásia) os despejados das favelas acumulam-se em campos de triagem minimalistas. Como explicam os ativistas habitacionais:

> A expressão "casa comprida" (*rumah panjang* em malaio indonésio) traz à mente imagens confortáveis de alguma forma antiga de habitação malaia típica, mas a realidade desses campos de triagem é bem diferente. Essas casas compridas são linhas soturnas de frágeis barracos geminados de compensado e amianto, que dão para ruas sem pavimentação nem árvores, com mais barracos do outro lado, com serviços básicos irregulares, quando existem. E, afinal de contas, essas casas compridas não se tornaram assim tão temporárias. Muitos despejados ainda estão lá vinte anos depois, ainda à espera de que o governo cumpra a promessa de habitações para a população de baixa renda.[97]

A antropóloga Monique Skidmore arriscou-se a ser presa para visitar algumas soturnas comunidades periurbanas – os chamados "Campos Novos" – nos arredores de Yangon (Birmânia, atual Mianmá), para onde a ditadura militar removeu à força centenas de milhares de moradores urbanos cujos antigos cortiços estavam no caminho da reconstrução do centro da cidade como parque temático para turistas; "os moradores falam da tristeza e da dor da perda dos antigos bairros [...] bares, pilhas de lixo, água estagnada e lama misturada a esgoto sem tratamento cercam a maioria das casas". Por outro lado, as coisas são ainda piores nas favelas periféricas de Mandalay (ainda na Birmânia). Lá, explica Skidmore, "os moradores têm de andar até o sopé dos montes Shan para procurar lenha e não há zonas industriais, fábricas de roupa nem outras indústrias exploradoras de mão de obra subempregada como em algumas comunidades reassentadas de Rangum"[98].

Frequentemente, refugiados internacionais e pessoas deslocadas internamente (PDIs) costumam ser ainda mais maltratados do que os despejados urbanos – e alguns dos imensos campos de refugiados do Terceiro Mundo transformaram-se por conta própria em cidades periféricas. Assim, Gaza, considerada por alguns como a maior favela do mundo, é em essência uma aglomeração urbanizada de

---

[97] Asian Coalition for Housing Rights, "Special Issue on How Poor People Deal with Eviction", *Housing by People in Asia*, n. 15, out. 2003, p. 19.

[98] Monique Skidmore, *Karaoke Fascism: Burma and the Politics of Fear* (Filadélfia, University of Pennsylvania Press, 2004), p. 150-1, 156.

A generalização das favelas

campos de refugiados (750 mil refugiados), com dois terços da população sobrevivendo com menos de 2 dólares por dia[99]. Dadaad, junto à fronteira queniana, abriga 125 mil somalis, assim como Goma, no Zaire, durante meados da década de 1990, era um refúgio lamentável para estimados 700 mil ruandenses, muitos dos quais morreram de cólera devido às péssimas condições sanitárias. A periferia desértica de Cartum inclui quatro campos enormes (Mayo Farms, Jebel Aulia, Dar el Salaam e Wad al-Bashir) que abrigam 400 mil vítimas da seca, da fome e da guerra civil. Mais 1,5 milhão de pessoas desalojadas internamente, principalmente do sul do país, vivem em séries de grandes assentamentos de invasores em torno da metrópole sudanesa[100].

Do mesmo modo, centenas de milhares de vítimas da guerra e refugiados que voltaram do Irã e do Paquistão instalam-se sem água nem saneamento em dezenas de favelas nas encostas acima de Cabul. "No distrito de Karte Ariana", noticiou o *Washington Post* em agosto de 2002, "centenas de famílias que fugiram do combate entre o Talibã e as forças de oposição no norte rural do Afeganistão espremem-se agora num labirinto de favelas verticais sem cozinhas nem banheiros, dormindo quinze ou vinte pessoas em cada cabana". Há anos a chuva é pouca e muitos poços deixaram de funcionar; as crianças dessas favelas sofrem de constantes inflamações de garganta e de várias doenças devidas à água contaminada. A expectativa de vida é uma das mais baixas do mundo[101].

Duas das maiores populações de PDIs do mundo estão em Angola e na Colômbia. Angola foi urbanizada à força por mais de 25 anos de guerra civil (de 1975 a 2002) provocada pelas maquinações de Pretória e da Casa Branca, que desalojaram 30% da população. Muitos refugiados jamais voltaram para o lar de origem no campo arruinado e perigoso e instalaram-se nos soturnos musseques (favelas) que cercam Luanda, Lobito, Cabinda e outras cidades. Em consequência, Angola, com apenas 14% da população urbanizada em 1970, é hoje um país de maioria urbana. A maior parte dos moradores das suas cidades é ao mesmo tempo paupérrima e totalmente ignorada pelo Estado, que, estimava-se em 1998, gastava apenas 1% do orçamento com educação pública e previdência social[102].

A interminável guerra civil da Colômbia acrescentou, do mesmo modo, mais de 400 mil PDIs ao cinturão de pobreza urbana de Bogotá, que inclui os imensos assentamentos informais de Sumapaz, Ciudad Bolívar, Usme e Soacha. "A maioria dos desalojados", explica uma ONG de auxílio, "é de rejeitados sociais, excluídos da vida e do emprego formais. Atualmente, 653.800 bogo-

---

[99] Folha de dados, Al-Dameer Association for Human Rights, Gaza, 2002.

[100] Eltayeb, "Khartoum, Sudan", p. 2.

[101] *Washington Post*, 26/8/2002.

[102] Tony Hodges, *Angola: Anatomy of an Oil State* (2. ed., Oxford, James Currey, 2004), p. 22.

Planeta Favela

tanos (2002) não têm emprego na cidade e, o que mais choca, metade deles tem menos de 29 anos". Sem talentos urbanos e muitas vezes sem acesso a escolas, esses jovens camponeses e seus filhos são recrutas ideais para as gangues de rua e os grupos paramilitares. Por sua vez, os empresários locais, importunados por jovens arruaceiros, formam *grupos de limpieza* ligados aos esquadrões da morte direitistas, e os corpos de crianças assassinadas são jogados nos arrabaldes da cidade[103].

O mesmo pesadelo predomina nos arredores de Cali, o que leva o antropólogo Michael Taussig a recordar o *Inferno* de Dante para descrever a luta pela sobrevivência em duas favelas periféricas "estupendamente perigosas". Navarro é uma famosa "montanha de lixo" onde mulheres e crianças famintas vasculham os dejetos enquanto pistoleiros jovens (*malo de malo*) são contratados ou exterminados pelos grupos paramilitares da direita local. O outro assentamento, Carlos Alfredo Díaz, está repleto de "garotos correndo de um lado para o outro com carabinas e granadas caseiras". "Percebo de repente", escreve Taussig, "que, assim como a guerrilha tem sua base mais importante nas florestas intermináveis do Caquetá, no fim do mundo da orla da bacia amazônica, o mundo das gangues de jovens enlouquecidos tem também o seu bosque sagrado, bem aqui na orla urbana, onde as favelas chegam aos canaviais, em Carlos Alfredo Díaz"[104].

---

[103] Project Counseling Services, "Deteriorating Bogotá: Displacement and War in Urban Centres", *Colombia Regional Report: Bogotá,* dez. 2002, p. 3-4.

[104] Michael Taussig, *Law in a Lawless Land: Diary of a Limpieza in Colombia* (Nova York, The New Press, 2003), p. 114-5.

3
A traição do Estado

> Embora o capitalismo irrestrito tenha uma face em
> geral inaceitável, o Estado corrupto que age em favor
> dos ricos é ainda pior. Em tais circunstâncias, pouco
> há a ganhar com a simples tentativa de melhorar o sistema.
>
> Alan Gilbert e Peter Ward[1]

"É espantoso", queixaram-se recentemente dois geógrafos, "que nenhum escritor tenha descrito a mudança da geografia do assentamento de baixa renda em nenhuma cidade do Terceiro Mundo em todo o período do pós-guerra"[2]. E, é claro, que ninguém ainda tenha tentado um exame histórico moderno do padrão global de povoamento informal. Tantas histórias nacionais e especificidades urbanas fazem dessa síntese uma tarefa que intimida; ainda assim, é possível apresentar uma periodização rudimentar que enfatiza as tendências principais e os maiores divisores de águas da urbanização da pobreza mundial.

No entanto, antes de considerar por que as cidades do Terceiro Mundo e as suas favelas cresceram tão depressa na segunda metade do século XX, é necessário primeiro entender por que seu crescimento foi tão lento na primeira metade. Embora haja exceções, a maioria das megacidades de hoje no hemisfério sul descrevem uma trajetória comum: um regime de crescimento relativamente lento, e até retardado, e depois uma aceleração repentina até o crescimento rápido nas décadas de 1950 e 1960, com os imigrantes rurais cada vez mais abrigados em favelas periféricas. No início do século XX, a transferência maciça da pobreza rural para as cidades foi impedida pelos equivalentes econômicos e políticos das muralhas urbanas – tanto a entrada na cidade quanto, de forma ainda mais

---

[1] Alan Gilbert e Peter Ward, *Housing, the State and the Poor: Policy and Practice in Three Latin American Cities* (Cambridge, Cambridge University Press, 1985), p. 254.

[2] Richard Harris e Malak Wahba, "The Urban Geography of Low-Income Housing: Cairo (1947-1996) Exemplifies a Model", *International Journal of Urban and Regional Research*, v. 26, n. 1, mar. 2002, p. 59.

Planeta Favela

substancial, a cidadania urbana permanente foram vetadas sistematicamente a grande parte da população agrária.

Manter de fora os camponeses

É claro que uma das principais barreiras foi o colonialismo europeu, que, em sua forma mais extremada nas cidades coloniais britânicas do sul e do leste da África, negou à população nativa o direito de propriedade e de residência permanente nas cidades. Os britânicos, eternos ideólogos do dividir para reinar, temiam que a vida urbana "destribalizasse" os africanos e promovesse a solidariedade anti--colonial[3]. A migração urbana foi controlada pelas leis do salvo-conduto (*pass laws*), enquanto a legislação sobre vadiagem punia o trabalho informal. Até 1954, por exemplo, os africanos eram considerados apenas ocupantes temporários de Nairóbi e de suas zonas raciais e não podiam alugar nem arrendar propriedades[4]. Do mesmo modo, os africanos de Dar es Salaam, segundo Karin Nuru, "só eram tolerados como mão de obra temporária e tinham de voltar ao campo"[5]. Na Rodésia (Zimbábue), os africanos tiveram de esperar até às vésperas da independência para obter o direito legal de possuir casas na cidade, enquanto em Lusaka, projetada como "cidade organizadíssima e segmentada por raça, classe e sexo", os moradores africanos eram considerados "habitantes mais ou menos temporários, cujo único propósito na cidade era servir ao pessoal do governo"[6].

Por certo, o *apartheid* levou esse sistema ao seu extremo mais antiutópico. Criada sobre uma base de racismo colonial, a legislação sul-africana do pós-guerra não somente criminalizou a migração urbana como também promoveu, violentamente, o desenraizamento das históricas comunidades de cor dos bairros pobres do centro da cidade. Cerca de 1 milhão de pessoas de cor foram despejadas de áreas supostamente "brancas" e, em consequência, a urbanização líquida pouco aumentou entre 1950 (43%) e 1990 (48%); com efeito, na década de 1960 houve um fluxo líquido de africanos derramando-se para fora das áreas urbanas[7]. No entanto, em última instância o ideal de "cidades brancas, interior negro" colidiu com a necessidade de mercado de trabalho do grande capital, assim como com a resistência heroica de suas vítimas.

---

[3] Garth Myers, "Colonial and Postcolonial Modernities in Two African Cities", *Canadian Journal of African Studies*, v. 37, n. 2-3, 2003, p. 338-9.

[4] Amis, "Commercialized Rental Housing in Nairobi", p. 238.

[5] Karin Nuru, "Tanzania", em Kosta Mathéy, *Housing Policies in the Socialist Third World* (Munique, Profil, 1990), p. 183.

[6] Myers, "Colonial and Postcolonial Modernities in Two African Cities", p. 334.

[7] Michel Garenne, *Urbanization, Poverty and Child Mortality in Sub-Saharan Africa* (Paris, 2003), tabela 1, p. 22. Rascunho disponível na internet em: <http://paa2004.princeton.edu/download. asp?submissionId=40223>. Acesso em ago. 2006.

A traição do Estado

No subcontinente, os britânicos também segregaram e policiaram o fluxo vindo do campo. Em seu notável estudo das cidades de Uttar Pradesh (um dos estados da Índia) durante o entreguerras, Nandini Gooptu descreve o esforço incessante das autoridades coloniais e das elites nativas, às quais se havia concedido recentemente o direito de voto, em empurrar os pobres para a orla das cidades e além dela. Em termos específicos, os recém-criados Town Improvement Trusts [Fundos de Melhoramento Urbano] foram muito eficazes em livrar-se das favelas e em remover os chamados *plague spots* [pontos de contágio] dos interstícios das melhores regiões residenciais e comerciais, preservando o zoneamento espacial em torno de áreas de classe média colonial e nativa. Enquanto isso, as rigorosas "leis de apropriação" puniam a invasão de terrenos ociosos e os vendedores ambulantes[8]. Ao mesmo tempo, o crescimento econômico urbano sob o Raj, anterior à guerra, foi, na melhor das hipóteses, irregular; até Bombaim, com a sua famosa elite empresarial e suas fábricas do setor têxtil, cresceu lentamente, não chegando nem mesmo a dobrar de população nos cinquenta anos entre 1891 e 1941.

Apesar de sua antipatia por grandes comunidades urbanas nativas, os britânicos foram comprovadamente os maiores construtores de favelas de todos os tempos. A sua política na África obrigou a mão de obra local a morar em barracos precários à margem de cidades segregadas e restritas. Na Índia, na Birmânia e no Ceilão, a recusa de melhorar as condições sanitárias ou de fornecer até a infraestrutura mais rudimentar aos bairros nativos garantiu imenso volume de mortes por epidemias no começo do século XX (peste, cólera, gripe) e criou enormes problemas de miséria urbana, que foram herdados pelas elites nacionais no pós-independência.

Os outros impérios, com maior ou menor sucesso, também tentaram restringir e disciplinar a migração rural. Com raras exceções, havia muito pouca agregação de valor pela manufatura ou pelo processamento em portos ou vias de transporte coloniais para gerar emprego formal e crescimento urbano. Por toda parte, a mão de obra nativa era transferida para favelas e cortiços. Nas cidades congolesas, segundo uma história recente, o Estado colonial "manteve controles relativamente eficazes do fluxo para a cidade e uma rede reguladora tentacular em torno dos centros urbanos, sufocando tanto o pequeno comércio fora dos canais permitidos quanto a construção 'anárquica' de moradias"[9].

Enquanto isso, o historiador Jean Suret-Canale lembra que, na África tropical, os franceses regulamentaram estritamente o movimento da mão de obra rural

---

[8] Ver o Capítulo 3 de Gooptu, *The Politics of the Urban Poor in Early Twentieth-Century India*.

[9] Crawford Young e Thomas Turner, *The Rise and Decline of the Zairian State* (Madison, The University of Wisconsin, 1985), p. 87.

Planeta Favela

enquanto transferiam os moradores africanos da cidade para a periferia desolada. Em favelas coloniais como Medina (Dacar), Treichville (Abidjã) e Poto-Poto (Brazzaville, no Congo), as ruas

> não passavam de ruelas de terra ou lama. [...] em vez de rede de esgotos, havia apenas algumas valas, em geral abertas ou mal fechadas com lajes; havia pouca ou nenhuma água, com algumas bombas públicas onde se formavam filas desde a manhã, bem cedo. A iluminação pública estava reservada aos bairros europeus. O excesso de população criava um grande risco para a saúde.[10]

Na verdade, essa recusa quase universal de oferecer até a infraestrutura sanitária mais rudimentar para os "bairros nativos" até a década de 1950 era mais que avareza; simbolizava de forma pungente a falta de qualquer "direito à cidade" dos nativos.

Contudo, o colonialismo europeu não foi o único sistema internacional de controle do crescimento urbano. Embora levado ao poder pela revolta camponesa, o stalinismo asiático também tentou extinguir o fluxo provindo do campo. A princípio, a Revolução Chinesa de 1949 abriu os portões da cidade para a volta de refugiados e ex-soldados camponeses ávidos por empregos. O resultado foi a inundação descontrolada das cidades; cerca de 14 milhões de pessoas chegaram em apenas quatro anos[11]. Finalmente, em 1953, o novo regime construiu uma barragem para conter essa inundação rural, com controles estritos sobre a migração interna. O maoismo privilegiou o proletariado urbano – beneficiários, do berço ao túmulo, da "tigela de arroz de ferro" e da previdência social – ao mesmo tempo que restringiu intensamente o crescimento populacional urbano por meio da adoção de um sistema de certificado de residência (*hukou*) que amarrava a cidadania social a ser membro sedentário de uma unidade de trabalho.

Depois de alojar os sem-teto e abolir a maioria das favelas urbanas até 1960, Pequim continuou a exercer extraordinária vigilância sobre a migração rural informal. A cidade e o campo eram concebidos como mundos separados, que se sobrepunham apenas em condições cuidadosamente definidas pelo Estado-partido. Embora por vezes os habitantes urbanos conseguissem permissão oficial para mudar-se para outra cidade, era quase inaudito que camponeses obtivessem aprovação para deixar a sua comuna. Além disso, no início da década de 1960, grande leva de imigrantes urbanos sem registro – alguns estimam o seu número

---

[10] Jean Suret-Canale, *French Colonialism in Tropical Africa, 1900-1945* (Nova York, Pico Press, 1971), p. 417.

[11] On-Kwok Lai, "The Logic of Urban Development and Slum Settlements", em Aldrich e Sandhu, *Housing the Urban Poor*, p. 284.

A traição do Estado

em até 50 milhões – foi deportado de volta às aldeias[12]. Em consequência, segundo Guilhem Fabre, sinólogo da Universidade do Havre, o percentual urbano da população caiu de quase 20% em 1960 para 12,5% em 1971[13]. Controles semelhantes da migração rural-urbana foram adotados na década de 1950 pela Coreia do Norte, pela Albânia e, de modo mais suave, pelo Vietnã do Norte (sistema *ho khau*), embora o clímax do antiurbanismo ideológico tenha sido, com certeza, a violenta deportação de todos os cidadãos de Pnom Penh (Camboja), ordenada em 1975 por Pol Pot.

Na América Latina também houve obstáculos colossais, embora menos sistemáticos, à migração urbana. Antes da Segunda Guerra Mundial, a maioria dos pobres urbanos latino-americanos morava em casas de aluguel em bairros pobres da cidade, mas, no final da década de 1940, a industrialização para substituir importações provocou uma onda dramática de invasões de terras ociosas nos arredores da Cidade do México e de outras cidades da América Latina. Em resposta ao florescimento das favelas, as autoridades de vários países, com o apoio forte das classes médias urbanas, realizaram ataques maciços ao assentamento informal. Já que muitos dos novos imigrantes urbanos eram indígenas ou descendentes de escravos, era comum haver uma dimensão racial nessa "guerra à ocupação ilegal".

Marcos Pérez Jiménez, ditador venezuelano do pós-guerra, foi um dos mais famosos inimigos da moradia informal. Segundo três autores da Universidade da Califórnia (Ucla), *campus* Los Angeles:

> A solução do [seu] governo para os *barrios* foi o trator. Numa determinada manhã, chegavam ao *barrio* policiais e caminhões; uma autoridade organizava o carregamento dos pertences dos moradores no caminhão; os policiais cuidavam de quaisquer objeções; depois de remover pertences e moradores para os novos apartamentos, as casas eram demolidas.

Os invasores foram deportados para os arredores de Caracas para ser reassentados em *superbloques*, monstruosos dormitórios de quinze andares unanimemente detestados pelos moradores[14].

Na Cidade do México, as classes médias tradicionais endeusaram Ernesto Uruchurtu, que em seus mandatos de prefeito (1952-8, 1964-6) combateu a onda de pobres rurais que fora atraída para a cidade pelo modelo de crescimento econômico nacional "centrado no Distrito Federal", patrocinado pelo Partido

---

[12] Dorothy Solinger, *Contesting Citizenship in Urban China: Peasant Migrants, the Stake and the Logic of the Market* (Berkeley, University of California Press, 1999), p. 2, 41.

[13] Tabela 1, Fabre, "La Chine", p. 196.

[14] Karst, Schwartz e Schwartz, *The Evolution of Law in the Barrios of Caracas*, p. 7.

Planeta Favela

Revolucionário Institucional (PRI). Quando tomou posse em 1952, todo mês milhares de habitantes rurais do centro do México "caíam de paraquedas" na periferia da cidade. Os assentamentos de invasores, chamados de *colonias populares*, que em 1947 abrigavam desprezíveis 2,3% da população, tornaram-se, em cinco anos, a residência de quase um quarto dos cidadãos da Cidade do México[15]. Uruchurtu decidiu deter o fluxo de camponeses expulsando os *paracaidistas*, retirando das ruas os vendedores ambulantes e negando direitos de posse e serviços às *colonias* existentes. Como ressalta a socióloga Diane Davis, a estratégia de crescimento controlado de Uruchurtu refletia o viés racista subjacente de sua base política:"Como muitos moradores urbanos, Uruchurtu culpou a massa invasora de migrantes pobres pouco instruídos – muitos deles de ascendência indígena – pela destruição física e social da cidade"[16].

O dilúvio

Os bloqueios institucionais ao rápido crescimento urbano foram removidos por combinações paradoxais de combate colonial à subversão e independência nacional na África e na Ásia e pela derrubada das ditaduras e dos regimes de crescimento lento da América Latina. Empurrados para as cidades por forças violentas e irresistíveis, os pobres impuseram com avidez o seu "direito à cidade", ainda que isso significasse apenas uma choça em sua periferia. Sobretudo porque a fome e as dívidas, a guerra civil e o combate à subversão foram as alavancas mais impiedosamente eficazes de urbanização informal nas décadas de 1950 e 1960.

Assim, no caso do subcontinente, a Partilha da Índia e suas repercussões etno-religiosas arrastaram milhões para as favelas. Bombaim, Délhi, Calcutá, Karachi, Lahore (Paquistão) e Daca foram todas forçadas a absorver imensas levas de refugiados nos períodos violentos posteriores a 1948 (Partilha), 1964 (Guerra Indo-Paquistanesa) e 1971 (secessão de Bangladesh)[17]. A população de Bombaim, que crescera menos de 2% ao ano durante as últimas décadas do Raj, quase dobrou no final da década de 1940 e início da de 1950 com o fluxo de refugiados empobrecidos do Paquistão e a expansão concomitante (embora mais lenta) da indústria têxtil[18]. Enquanto isso, metade da população de Ka-

---

[15] Pezzoli, em Aldrich e Sandhu, *Housing the Urban Poor*, p. 147.

[16] Diane Davis, *Urban Leviathan: Mexico City in the Twentieth Century* (Filadélfia, Temple University Press, 1994), p. 132-5, 155.

[17] Frederic Thomas, *Calcutta Poor: Elegies on a City Above Pretense* (Armonk, M. E. Sharpe, 1997), p. 41.

[18] Sujata Patel, "Bombay's Urban Predicament", em Patel e Alice Thorner (orgs.), *Bombay: Metaphor for Modern India* (Délhi, Oxford University Press, 1996), p. XVI.

A traição do Estado

rachi e Hyderabad (Paquistão) na década de 1950 era de *muhajires*, refugiados muçulmanos do leste do Punjab. Mais tarde, na década de 1970, uniram-se a eles centenas de milhares de *biharis* empobrecidos: camponeses muçulmanos e "migrantes duplos" que fugiram primeiro para o Paquistão Oriental e, depois da secessão de Bangladesh, para o Paquistão[19]. Desde o início, essas populações refugiadas e estabelecidas em favelas dependiam intensamente de benfeitores políticos e das máquinas corruptas dos partidos. Em consequência, tanto na Índia quanto no Paquistão o desenvolvimento das favelas ficou famoso por sincronizar-se com os ciclos eleitorais: em Karachi, as invasões de terras e os loteamentos clandestinos costumam crescer em anos de eleição, enquanto na Índia as eleições dão aos invasores a oportunidade de buscar a legalização ou a melhoria dos seus *bustees*[20].

No Vietnã do Sul, a urbanização forçada (descrita com ironia orwelliana inconsciente como "modernização") foi parte integrante da estratégia militar norte-americana. Segundo o estrategista de guerra Samuel Huntington, como os vietcongues constituíam "uma força poderosa que não pode ser desalojada da comunidade que a apoia enquanto a comunidade continuar a existir", ele e outros defensores da guerra recomendavam a extinção da "comunidade". O bombardeio terrorista norte-americano constituiu a força

> de escala suficientemente grande para produzir uma migração maciça do campo para a cidade [de modo que] os pressupostos básicos por trás da doutrina maoista de guerra revolucionária não funcione [*sic*] mais. A revolução rural de inspiração maoista é solapada pela revolução urbana patrocinada pelos norte-americanos.[21]

No transcurso da guerra, como ressalta a historiadora Marilyn Young, o quinhão urbano da população do Vietnã do Sul disparou de 15% para 65%, com 5 milhões de camponeses desalojados transformados em favelados ou habitantes de campos de refugiados[22].

Sete anos de impiedosa guerra colonial na Argélia (1954-61) também desalojaram metade da população rural. Depois da independência, em 1962, essa massa desprovida de raízes despejou-se nas cidades. Argel triplicou a sua população em menos de dois anos, quando os imigrantes pobres amontoaram-se em *bidonvilles* corrugadas ou, de preferência, ocuparam os apartamentos que ficaram vagos com

---

[19] Oskar Verkaaik, *Migrants and Militants: Fun and Urban Violence in Pakistan* (Princeton, Princeton University Press, 2004), p. 64.

[20] Robert-Jan Baken e Jan van der Linden, *Land Delivery for Low, Income Groups in Third World Cities* (Aldershot, Avebury, 1992), p. 31.

[21] Samuel Huntington, "The Bases of Accommodation", *Foreign Affairs*, v. 46, n. 4, jul. 1968, p. 650-3.

[22] Marilyn Young, *The Vietnam Wars: 1945-1990* (Nova York, Harper Perennial, 1991), p. 177.

Planeta Favela

a fuga de 900 mil *colons*. A ênfase inicial do novo regime na industrialização pesada à moda do bloco soviético e o seu relativo abandono da agricultura de subsistência reforçaram o êxodo do campo. Com muita rapidez Argel tornou-se apinhadíssima, com boa parte da população socada em moradias mais velhas e perigosamente arruinadas. Dezenas de antigas casas da casbá simplesmente desmoronaram, muitas vezes matando os moradores. Enquanto isso, as *bidonvilles* "socialistas" continuaram a se expandir nos arredores da cidade e ao longo das principais estradas[23].

Enquanto isso, na Turquia do pós-guerra, a migração para as cidades foi estimulada pelo Plano Marshall, pela modernização da agricultura e pelo crescimento da indústria de substituição de importações. Mas o Estado kemalista, como observa o sociólogo marxista Çaglar Keyder, não se dispunha a construir moradias públicas nem a alienar terras do Estado para a construção pelo setor privado; em vez disso, "predominou a vasta inércia do clientelismo populista". Os migrantes da Anatólia foram obrigados a construir as suas próprias cidades de barracos nos arredores de Ancara e Istambul, negociando com as autoridades locais e, assim, a década de 1955-65 tornou-se a época heroica da ocupação, enquanto a população dos *gecekondus* disparava de 5% (250 mil pessoas) para 23% (2,2 milhões de pessoas) da população urbana total (percentual que a partir de então não se alterou de forma significativa)[24]. Ao menos nesse período inicial, os *gecekondus* reforçaram de forma sinérgica o sistema político que fizera deles o principal modo de moradia popular. "Os políticos", continua Keyder, "preferiam em geral manter o privilégio da alocação arbitrária para criar e manter o apoio popular e assim fortalecer a sua própria posição. A existência dessas relações clientelistas baseava-se na apropriação informal da terra"[25].

No restante do Oriente Médio, o maior surto de urbanização informal aconteceu uma ou duas décadas depois, durante o *boom* da Organização dos Países Exportadores de Petróleo (Opep) no início da década de 1970. Ahmed Soliman acredita que "a época de ouro da informalidade residencial urbana" no Cairo foi de 1974 a 1990, quando os proventos dos trabalhadores imigrantes fluíram de volta da Arábia Saudita para preencher parte da lacuna deixada pelo abandono da política nasserista de bem-estar social[26]. Do mesmo modo, centenas de milhares de artesãos e trabalhadores sem-terra mudaram-se para Teerã no início da década de 1970 em busca de trabalho nas olarias e nos canteiros

---

[23] Djaffar Lesbet, "Algeria", em Mathéy, *Housing Policies in the Socialist Third World*, p. 252-63.

[24] Keyder, *Istanbul*, p. 147; H. Tarik Sengul, "On the Trajectory of Urbanization in Turkey", *International Development Planning Review*, v. 25, n. 2, 2003, p. 160.

[25] Keyder, "The Housing Market from Informal to Global", p. 147.

[26] Soliman, *A Possible Way Out*, p. 51.

A traição do Estado

de obras e acabaram enfrentando o desemprego a partir de 1976. Sua ira e desilusão logo se tornaram matéria-prima da Revolução Islâmica[27]. Esta, por sua vez, criou um espaço inigualável para o crescimento das favelas. "Enquanto os revolucionários marchavam pelas ruas das grandes cidades", explica Asef Bayat, "os mais pobres ocupavam-se ampliando o seu domínio sobre as suas comunidades e trazendo mais terra urbana para a (má) incorporação". Além disso, depois da fuga do Xá, "as famílias pobres aproveitaram-se do colapso do controle policial para ocupar centenas de casas desabitadas e prédios de apartamentos inacabados, reformando-os como se fossem propriedade sua". Para vexame dos mercadores tradicionais, os novos pobres também montaram milhares de barraquinhas, quiosques e carrinhos, convertendo "as calçadas em mercados vibrantes e coloridos"[28].

Na África subsaariana, logo após a independência o campo começou a transbordar para as cidades. Na maioria dos países, com exceção da África do Sul, a taxa de crescimento urbano a partir da década de 1960 foi o dobro do aumento populacional natural. Até a década de 1980 o crescimento das cidades na maioria dos países foi subsidiado por políticas coercitivas que forçavam os camponeses a fornecer produtos hortigranjeiros a preços abaixo do mercado e tributavam os habitantes rurais com alíquotas desproporcionais. No Zaire, por exemplo, o presidente Mobutu denunciava regularmente "os perigos do desenvolvimento urbano hipertrófico e os males do desemprego e do crime a ele associados", ao mesmo tempo que continuava a oprimir o campo de forma tão impiedosa que os camponeses tinham pouca opção além de fugir para as áreas urbanas[29]. Mas o chamado "viés urbano" do desenvolvimento africano dificilmente trabalhou a favor das novas massas urbanas; na verdade, enquanto as elites e forças armadas pós-coloniais desmantelaram o campo, o fornecimento de infraestrutura e de serviços públicos na cidade deteriorou-se aceleradamente[30].

Na América Latina, enquanto isso, a derrubada das ditaduras criou oportunidades temporárias de invasão e de ocupação de terras, ao mesmo tempo que as fortes rivalidades entre os guerrilheiros e a ameaça implícita de revolução forneciam aos imigrantes urbanos chances episódicas de trocar votos por terra e infraestrutura. Na Venezuela, segundo estudo recente, "os anos mais importantes

---

[27] Farhad Kazemi, *Poverty and Revolution in Iran: The Migrant Poor, Urban Marginality and Politics* (Nova York, New York University Press, 1980), p. 114.

[28] Asef Bayat, "Un-civil Society", p. 53.

[29] Young e Turner, *The Rise and Decline of the Zairian State*, p. 98; Deborah Posel, "Curbing African Urbanization in the 1950s and 1960s", em Mark Swilling, Richard Humphries e Khehla Shubane (orgs.), *Apartheid City in Transition* (Cidade do Cabo, Oxford University Press, 1991), p. 29-30.

[30] Carole Rakodi, "Global Forces, Urban Change, and Urban Management in Africa", em *The Urban Challenge in Africa*, p. 32-9.

Planeta Favela

da formação dos *barrios* de Caracas são 1958-60". Depois da expulsão de Pérez Jiménez e antes da eleição de Rómulo Betancourt, a junta do governo provisório suspendeu os despejos dos *barrios* e ofereceu auxílio público aos desempregados; assim, 400 mil pessoas, em sua maioria pobres, mudaram-se para Caracas em pouco mais de um ano. Depois disso, a competição intensa por votos entre os dois maiores partidos políticos, a Acción Democrática, de centro-esquerda, e o Comité de Organización Política Electoral Independiente (Copei), de centro-direita, abriu as comportas (que Pérez Jiménez tentara fechar) da expansão explosiva dos *barrios* informais nos morros em torno da cidade. Consequentemente, Caracas e outras cidades venezuelanas cresceram na velocidade africana: durante a década de 1960, o país passou de 30% urbano para 30% rural[31].

Na Cidade do México, a estratégia antifavelas e de crescimento controlado de Uruchurtu terminou por mostrar-se incompatível com a necessidade de mão de obra barata de industriais e investidores estrangeiros, assim como com a reivindicação dos trabalhadores por moradias baratas. Do mesmo modo, poderosos investidores imobiliários sentiram-se tolhidos pela conservadora Comisión de Planificación do prefeito. A gota d'água foi a oposição de Uruchurtu à construção do metrô; depois de um último enfrentamento – a demolição da Colonia Santa Ursula, em Ajusco, em setembro de 1966 –, o prefeito foi deposto pelo presidente Gustavo Diaz Ordaz, político famoso por seus muitos laços com o capital estrangeiro e os especuladores imobiliários. Um plano de crescimento rápido, que incluía a tolerância com a urbanização irregular na periferia em troca da renovação do centro urbano, passou a ser a política do PRI em La Capital[32].

Uma geração após a queda das barreiras ao fluxo migratório e à urbanização informal em outros lugares, a China começou a afrouxar o seu controle do crescimento urbano no início da década de 1980. Com um imenso reservatório de mão de obra camponesa excedente (que incluía mais da metade da força de trabalho da província de Sichuan, de acordo com o *Diário do Povo*), a abertura do dique burocrático produziu uma literal "inundação camponesa"[33]. A migração oficialmente sancionada foi amesquinhada por uma torrente imensa de imigrantes não autorizados ou "flutuantes". Desprovidos de cidadania oficial na cidade, obtida com um cartão de certificado de residência em vigor, essa imensa massa de camponeses pobres (estimada atualmente em 100 milhões de pessoas) não tinha direito legal a moradia nem a serviços sociais. Em vez disso, tornou-se combustível humano baratíssimo para as *sweatshops* [literalmente "fábricas

---

[31]   Urban Planning Studio, Columbia University, *Disaster Resistant Caracas* (Nova York, Columbia University, 2001), p. 25.

[32]   Davis, *Urban Leviathan*, p. 135, 177-80.

[33]   Solinger, *Contesting Citizenship in Urban China*, p. 155.

A traição do Estado

de suor", onde os empregados são explorados nas longas jornadas de trabalho e nos parcos ganhos] do delta do rio Pérola, e para os canteiros de obras de Xangai e Pequim, abrigando-se em barracos improvisados e quartos superlotados na franja das cidades. A volta do capitalismo à China trouxe consigo a favela urbana miserável.

Finalmente, ao cabo da década de 1980, os governantes da África do Sul, diante do mais importante levante de favelas da História (o movimento "civil" das comunidades negras), foram forçados a desmantelar o sistema totalitário de controle – primeiro a Lei do Salvo-Conduto de 1986 e, mais tarde, a Lei das Áreas Reservadas (Group Areas Act) de 1991 – que havia restringido a migração e a residência urbana de africanos no país. O escritor Rian Malan descreveu o impacto resultante na área metropolitana da Cidade do Cabo, onde a população africana negra mais que triplicou entre 1982 e 1992:

> Depois [...] que as odiadas leis do salvo-conduto foram para o lixo, foi como se uma represa distante rachasse, permitindo que uma massa de humanidade desesperada e esperançosa viesse inundando as montanhas e se espalhasse pela planície do Cabo. Vieram num ritmo de oitenta, noventa famílias por dia e construíram casas com as mãos nuas, usando ripas de madeira, paredes de lata, restos de lixo obtidos nos aterros sanitários e sacos plásticos para se proteger da chuva. Em dois anos, as dunas de areia tinham desaparecido debaixo de um mar imenso de choças e barracos, tão densamente povoado quanto uma cidade medieval e habitado por personagens fantásticos – muambeiros, bandidos, profetas, rastafáris, traficantes de armas e reis da maconha, mais cerca de 1 milhão de trabalhadores comuns.[34]

Promessas rompidas e sonhos roubados

A favela não era o futuro urbano inevitável. No início de 1960, por exemplo, o novo Instituto Nacional de Ahorro y Vivienda [Instituto Nacional de Poupança e Habitação] de Cuba, encabeçado pela lendária Pastorita Núñez, deu início à substituição das famosas favelas de Havana (Las Yaguas, Llega y Pon, La Cueva del Humo e outras) por casas pré-fabricadas construídas pelos próprios moradores. Sete anos antes, durante o seu julgamento pelo ataque ao quartel Moncada, Fidel Castro prometera aos cubanos uma revolução que cumpriria a garantia progressista de moradia decente da Constituição de 1940. Em 1958, quase um terço dos cubanos morava em favelas ou assentamentos de invasores. Assim, nos primeiros anos de ouro da revolução houve um imenso esforço nacional para reassentar os pobres, ainda que muitos projetos, em retrospecto, fossem adaptações maçantes do modernismo[35].

---

[34] Rian Malan, citado em Westen, p. XXII.

[35] Joseph Scarpaci, Roberto Segre e Mario Coyula, *Havana: Two Faces of the Antillean Metropolis* (Chapel Hill, University of North Carolina Press, 2002), p. 199-203.

Planeta Favela

Embora o compromisso da Cuba revolucionária com um "novo urbanismo" fosse vanguardista, o ideal do direito do povo à moradia não era inédito no Terceiro Mundo da época – final da década de 1950 e início dos anos 1960: Nasser, Nehru e Sukarno também prometeram reconstruir as favelas e criar quantidade imensa de novas moradias. Além da moradia subsidiada e do controle dos aluguéis, o "contrato com o Egito" de Nasser garantia empregos no setor público a todos que concluíssem a escola secundária. A Argélia revolucionária criou leis de atendimento médico e educação, universais e gratuitos, além de aluguel subsidiado para os moradores pobres das cidades. Todos os Estados africanos "socialistas", a começar pela Tanzânia no início da década de 1960, iniciaram programas ambiciosos de reassentamento de favelados urbanos em novas moradias de baixo custo. A Cidade do México, nos anos de Uruchurtu, mobilizou os serviços de estrelas emigradas da arquitetura, como Hannes Meyer, da Bauhaus, para projetar prédios de apartamentos para trabalhadores sindicalizados e funcionários públicos, comparáveis, com vantagem, aos modelos do norte da Europa. Enquanto isso, no Brasil, o presidente João Goulart e Leonel Brizola, governador radical do Rio Grande do Sul, conquistavam amplo apoio para a sua ideia de um "New Deal" urbano. E, adiante naquela mesma década, Juan Velasco Alvarado, ditador militar de tendência esquerdista do Peru, se aproximaria um passo do fidelismo ao patrocinar invasões em massa de terrenos urbanos e criar um programa estatal ambicioso para melhorar as *barriadas* (que ele rebatizou com otimismo de *pueblos jovenes*).

Quase meio século depois, o progressista programa habitacional de Cuba foi desacelerado quase totalmente pela austeridade do "Período Especial" que se seguiu ao colapso da União Soviética, e a oferta de moradias arrasta-se com muita desvantagem em relação às conquistas mais impressionantes do país na saúde e na educação. Além dos casos especiais de Hong Kong e Singapura, no mundo em desenvolvimento somente o Estado chinês, nas décadas de 1980 e 1990, conseguiu construir grande quantidade de habitações populares decentes (embora até essa "revolução não decantada", como diz o especialista urbano Richard Kirkby, esteja bem longe da necessidade das dezenas de milhares de camponeses que vêm se mudando para as cidades)[36].

No restante do Terceiro Mundo, a ideia de um Estado intervencionista muito comprometido com a habitação popular e a criação de empregos parece alucinação ou piada de mau gosto, porque há muito tempo os governos abdicaram de qualquer iniciativa séria para combater as favelas e remediar a marginalidade urbana. Em diversas cidades pobres, a relação entre os cidadãos e o governo

---

[36] Richard Kirkby, "China", em Kosta Mathéy (org.), *Beyond Self-Help Housing* (Londres, Mansell, 1992), p. 298-9.

A traição do Estado

é parecida com a descrição feita recentemente por um favelado de Nairóbi a um repórter do jornal inglês *The Guardian*: "O Estado não faz nada aqui. Não fornece água, escola, rede de esgotos, estrada nem hospital". Na verdade, o jornalista descobriu que os moradores compravam água de negociantes particulares e contavam com grupos armados para fazer a segurança; a polícia só aparecia para cobrar propinas[37].

O papel minimalista dos governos nacionais na oferta de moradias foi reforçado pela atual ortodoxia econômica neoliberal definida pelo FMI e pelo Banco Mundial. Os Planos de Ajuste Estrutural (PAEs) impostos às nações endividadas no final dos anos 1970 e na década de 1980 exigiram a redução dos programas governamentais e, muitas vezes, a privatização do mercado habitacional. Entretanto, o Estado de bem-estar social do Terceiro Mundo já vinha fenecendo mesmo antes que os PAEs fizessem soar o seu dobre fúnebre. Já que tantos especialistas que trabalhavam para o "Consenso de Washington" consideraram que o fornecimento de moradias populares pelo governo era um desastre inevitável, é importante rever alguns casos, começando com aqueles que, à primeira vista, parecem ser as maiores exceções à regra do fracasso estatal.

As duas cidades tropicais onde a habitação pública em larga escala constituiu uma alternativa às favelas são Singapura e Hong Kong. Como cidade-estado com política restrita de migração, a primeira não tem de enfrentar a costumeira pressão demográfica de um interior agrário pobre. "Boa parte do problema", explica Erhard Berner, "é exportada para Johor Baru", a Tijuana de Singapura[38]. Já Hong Kong teve de absorver milhões de refugiados e, agora, migrantes do continente. Mas o sucesso da antiga Colônia da Coroa no reassentamento de invasores, moradores de cortiços e refugiados da guerra civil em novos prédios públicos de apartamentos não é bem o milagre humanitário tantas vezes pintado.

Como demonstrou Alan Smart, a política habitacional de Hong Kong tem sido uma triangulação astuta entre os interesses distintos dos incorporadores imobiliários, do capital fabril e da resistência popular, com a possível intervenção da República Popular da China surgindo ao fundo. O desafio era conciliar a oferta constante de mão de obra barata com o valor crescente dos terrenos, e a solução preferida não foram os aluguéis elevados – o que teria forçado os salários a subir –, mas a periferização e o amontoamento da população. Em 1971, escreve Smart, 1 milhão de invasores foram reassentados "em terras equivalentes a apenas 34% do que ocupavam anteriormente e em áreas periféricas de valor muito mais baixo". Do mesmo modo, centenas de milhares de locatários pobres

---

[37]   Andrew Harding, "Nairobi Slum Life" (série), *The Guardian*, 4, 8, 10 e 15/10/2002.

[38]   Berner, "Learning from Informal Markets", p. 244.

Planeta Favela

foram desalojados de suas antigas moradias alugadas na área central. A alocação de espaço nas moradias públicas do início da década de 1960 era de minúsculos 2,2 metros quadrados por adulto, com banheiros e cozinhas compartilhados por um andar inteiro. Embora as condições melhorassem nos projetos construídos posteriormente, Hong Kong manteve a densidade residencial formal mais elevada do mundo: o preço de liberar o máximo de área para prédios de escritórios e apartamentos caros a preço de mercado[39].

Em sua reestruturação da economia espacial de Hong Kong, os urbanistas raramente deram atenção às verdadeiras estratégias de sobrevivência dos pobres urbanos, inclusive o uso frequente da moradia como oficina ou a necessidade de morar perto dos mercados ou fábricas centrais. A incompatibilidade entre as moradias periféricas em prédios altos com a estrutura social e a economia informal das comunidades pobres é, naturalmente, uma história antiga; um pecado original repetido há décadas no mundo todo por reformadores e czares urbanos. Realmente, já na década de 1850, o modelo de moradia operária do barão Haussmann no Segundo Império, a Cité Napoléon, em Paris, foi rejeitado por seus pretensos moradores por causa da uniformidade e de sua aparência de quartel. Segundo a historiadora Ann-Louise Shapiro:

> Queixaram-se de que filantropos e sociedades construtoras começavam a relegar a população trabalhadora a bairros especiais, como na Idade Média, e insistiram que, em vez disso, o governo deveria tributar os apartamentos vazios para obrigar o preço do aluguel a cair e tornar disponível um grande número de moradias no padrão habitacional misto do centro da cidade.

No fim das contas, o famoso projeto de Haussmann "abrigou apenas locatários burgueses"[40].

A Cité Napoléon teve muitos descendentes modernos no Terceiro Mundo. Em Jacarta, por exemplo, a habitação pública não é atraente para a imensa força de trabalho informal porque não tem espaço para oficinas domésticas; em consequência, a maioria dos moradores é de militares e funcionários públicos[41]. Em Pequim, onde os prédios altos levaram a uma melhora quantitativa real do espaço residencial, ainda assim os moradores das torres lamentam a perda da comunidade. Nas pesquisas, os habitantes descrevem o declínio dramático das visitas sociais, do relacionamento com vizinhos e da frequência das brincadeiras de crianças, assim como o isolamento e a solidão cada vez

---

[39] Smart, *Making Room*, p. 1, 33, 36, 52, 55.

[40] Ann-Louise Shapiro, "Paris", em M. J. Daunton (org.), *Housing the Workers, 1850-1914: A Comparative Perspective* (Londres, Leicester University Press, 1990), p. 40-1.

[41] Hans-Dieter Evers e Rüdiger Korff, *Southeast Asian Urbanism: The Meaning and Power of Social Space* (Nova York, Palgrave Macmillan, 2000), p. 168.

A traição do Estado

maiores dos idosos[42]. Em Bangcoc, igualmente, de acordo com o estudo de dois pesquisadores europeus, os pobres preferem as suas antigas favelas às novas torres de apartamentos.

> As agências que planejam o despejo das favelas veem uma alternativa para o povo nos apartamentos baratos dos arranha-céus; o povo das favelas sabe que o despejo e a vida nesses apartamentos reduziriam os seus meios de reprodução e as possibilidades de produção de subsistência. Além disso, o acesso ao trabalho fica mais difícil, devido à localização dos prédios. Essa é a razão simples pela qual os favelados preferem ficar na favela e estão começando a combater os despejos. Para eles, a favela é o lugar onde a produção em circunstâncias cada vez piores ainda é possível. Para o planejador urbano, é um mero câncer na cidade.[43]

Enquanto isso, a "usurpação" pela classe média de moradias públicas ou subsidiadas pelo Estado, como dizem os especialistas em habitação, tornou-se um fenômeno quase universal. A Argélia, no início da década de 1980, por exemplo, começou a lotear as reservas de terra urbana, ostensivamente, para que fossem aproveitadas por cooperativas habitacionais; o material de construção era fornecido a preço subsidiado. Entretanto, como observa o arquiteto Djaffar Lesbet, esse equilíbrio teoricamente elegante entre ajuda estatal e iniciativa local não democratizou o acesso à moradia: "Os lotes para construção permitiram aos privilegiados pelo sistema tomar a frente e conseguir a casa própria. Também ajudaram a reduzir o tom dramático e político da crise habitacional ao transformar essa questão nacional num problema individual"[44]. Como resultado, funcionários públicos e outros compraram casas e mansões isoladas e subsidiadas enquanto os verdadeiros pobres acabaram em barracos ilegais nas *bidonvilles*. Embora lhe faltasse o elã revolucionário da Argélia, a Tunísia também construiu um volume substancial de habitações subsidiadas pelo Estado, mas 75% delas eram demasiado caras para os pobres, que em vez disso acumularam-se nas favelas cada vez maiores de Túnis, como Ettadhamen, Mellassine e Djebel Lahmar[45].

A Índia ilustra a mesma tendência em várias roupagens diferentes. Por exemplo, na década de 1970 as autoridades municipais e estaduais deram início a um projeto ambiciosíssimo de criar uma moderna cidade-gêmea no continente, do outro lado da península de Bombaim. Prometeram aos pobres urbanos novos

---

[42] Victor Sit, *Beijing: The Nature and Planning of a Chinese Capital City* (Chichester, John Wiley & Sons, 1995), p. 218-9.

[43] Evers e Korff, *Southeast Asian Urbanism*, p. 168.

[44] Lesbet, "Algeria", p. 264-5.

[45] Frej Stambouli, "Tunis: Crise du Logement et Réhabilitation Urbaine", em Amis e Lloyd, *Housing Africa's Urban Poor*, p. 155.

Planeta Favela

lares e empregos na faiscante Nova Bombaim (hoje Navi Mumbai), mas, em vez disso, os moradores locais do continente foram desalojados, com perda da terra e do meio de vida, enquanto o grosso das novas moradias ficou com funcionários públicos e com a classe média[46]. Em Délhi, do mesmo modo, a Agência de Desenvolvimento distribuiu meio milhão de lotes, mas "a maioria foi tomada pelos abonados". As pesquisas indicam que apenas 110 mil casas foram na verdade construídas para os pobres numa cidade que atualmente expulsa 450 mil favelados "ilegais"[47].

Kolkata, onde a Frente de Esquerda chegou ao poder no final da década de 1970, deveria ter uma história diferente, já que o Partido Comunista da Índia (marxista) há muito pugnava pela "libertação" dos favelados. Contudo, com o passar do tempo as antigas promessas de novas moradias para os pobres deram frutos para o cultivo eleitoral dos estratos mais privilegiados. "Ainda se fala muito", diz o escritor Frederic Thomas, "das necessidades dos pobres, mas a maior parte do orçamento é usada para atender às necessidades dos calcutaenses de renda média e alta. Somente 10% do investimento da Agência de Desenvolvimento Metropolitano de Calcutá são direcionados para a melhoria dos *bustees*"[48]. Também no Vietnã a política habitacional revolucionária foi manipulada para beneficiar as elites estatais com poucas sobras para os pobres verdadeiros. "O acesso a moradias estatais ou municipais", escrevem os pesquisadores Nguyen Duc Nhuan e Kosta Mathéy, "está reservado principalmente aos funcionários públicos e membros do Exército, que têm direito estatutário a um apartamento de dois quartos e que, para aumentar o seu salário, tendem a sublocar essas unidades a outros quando eles mesmos não as utilizam"[49].

A Nigéria já se vangloriou de que usaria a sua crescente receita do petróleo para reabrigar os seus pobres urbanos, mas os Terceiro e Quarto Planos de Desenvolvimento Nacional do país tornaram-se paródias dessa promessa ambiciosa: menos de um quinto das moradias planejadas chegou a ser construído, e a maior parte delas foi para pessoas nada pobres[50]. Do mesmo modo, em Kano as moradias de baixo custo para funcionários públicos (continuação de uma tradição colonial) foram apropriadas por indivíduos sem esse direito, mas poderosos, com

---

[46]   Alain Jacquemin, *Urban Development and New Towns in the Third World*, p. 196-7.

[47]   Neelima Risbud, "Policies for Tenure Security in Delhi", em Durand-Lasserve e Royston, *Holding their Ground*, p. 61.

[48]   Thomas, *Calcutta Poor*, p. 147.

[49]   Nguyen Duc Nhuan e Kosta Mathéy, "Vietnam", em Mathéy, *Housing Policies in the Socialist Third World*, p. 282.

[50]   T. Okoye, "Historical Development of Nigerian Housing Policies", em Amis e Lloyd, *Housing Africa's Urban Poor*, p. 81.

A traição do Estado

renda muito acima do teto máximo estabelecido[51]. A Jamaica é outro país onde a retórica populista nunca se igualou aos atos. É verdade que o National Housing Trust [NHT, Fundo Nacional de Habitação] tem uma base patrimonial muito grande, mas, como enfatizam Thomas Klak e Marlene Smith, faz praticamente tudo menos construir casas para os pobres.

> Atualmente a maior parte dos recursos do NHT serve para cobrir a sua própria folha de pagamento, ajudar a atender à necessidade de reservas do governo central, fornecer financiamento provisório à construção de habitações mais caras e até mesmo fora do NHT e financiar as hipotecas dos relativamente poucos contribuintes, em sua maioria de renda mais alta.[52]

No México, onde durante a década de 1980 o mercado habitacional formal atendeu a pouco mais de um terço da demanda, a moradia é fortemente subsidiada para as famílias de militares, funcionários públicos e filiados a alguns sindicatos poderosos como o dos petroleiros; no entanto, os mais pobres recebem apenas gotículas de ajuda estatal. Assim, o Fondo de Operación y Financiamento Bancario a la Vivienda (Fovi), fundo do governo com o fim de servir ao segmento médio do mercado habitacional (até dez salários mínimos), mobiliza 50% dos recursos habitacionais federais, enquanto o Fondo Nacional de Habitaciones Populares (Fonhapo), que atende ao segmento mais pobre, recebe meros 4%[53]. John Betancur encontra situação semelhante em Bogotá, onde os grupos de renda média recebem subsídios generosos enquanto o Estado fornece apenas ajuda parcimoniosa às necessidades habitacionais dos pobres[54]. Em Lima, do mesmo modo, a maioria das moradias públicas ou subsidiadas é ocupada por grupos de renda média e funcionários do Estado[55].

As elites urbanas e a classe média do Terceiro Mundo também têm obtido sucesso extraordinário na fuga à tributação municipal. "Na maioria dos países em desenvolvimento", escreve A. Oberai, da Organização Internacional do Trabalho (OIT), "o potencial tributário dos imóveis não é totalmente aproveitado. Os sistemas existentes tendem a sofrer de mau gerenciamento das avaliações, de erosão substancial da base tributária devido às isenções e do mau desempenho

---

[51]   H. Main, "Housing Problems and Squatting Solutions in Metropolitan Kano", em Robert Potter e Ademola Salau (orgs.), *Cities and Development in the Third World* (Londres, Mansell, 1990), p. 22.

[52]   Thomas Klak e Marlene Smith, "The Political Economy of Formal Sector Housing Finance in Jamaica", em Datta e Jones, *Housing and Finance in Developing Countries*, p. 72.

[53]   Pezzoli, "Mexico's Urban Housing Environments", p. 142.

[54]   John Betancur, "Spontaneous Settlements in Colombia", em Aldrich e Sandhu, *Housing the Urban Poor*, p. 224.

[55]   John Leonard, "Lima: City Profile", *Cities*, v. 17, n. 6, 2000, p. 437.

Planeta Favela

da cobrança do imposto"[56]. Oberai é excessivamente bem-educado: os ricos urbanos da África, do sul da Ásia e de boa parte da América Latina são visível e até criminosamente subtributados pelos governos locais. Além disso, quando as cidades sob pressão financeira passaram a se apoiar nos impostos regressivos sobre a circulação de mercadorias e encargos cobrados de usuários – isso gera 40% da receita da Cidade do México, por exemplo –, o fardo tributário passou de forma cada vez mais unilateral dos ricos para os pobres. Numa análise comparativa rara da administração fiscal de dez cidades do Terceiro Mundo, Nick Devas encontra um padrão regressivo constante com poucos indícios de algum esforço sério para avaliar e cobrar impostos de propriedade dos mais abonados[57].

Parte da culpa deve ser atribuída ao FMI, que, em seu papel de cão de guarda financeiro do Terceiro Mundo, defende por toda parte as taxas e cobranças regressivas do usuário de serviços públicos, mas jamais propõe a contrapartida dos esforços para tributar a riqueza, o consumo ostentatório ou a propriedade imobiliária. Do mesmo modo, o Banco Mundial faz cruzadas pela "boa governança" nas cidades do Terceiro Mundo, mas solapa a sua probabilidade ao raramente apoiar a tributação progressiva[58].

É claro que tanto a "usurpação" quanto o viés fiscal são expressões da falta de influência política da maioria pobre em quase todo o Terceiro Mundo; a democracia urbana ainda é exceção e não regra, principalmente na África. Mesmo quando o favelado tem direito a voto, raramente pode usá-lo para efetuar uma redistribuição significativa das despesas ou dos recursos tributários; várias estratégias estruturais, como a fragmentação política metropolitana, o controle do orçamento por autoridades estaduais ou nacionais e a criação de agências autônomas, foram usadas para isolar do voto popular a tomada de decisões urbanas. Em seu estudo da região de Mumbai, Alain Jacquemin enfatiza o confisco do poder local pelas autoridades do desenvolvimento urbano, cujo papel é construir infraestrutura moderna que permita à parte mais rica das cidades pobres – e somente a ela – conectar-se à cibereconomia mundial. Essas autoridades, escreve ele, "têm solapado ainda mais as tarefas e funções dos governos municipais democraticamente eleitos, já enfraquecidos pela perda das responsabilidades setoriais e dos recursos financeiros e humanos, transferidos para autoridades substitutas especiais. Não admira que as necessidades locais de nível municipal e vicinal continuem sem ser ouvidas"[59].

---

[56] Oberai, *Population Growth, Employment and Poverty in Third-World Mega-Cities*, p. 169.

[57] Nick Devas, "Can City Governments in the South Deliver for the Poor?", *International Development and Planning Review*, v. 25, n. 1, 2003, p. 6-7.

[58] Oberai, *Population Growth*, p. 165, 171.

[59] Jacquemin, *Urban Development and New Towns in the Third World*, p. 41, 65; ver também K. Sivaramakrishnan, "Urban Governance: Changing Realities", p. 232-3.

A traição do Estado

Assim, com um punhado de exceções, o Estado pós-colonial traiu amplamente as suas promessas originais aos pobres urbanos. O consenso entre os estudiosos da cidade é que, no Terceiro Mundo, a moradia pública e com auxílio estatal beneficiou principalmente as classes médias e as elites urbanas, que esperam pagar poucos tributos e receber alto nível de serviços municipais. No Egito, Ahmed Soliman conclui que "o investimento público [habitacional] tem sido em grande parte desperdiçado", com o resultado de que "cerca de 20 milhões de pessoas moram hoje em casas prejudiciais à sua saúde e segurança"[60].

De forma parecida, no caso da Índia, Nandini Gooptu descreve a transformação das políticas favoráveis aos pobres da época de Gandhi em seu oposto:

> Finalmente, o conceito grandioso de transformação urbana foi desbastado e domesticado para atender aos interesses imediatos das classes proprietárias. Em vez de se desdobrar em projetos idealistas de regeneração social, os sistemas de planejamento das cidades evoluíram como avenidas para promover os interesses e aspirações dos proprietários e como instrumento da crescente marginalização dos pobres. A guerra às favelas chegou perigosamente perto de ser uma batalha para controlar o assentamento e as habitações dos pobres e até uma ofensiva contra os próprios pobres.[61]

---

[60] Ahmed Soliman, "Tilting the Sphinxes: Locating Urban Informality in Egyptian Cities", em Roy Ananya e Nezar Al Sayyad (orgs.), *Urban Informality: Transnational Perspectives from the Middle East, Latin America, and South Asia* (Lanham, Lexington, 2004), p. 171, 202.

[61] Gooptu, *The Politics of the Urban Poor in Early Twentieth-Century India*, p. 84.

4

As ilusões da autoajuda[*]

> Seria tolice passar de uma distorção – que as favelas
> são lugares de crime, doença e desespero – para o oposto:
> que podem com segurança ser abandonadas a si mesmas.
>
> Jeremy Seabrook[1]

Quando os governos do Terceiro Mundo abdicaram da batalha contra a favela na década de 1970, as instituições de Bretton Woods – com o FMI como o "mau policial" e o Banco Mundial como o "policial bonzinho" – assumiram um papel cada vez mais predominante na determinação de parâmetros para a política habitacional urbana. Os empréstimos do Banco Mundial para desenvolvimento urbano aumentaram de meros 10 milhões de dólares em 1972 para mais de 2 bilhões de dólares em 1988[2]. E, entre 1972 e 1990, o Banco ajudou a financiar um total de 116 programas de oferta de lotes urbanizados e/ou de urbanização de favelas em 55 países[3]. É claro que em termos da necessidade isso não passou de uma gota num balde d'água, mas deu ao Banco enorme influência nas políticas urbanas nacionais, além de uma relação de patrocínio direto com as ONGs e comunidades faveladas locais; também permitiu ao Banco impor as suas próprias teorias como ortodoxia mundial da política urbana.

---

[*] No original, *self-help*. O termo não tem tradução consagrada para o português. Optamos por "autoajuda" por ser este o termo mais comumente empregado para fazer referência às políticas públicas de incentivo à construção financiadas pelo Banco Mundial, que é justamente o que Davis critica neste capítulo. Outros termos, como "autoconstrução" e "mutirão", aplicam-se aos casos em que o morador constrói a própria casa, quase sempre sem ajuda oficial. Adiante, o autor irá empregar *self-housing*, única ocorrência traduzida por "autoconstrução". (N. E.)

[1] Seabrook, *In the Cities of the South*, p. 197.

[2] S. Sethuraman, "Urban Poverty and the Informal Sector: A Critical Assessment of Current Strategies", artigo para discussão da Organização Internacional do Trabalho (OIT), Genebra, 1997, p. 2-3.

[3] Cedric Pugh, "The Role of the World Bank in Housing", em Aldrich e Sandhu, *Housing the Urban Poor*, p. 63.

Planeta Favela

Melhorar as favelas em vez de substituí-las tornou-se a meta menos ambiciosa da intervenção pública e privada. Em vez da reforma estrutural da pobreza urbana imposta de cima para baixo, como havia sido tentado pelas democracias sociais da Europa no pós-guerra e defendido pelos líderes revolucionários-nacionalistas da geração dos anos 1950, a nova sabedoria do final da década de 1970 e início da de 1980 exigia que o Estado se aliasse a doadores internacionais e, depois, a ONGs para tornar-se um "capacitador" dos pobres. Em sua primeira iteração, a nova filosofia do Banco Mundial, influenciada pelas ideias do arquiteto inglês John Turner, insistia numa abordagem de oferta de "lotes urbanizados" (fornecimento de infraestrutura básica de água e esgoto e obras de engenharia civil) a fim de ajudar a racionalizar e melhorar as habitações construídas pelos próprios moradores. Entretanto, no final da década de 1980, o Banco Mundial defendia a privatização da oferta de habitações já prontas, e logo tornou-se o megafone institucional mais poderoso dos programas de Hernando de Soto, economista peruano que advoga soluções microempresariais para a pobreza urbana.

Os amigos dos pobres

Na década de 1970, o casamento intelectual de Robert McNamara, presidente do Banco Mundial, com o arquiteto John Turner foi algo inusitado. O primeiro, é claro, fora o principal planejador da Guerra do Vietnã, enquanto o segundo já fora o maior colaborador do jornal anarquista inglês *Freedom*. Turner partiu da Inglaterra em 1957 para trabalhar no Peru, onde se encantou com o gênio criativo que viu em funcionamento nas moradias de invasores de terrenos. Não foi o primeiro arquiteto a entusiasmar-se com a capacidade dos pobres de organizar-se em comunidades e construir com habilidade e inteligência: arquitetos e planejadores coloniais franceses, como o Groupe CIAM Alger, tinham elogiado a ordem espontânea da *bidonville* para o "relacionamento 'orgânico' entre as construções e o terreno (que faz lembrar a casbá), a flexibilidade dos espaços para acomodar diversas funções e as necessidades variáveis dos usuários"[4]. Turner, contudo, em colaboração com o sociólogo William Mangin, foi um divulgador e propagandista eficientíssimo e proclamou que as favelas eram mais uma solução do que um problema. Apesar de sua origem radical, o programa básico de Turner de construção por conta própria e incremental e legalização da urbanização espontânea era exatamente o tipo de abordagem pragmática e de baixo custo que McNamara preferia para a crise urbana.

Em 1976, ano da primeira conferência do UN-Habitat assim como da publicação de *Housing by People: Towards Autonomy in Building Environments* [Habitação

---

[4] Zeynep Çelik, *Urban Forms and Colonial Confrontations: Algiers under French Rule* (Berkeley, University of California Press, 1997), p. 112.

As ilusões da autoajuda

pelo povo: rumo à autonomia na construção de ambientes], de Turner, esse amálgama de anarquismo com neoliberalismo tornara-se uma nova ortodoxia que "formulava um afastamento radical do fornecimento público de habitações, favorecendo projetos de lotes urbanizados e a urbanização da favela *in loco*". O novo Departamento de Desenvolvimento Urbano do Banco Mundial seria o maior patrocinador dessa estratégia. "A intenção", prossegue Cedric Pugh, "era tornar a moradia acessível às famílias de baixa renda sem o pagamento de subsídios, ao contrário da abordagem da habitação pública pesadamente subsidiada"[5]. Em meio a muito blablablá sobre "ajudar os pobres a se ajudarem a si mesmos", pouca atenção se deu publicamente à importante redução dos direitos implícita na canonização pelo Banco Mundial da moradia favelada. Elogiar a práxis dos pobres tornou-se uma cortina de fumaça para revogar compromissos estatais históricos de reduzir a pobreza e o déficit habitacional. "Ao demonstrar a habilidade dos favelados, a sua coragem e a sua capacidade de resolver por conta própria os seus problemas", escreve Jeremy Seabrook, "[foi] preparado o caminho para a retirada do Estado e da intervenção e do apoio do governo local"[6].

Além disso, Turner e seus admiradores no Banco Mundial romantizaram consideravelmente o custo e o resultado da habitação incremental ao estilo dos invasores de terras. Como demonstrou a pesquisa de Kavita Datta e Gareth Jones, a perda da economia de escala na construção de casas leva a preços unitários altíssimos do material de construção (comprado em pequena quantidade de varejistas próximos) ou à substituição por material de segunda mão e de má qualidade. Além disso, Datta e Jones argumentam que, em parte, a "autoconstrução" é um mito: "Na verdade, a maior parte é construída com a ajuda paga de artesãos e, em tarefas que o exijam, de mão de obra especializada"[7].

O mais importante é que as normas de recuperação do custo dos empréstimos do Banco Mundial, parte do endurecimento do dogma neoliberal, deixaram efetivamente os mais pobres dentre os pobres fora do mercado de empréstimos para construção por conta própria. Lisa Peattie, uma das críticas mais contundentes do Banco Mundial, estimou em 1987 que os 30% a 60% mais pobres da população, dependendo do país, eram incapazes de atender às obrigações financeiras da oferta de lotes urbanizados de empréstimos para melhorias[8]. Além disso, até os projetos mais ambiciosos e propagandeados do Banco Mundial tendiam a ser usurpados pela classe média ou por não necessitados, do mesmo modo que as moradias fornecidas pelo poder público.

---

[5]   Pugh, "The Role of the World Bank in Housing", p. 64.

[6]   Seabrook, *In the Cities of the South*, p. 196-7.

[7]   Kavita Datta e Gareth Jones, "Preface", em *Housing and Finance in Developing Countries*, p. 12.

[8]   Lisa Peattie, "Affordability", *Habitat International*, v. 11, n. 4, 1987, p. 69-76.

Planeta Favela

As Filipinas, país-piloto da nova estratégia global do Banco Mundial, tornaram-se famosas como um desses casos. Trabalhando com a ditadura de Marcos, a equipe do Banco identificou 253 áreas deterioradas "para reformas prioritárias", a começar com o vasto setor litorâneo de favelas em Tondo, na área metropolitana de Manila. Mas "os investimentos", afirma Erhard Berner, simplesmente "escorreram diretamente para os incorporadores imobiliários e a indústria da construção civil". Por exemplo, St. Joseph's Village, em Pasig, foi amplamente anunciado como projeto-modelo para famílias pobres, e Imelda Marcos chegou a recrutar o papa Paulo VI como patrocinador oficial. Mas, em cinco anos, segundo Berner, "todos os moradores originais partiram porque seus lotes foram vendidos a famílias ricas"[9]. O fracasso foi tão embaraçoso que o Banco Mundial reformulou o programa para concentrar-se na oferta de lotes urbanizados em áreas de reassentamento fora da região metropolitana de Manila. A localização remota desencorajava o enobrecimento, mas, ao mesmo tempo, era odiada pelos pobres devido à distância dos empregos e serviços. No fim das contas, diz Berner, o esforço heroico do Banco Mundial em Manila deixou a maioria das favelas visadas "tão congestionadas e dilapidadas como sempre"[10].

Em Mumbai, outro laboratório muito elogiado do Banco Mundial, prometeu-se a melhoria das favelas em escala monumental (afetando 3 milhões de pessoas), mas, novamente, o resultado foi precário. O programa de saneamento, por exemplo, visava instalar um vaso sanitário para cada vinte habitantes, mas a proporção atingida foi de apenas um para cem, e a manutenção esporádica das instalações anulou as vantagens para a saúde pública. Enquanto isso, "em 1989", segundo uma resenha especializada, "o sistema de melhoria das favelas ficou bem abaixo das expectativas e somente 9% dos destinatários pertenciam a grupos de baixa renda"[11].

O balanço da primeira geração de projetos urbanos do Banco Mundial na África revela resultados igualmente desanimadores ou perversos. Em Dar es Salaam, depois do término de uma ambiciosa intervenção do Banco Mundial (1974-81), verificou-se em um estudo que "a maioria dos invasores que receberam lotes urbanizados do programa vendeu o terreno e voltou a invadir terra virgem na periferia das áreas urbanas". A maior parte dos lotes com serviços acabou nas mãos de funcionários públicos e da classe média[12]. O especialista em planejamento

---

[9] Berner, *Defending a Place*, p. 31.

[10] Idem, "Poverty Alleviation and the Eviction of the Poorest", *International Journal of Urban and Regional Research*, v. 24, n. 3, set. 2000, p. 558-9.

[11] Greg O'Hare, Dina Abbott e Michael Barke, "A Review of Slum Housing Policies in Mumbai", *Cities*, v. 15, n. 4, 1998, p. 279.

[12] A. Mosa, "Squatter and Slum Settlements in Tanzania", em Aldrich e Sandhu, *Housing the Urban Poor*, p. 346; John Campbell, "World Bank Urban Shelter Projects in East Africa", em Amis e Lloyd, *Housing Africa's Urban Poor*, p. 211.

As ilusões da autoajuda

Charles Choguill diz que isso não surpreende, pois o valor da poupança mínima exigida pelo Banco Mundial para conceder um empréstimo para construção era tão alto que excluía automaticamente a maioria dos invasores[13]. Do mesmo modo, em outro programa de lotes urbanizados em Lusaka, somente um quinto deles destinou-se ao público-alvo, e, em Dacar, obteve-se aproximadamente o mesmo triste resultado[14].

A. Oberai, da OIT, em texto escrito em 1993, concluiu que os projetos de melhoria das favelas e de distribuição de lotes com serviços do Banco Mundial deixaram em grande parte de ter impacto visível na crise habitacional do Terceiro Mundo.

> Apesar do esforço para tornar reprodutíveis os projetos, esse tipo de abordagem amarra um excesso de recursos e iniciativas institucionais a poucos lugares e não conseguiu atingir o nível desejado de oferta habitacional. Portanto, é improvável que a abordagem dos projetos tenha impacto significativo na solução do problema da moradia na maioria dos países em desenvolvimento.[15]

Outros críticos destacaram a dissociação programática entre o fornecimento de moradias e a criação de empregos e a tendência inevitável de localizar os programas de lotes urbanizados em periferias com pouco ou nenhum transporte público[16]. Mas o Banco continuou a impor a sua abordagem incrementalista, agora reformada e rebatizada de "desenvolvimento habitacional integral", como a melhor estratégia para melhorar as condições de vida das favelas.

O imperialismo "brando"

Desde meados da década de 1990, o Banco Mundial, o Programa das Nações Unidas para o Desenvolvimento (Pnud) e outras instituições de ajuda contornaram ou evitaram progressivamente os governos para trabalhar de forma direta com ONGs regionais e comunitárias. Na verdade, a revolução das ONGs – há hoje dezenas de milhares delas nas cidades do Terceiro Mundo – reconfigurou a paisagem do auxílio ao desenvolvimento urbano praticamente do mesmo modo que a Guerra à Pobreza da década de 1960 transformou as relações entre Washington, as máquinas políticas das cidades grandes e os eleitorados rebeldes dos

---

[13] Charles Choguill, "The Future of Planned Urban Development in the Third World", em Aldrich e Sandhu, *Housing the Urban Poor*, p. 408.

[14] Campbell, "World Bank Urban Shelter Projects in East Africa", em *Housing Africa's Urban Poor*, p. 211; Richard Stren, "Urban Housing in Africa", ibidem, p. 41.

[15] Oberai, *Population Growth, Employment and Poverty in Third-World Mega-Cities*, p. 122

[16] "Livelihood and Shelter Have To Be Seen as One Rather than Separate Entities", em Kalpana Sharma, *Rediscovering Dharavi: Stories from Asia's Largest Slum* (Nova Délhi, Penguin, 2000), p. 202.

Planeta Favela

bairros pobres[17]. Enquanto o papel do Estado como intermediário reduzia-se, as grandes instituições internacionais instauraram a sua própria presença na base por meio de ONGs dependentes em milhares de favelas e comunidades urbanas pobres. Tipicamente, um doador-financiador internacional – como o Banco Mundial, o Departamento de Desenvolvimento Internacional do Reino Unido, a Fundação Ford ou a Fundação Friedrich Ebert alemã – trabalha por meio de uma ONG importante, que por sua vez dá consultoria a uma ONG local ou destinatário nativo. Esse sistema de coordenação e financiamento em camadas costuma ser retratado como a última palavra em *empowerment*, "sinergia" e "governança participativa".

Do lado do Banco Mundial, o aumento do papel das ONGs correspondeu à reorientação dos objetivos do Banco na presidência de James Wolfensohn, financista e filantropo de origem australiana cuja década no cargo começou em junho de 1995. Wolfensohn, segundo o biógrafo Sebastian Mallaby, chegou a Washington como autoproclamado consertador do mundo, "buscando reviver a energia messiânica do Banco de McNamara" e fazendo das "parcerias" e da redução da pobreza os novos pontos centrais do seu programa de ação. Solicitou-se aos governos do Terceiro Mundo que envolvessem as ONGs e os grupos de defesa na preparação dos Documentos de Estratégia de Redução da Pobreza (Derp) que o Banco passou a exigir como prova de que a ajuda realmente atingiria o público-alvo. Nos moldes da estratégia de cooptação de McNamara, Wolfensohn também buscou incorporar os níveis mais altos do mundo das ONGs à rede funcional do Banco – e, apesar do surgimento das campanhas antiglobalização, teve bastante sucesso, como destaca Mallaby, ao "transformar os inimigos da cúpula de Madri [de 1994] em companheiros de mesa"[18].

Embora alguns críticos mais antigos tivessem aclamado essa "virada participativa" do Banco Mundial, os verdadeiros beneficiados parecem ter sido as grandes ONGs e não o povo local. Em uma resenha de estudos recentes, inclusive um relatório importante do Panos Institute, sediado em Londres, Rita Abrahamsen conclui que

> em vez de dar poder à "sociedade civil", o processo dos Derp fortaleceu a posição de um "triângulo de ferro" pequeno e homogêneo de profissionais transnacionais baseado nos ministérios mais importantes do governo (principalmente o da Fazenda), nas agências de desenvolvimento bilateral e multilateral e nas ONGs internacionais.[19]

---

[17] Datta e Jones, "Preface", p. XVIII.

[18] Sebastian Mallaby, *The World's Banker: A Story of Failed States, Financial Crises, and the Wealth and Poverty of Nations* (Nova York, Penguin, 2004), p. 89-90, 145.

[19] Rita Abrahamsen, "Review Essay: Poverty Reduction or Adjustment by Another Name?", *Review of African Political Economy*, 99, 2004, p. 185.

As ilusões da autoajuda

O que o ganhador do Prêmio Nobel Joseph Stiglitz chamou, em seu breve mandato como economista-chefe do Banco, de surgimento do "pós-Consenso de Washington" pode ser mais bem descrito como "imperialismo brando", com as principais ONGs presas às planilhas dos doadores internacionais e os grupos comunitários igualmente dependentes das ONGs internacionais[20].

Apesar de toda a retórica retumbante sobre democratização, autoajuda, capital social e fortalecimento da sociedade civil, as verdadeiras relações de poder nesse novo universo das ONGs são parecidíssimas com o clientelismo tradicional. Além disso, como as organizações comunitárias patrocinadas pela Guerra à Pobreza da década de 1960, as ONGs do Terceiro Mundo mostraram-se brilhantes na cooptação dos líderes locais assim como na conquista da hegemonia do espaço social tradicionalmente ocupado pela esquerda. Ainda que haja algumas louváveis exceções – como as ONGs combativas tão úteis na criação dos Fóruns Sociais Mundiais –, o maior impacto da "revolução das ONGs/da sociedade civil", como admitem até mesmo alguns pesquisadores do Banco Mundial, foi burocratizar e desradicalizar os movimentos sociais urbanos[21].

Assim, a economista do desenvolvimento Diana Mitlin, escrevendo sobre a América Latina, descreve como, de um lado, as ONGs "impedem o aumento e o acúmulo de capacidade no nível da comunidade ao assumir os papéis de negociação e tomada de decisões" e, de outro, são restringidas pelas "dificuldades de gerenciar as verbas dos doadores, com sua ênfase em fundos para projetos de curto prazo, com responsabilização financeira e resultados tangíveis"[22]. Do mesmo modo, no caso da Argentina urbana, o arquiteto Rubén Gazzoli queixa-se de que as ONGs monopolizam o conhecimento especializado e o papel de intermediário do mesmo modo que as máquinas políticas tradicionais[23]. Lea Jellinek, historiadora social que por mais de 25 anos estudou os pobres de Jacarta, descreve por sua vez a maneira pela qual uma ONG famosa, um microbanco de bairro, "que começou como pequeno projeto comunitário impulsionado pelas necessidades e pelo talento das mulheres locais", transformou-se, como o monstro de Frankenstein, numa "burocracia grande, complexa, de cima para

---

[20] O discurso de Stiglitz em 1998, "More Instruments and Broader Goals: Moving Towards the Post-Washington Consensus" (Mais instrumentos e metas mais amplas: rumo ao pós-Consenso de Washington), é discutido em John Pender, "From 'Structural Adjustment' to 'Comprehensive Development Framework': Conditionality Transformed?", *Third World Quarterly*, v. 22, n. 3, 2001.

[21] Imparato e Ruster, *Slum Upgrading and Participation*, p. 255.

[22] Diana Mitlin, "Civil Society and Urban Poverty – Examining Complexity", *Environment and Urbanization*, v. 13, n. 2, out. 2001, p. 164.

[23] Rubén Gazzoli, "The Political and Institutional Context of Popular Organizations in Urban Argentina", *Environment and Urbanization*, v. 8, n. 1, abr. 1996, p. 163.

Planeta Favela

baixo e de orientação técnica" que ficou "menos responsável e menos protetora" perante a sua base de baixa renda[24].

Do ponto de vista do Oriente Médio, Asef Bayat lamenta o exagero em torno das ONGs, ressaltando que "em geral o seu potencial de organização independente e democrática tem sido superestimado. [A] profissionalização das ONGs tende a diminuir a característica de mobilização do ativismo de base ao mesmo tempo que cria uma nova forma de clientelismo"[25]. Frederic Thomas, ao escrever sobre Kolkata, argumenta que, "além disso, as ONGs são inerentemente conservadoras. Quem trabalha nelas são funcionários públicos aposentados e empresários no nível mais alto e, mais para baixo, trabalhadores sociais, dentre eles desempregados instruídos, donas de casa e outros sem raízes nas favelas"[26].

P. K. Das, veterano ativista habitacional de Mumbai, propõe uma crítica ainda mais dura das ONGs que trabalham com favelas:

> A sua atividade constante é subverter, desinformar e desidealizar as pessoas, de modo a mantê-las afastadas das lutas de classe. Adotam e propagam a prática de pedir favores com base na solidariedade e no humanitarismo, em vez de tornar os oprimidos conscientes dos seus direitos. Na prática, essas entidades e organizações intervêm sistematicamente para se opor ao caminho da agitação adotado por quem quer concretizar as suas reivindicações. A sua atividade visa constantemente desviar a atenção das pessoas dos males políticos maiores do imperialismo para questões apenas locais e, assim, confundir a todos no momento de diferenciar amigos de inimigos.[27]

As queixas de Das são ampliadas com detalhes no controvertido livro de 2002 de Gita Verma, *Slumming India* [Favelizando a Índia], ataque feroz e quase swiftiano ao culto à celebridade das ONGs urbanas. Planejadora rebelde e exilada do que chama de "O Sistema", Verma descreve as ONGs como intermediários de uma "nova classe" que, com a bênção de filantropos estrangeiros, usurpam as vozes autênticas dos pobres. Ela ataca duramente o paradigma de melhoria das favelas do Banco Mundial, que aceita as favelas como realidade eterna, assim como os movimentos contra despejos que se recusam a apresentar reivindicações mais radicais. O "direito de ficar", diz ela, "não é nenhum grande privilégio. [...] Pode impedir os tratores ocasionais mas, de resto, pouco faz além de mudar o rótulo de 'problema' para 'solução', com algum jargão criativo nas letras miudinhas". "Salvar a favela", acrescenta, referindo-se especificamente a Délhi,

---

[24] Lea Jellinek, "Collapsing under the Weight of Success: An NGO in Jakarta", *Environment and Urbanization*, v. 15, n. 1, abr. 2003, p. 171.

[25] Bayat, em Roy e Al Sayyad (orgs.), *Urban Informality: Transnational Perspectives from the Middle East, Latin America, and South Asia*, p. 80-1.

[26] Thomas, *Calcutta Poor*, p. 131.

[27] P. K. Das, "Manifesto of a Housing Activist", em Patel e Thorner, *Bombay*, p. 179-80.

As ilusões da autoajuda

"traduz-se em endossar a injustiça de um quinto a um quarto da população da cidade morar em apenas 5% dos terrenos urbanos"[28].

O texto de Verma inclui o desmascaramento devastador de dois dos mais louvados projetos recentes de melhoria de favelas na Índia. O projeto Indore, patrocinado pelo Reino Unido, premiado pela conferência Habitat II de Istambul, em 1996, e pela de Aga Khan, em 1998, forneceu supostamente às famílias da favela da cidade ligações individuais à rede de água e esgoto, mas Verma diz que "transformou um desastre cívico num falso sucesso". Embora os bairros agora tivessem esgoto, os moradores não tinham água suficiente para beber e menos ainda para dar descarga, de modo que o esgoto costumava refluir para as casas e as ruas; a malária e a cólera espalharam-se, e os moradores começaram a morrer devido à água contaminada. Cada verão, escreve Verma, "trazia aos beneficiários do projeto (ou, talvez, aos Afetados pelo Projeto) mais falta d'água, mais esgoto entupido, mais doença, mais problemas com as monções e mais motivos para se queixar da deplorável infraestrutura e da má qualidade do projeto [...]"[29].

Verma é igualmente cáustica em relação ao projeto premiado de reassentamento de Aranya: projeto que realoca apenas pequeno número de despejados ou invasores, mas confere fama internacional aos "salvadores da favela". Nesse caso, contudo, a maior parte das realizações do projeto ficou literalmente no papel.

> A verdade sobre Aranya, entretanto, é que os elementos do seu triunfo simplesmente não existem no local. Não há centro da cidade, não há parques graciosos para pedestres nem 40 mil pobres morando lá. Isso só existe na literatura sobre Aranya e durante mais de uma década comemoramos um desenho, uma ideia de projeto, que não temos certeza se vai funcionar porque ainda não foi testada.[30]

Até observadores menos ásperos que Verma concordam que, embora a abordagem do Banco Mundial/ONGs para a melhoria das favelas possa produzir histórias de sucesso local, deixa de lado a imensa maioria dos pobres. As ONGs, observa a ativista e escritora Arundhati Roy, "acabam funcionando como o apito de uma panela de pressão. Desviam e sublimam a raiva política e garantem que ela não chegará ao ponto de explodir"[31]. As fastidiosas declarações oficiais sobre "capacitação" e "boa governança" evitam as questões básicas da dívida e da desigualdade global e, em último caso, não passam de jogos de linguagem que encobrem a ausência de macroestratégias para reduzir a pobreza urbana. Talvez

---

[28] Gita Verma, *Slumming India: A Chronicle of Slums and Their Saviours* (Nova Délhi, Penguin, 2002), p. 150-2.

[29] Ibidem, p. 8-15, 33-5.

[30] Ibidem, p. 90-1.

[31] Arundhati Roy, *The Checkbook and the Cruise Missile: Conversations with Arundhati Roy* (Boston, South End Press, 2004), p. 82.

Planeta Favela

essa consciência culpada da lacuna entre promessa e necessidade explique parte do fervor com que as ONGs e as instituições de empréstimos internacionais abraçaram as ideias de Hernando de Soto, empresário peruano que se tornou o guru global do populismo neoliberal.

Um John Turner da década de 1990, De Soto afirma que as cidades do Terceiro Mundo não estão assim tão famintas de investimento e de emprego, mas sofrem de uma escassez artificial de direitos de propriedade. Com um aceno da varinha mágica do título de propriedade da terra, afirma De Soto, o seu Instituto Liberdade e Democracia poderia fazer surgir imensas reservas de capital nas próprias favelas. Os pobres, argumenta ele, na verdade são ricos, mas incapazes de ter acesso à própria riqueza (propriedade imobiliária construída no setor informal) e transformá-la em capital líquido porque não têm contratos formais nem títulos de propriedade. A concessão dos títulos, afirma ele, criaria instantaneamente um enorme patrimônio com pouco ou nenhum custo para o governo; parte dessa nova riqueza, por sua vez, forneceria capital para que microempresários famintos de crédito criassem novos empregos na favela, que então se transformaria em "hectares de diamantes". Ele fala em "trilhões de dólares, prontos para usar, bastando apenas revelar o mistério de como transformar o patrimônio em capital vivo"[32].

Ironicamente, De Soto, o Messias do capitalismo popular, propõe na prática pouco mais do que aquilo pelo que luta há tanto tempo a esquerda latino-americana ou o Partido Comunista da Índia (marxista) em Kolkata: segurança de posse para os ocupantes informais. Mas a concessão dos títulos de propriedade, como destaca Geoffrey Payne, especialista em posse da terra, é uma faca de dois gumes:

> Para os proprietários, representa a sua incorporação formal à cidade oficial e a possibilidade de concretizar o que pode ser um aumento dramático de patrimônio. Para os locatários ou os incapazes de pagar os impostos adicionais que costumam vir em seguida, pode vir a expulsá-los inteiramente da escada habitacional.

A concessão de títulos de propriedade, em outras palavras, acelera a diferenciação social na favela e nada faz para ajudar os locatários, verdadeira maioria dentre os pobres de muitas cidades. Payne avisa que há mesmo o risco de "criação de uma grande subclasse à qual se nega o acesso a qualquer tipo de habitação acessível ou aceitável"[33].

---

[32] Hernando de Soto, *The Mystery of Capital: Why Capitalism Triumphs in the West and Fails Everywhere Else* (Nova York, Basic Books, 2000), p. 301-31.

[33] Geoffrey Payne, relatório não publicado de 1989, citado em Alan Gilbert e Ann Varley, *Landlord and Tenant: Housing the Poor in Urban Mexico* (Londres, Routledge, 1991), p. 4.

As ilusões da autoajuda

Peter Ward confirma que, na Cidade do México, a concessão de títulos de propriedade – ou melhor, a "regularização" – foi uma bênção dúbia para os *colonos*. "Não é simplesmente um meio de conceder aos pobres títulos de propriedade integral, mas cada vez mais um meio de incorporá-los à base tributária." Os benefícios de poder usar a própria casa como garantia legal são contrabalançados pela nova visibilidade diante dos coletores de impostos e dos serviços públicos municipais. A regularização também solapa a solidariedade interna das *colonias* ao individualizar a luta pela moradia e dar aos proprietários detentores de títulos interesses diferentes dos outros moradores da favela. "Locatários, invasores perseguidos, ocupantes desalojados do centro da cidade", argumenta Ward, "têm mais probabilidade de ser mais radicais e mais dispostos a participar de manifestações contra o governo do que aqueles que, na verdade, foram comprados pelo governo com sucessivas políticas habitacionais"[34].

Foi esse o caso em São Paulo, onde os governos do Partido dos Trabalhadores (PT), a partir de 1989, tentaram regularizar e melhorar a "imensa cidade ilegal" dos pobres. Embora as reformas do PT tenham produzido alguns resultados admiráveis, Suzana Taschner, que estudou cuidadosamente o impacto local, mostra também repercussões negativas. "Infelizmente, com as melhorias o submercado imobiliário se consolida na favela. Terrenos e casas tornam-se bens de consumo e o preço dispara." Um dos resultados é o surgimento do que Taschner chama de "favela dentro da favela", quando as casas dos invasores são substituídas por cortiços mal construídos, onde se alugam quartos aos mais pobres dentre os pobres[35]. Em outras palavras, sem intervenção pública decisiva no mercado imobiliário, a mera distribuição de títulos de propriedade dificilmente seria uma alavanca de Arquimedes para erguer o destino da grande massa de moradores urbanos pobres.

No entanto, panaceias como a de De Soto permanecem extremamente populares por razões óbvias: a estratégia de concessão de títulos promete grande ganho social com um simples gesto de pena e, assim, traz nova vida aos desgastados paradigmas da autoajuda do Banco Mundial; combina perfeitamente com a ideologia neoliberal e antiestatal predominante, até mesmo com a ênfase atual do Banco na facilitação pelo governo do mercado imobiliário privado e na promoção do acesso amplo à casa própria. Também é atraente para os governos porque lhes promete algo – estabilidade, votos e impostos – em troca de praticamente nada. "A aceitação dos assentamentos não autorizados", destaca Philip Amis, "é uma forma relativamente indolor e potencialmente lucrativa

---

[34] Ward, *Mexico City*, p. 193.

[35] Suzana Taschner, "Squatter Settlements and Slums in Brazil", em Aldrich e Sandhu, *Housing the Urban Poor*, p. 216-9.

Planeta Favela

de apaziguar os pobres urbanos do Terceiro Mundo"[36]. E, como enfatizam os geógrafos Alan Gilbert e Ann Varley no caso da América Latina, é também uma reforma conservadora clássica: "A própria natureza do processo habitacional em que o próprio morador constrói a sua casa [...] contribuiu para a placidez política. A generalização da casa própria individualizou uma luta que, não fosse isso, seria mais comunitária"[37].

Na mesma vertente, Erhard Berner fornece alguns exemplos desanimadores de como a compra da terra e a formalização da propriedade produziram, em Manila, diferenciação social vertical e feroz competição dentro dos antes combativos movimentos de invasores. Segundo ele:

> A tarefa de fixar o valor social da terra, fazer que os membros o aceitem e, finalmente, despejar os incapazes ou contrários a pagar por ela é um grande problema para todas as associações locais. A época em que a K–B [associação de invasores] podia ser confundida com participantes de algum "movimento social" contra o sistema definitivamente acabou. Agora que se tornaram proprietários, os líderes da K–B veem como obsoleta a sua aliança com outras associações de invasores e enfatizam a sua relação com as instituições do governo.[38]

Os lucros da pobreza

Enquanto as ONGs e os financiadores desenvolvimentistas brincam com a "boa governança" e a melhoria incremental das favelas, forças de mercado incomparavelmente mais poderosas empurram ainda mais a maioria dos pobres para a margem da vida urbana. As realizações positivas da filantropia internacional e a intervenção residual do Estado são totalmente amesquinhadas pelo impacto negativo da inflação da terra e da especulação imobiliária. O mercado imobiliário, como vimos no caso da urbanização irregular, voltou à favela com ferocidade redobrada e, apesar da duradoura mitologia dos invasores heroicos e da terra gratuita, os pobres urbanos são cada vez mais vassalos de proprietários e incorporadores.

Certamente, a exploração da propriedade imobiliária na favela é um mal antigo e as suas encarnações contemporâneas levam à comparação com seus ancestrais do século XIX. Em sua análise da economia política do East End de Londres (o maior cortiço do mundo vitoriano), o historiador Gareth Stedman Jones descreveu um círculo vicioso de demolição de moradias, aumento dos aluguéis, superpopulação e doenças. "Os lucros altíssimos", observou, "não vinham de investimentos na explosão habitacional dos subúrbios, mas da explosão do

---

[36] Amis, "Commercialized Housing in Nairobi", p. 237.

[37] Gilbert e Varley, *Landlord and Tenant*, p. 11.

[38] Berner, *Defending a Place*, p. 179.

As ilusões da autoajuda

valor dos aluguéis nas áreas mais pobres do centro"[39]. Cortiços e favelas como St. Giles, Whitechapel e Bethnal Green atraíam investidores aristocráticos cuja "expectativa de lucro elevado com investimentos no exterior tinha-se frustrado", além da frugal classe média para a qual as habitações nos bairros pobres do centro da cidade eram "o meio mais popular e acessível de obter ganhos de capital". Jones descobre que uma grande seção transversal da sociedade de Londres, que ia de grandes proprietários de favelas como Thomas Flight (conhecido por alugar mais de 18 mil moradias) a "pequenos comerciantes, construtores aposentados e administradores de igrejas que possuíam ou exploravam poucas casas cada um", tinha participação lucrativa no empobrecimento do East End[40].

Do mesmo modo, no caso da Nápoles ("a Calcutá da Europa") do fim-de-século, os observadores da época maravilhavam-se com o milagre dos aluguéis cada vez mais altos extraídos de *fondaci* e *locande* cada vez mais pobres e dilapidados. Frank Snowden, em seu extraordinário estudo dos pobres napolitanos, escreve:

> No final do século, o aluguel subira cinco vezes enquanto os habitantes da cidade tinham ficado mais pobres. Além disso, ironicamente, os aluguéis mais altos por metro quadrado eram cobrados pelos cômodos mais horrorosos das favelas. Como esses cômodos custavam menos em termos absolutos, a procura por eles era maior. Infelizmente, a procura por acomodações na favela cresceu com o aumento da pobreza, dando assim mais voltas na espiral locatícia que afetava aqueles que tinham menos condições de pagar.[41]

Os mesmos lucros obscenos e paradoxais ainda são extraídos da pobreza urbana. Durante gerações, as elites proprietárias da terra rural no Terceiro Mundo foram se transformando em proprietários urbanos de favelas. "A posse da terra por proprietários ausentes", escrevem Hans-Dieter Evers e Rüdiger Korff, "é, na verdade, um fenômeno principalmente urbano"[42]. A base relativamente ampla de habitantes com casa própria ou invasores legalizados na América Latina contrasta com as concentrações fantásticas da propriedade da terra em muitas cidades africanas e asiáticas. Em seu pioneiro estudo comparativo, os dois pesquisadores alemães descobriram que, em média, 53% da terra de dezesseis cidades do Sudeste Asiático pertenciam a 5% dos grandes proprietá-

---

[39] Gareth Stedman Jones, *Outcast London: A Study in the Relationship Between Classes in Victorian Society* (Oxford, Clarendon Press, 1971), p. 209.

[40] Ibidem, p. 212-3.

[41] Frank Snowden, *Naples in the Time of Cholera, 1884-1911* (Cambridge, Cambridge University Press, 1995), p. 39.

[42] Evers e Korff, *Southeast Asian Urbanism*, p. 180.

Planeta Favela

rios de imóveis, contra 17% da terra nas mãos de 5% dos maiores proprietários nas cidades alemãs[43]. Na verdade, quase metade de Manila, segundo Erhard Berner, pertence a um punhado de famílias[44].

Ao mesmo tempo, na Índia, estimados três quartos do espaço das cidades pertencem a 6% das famílias urbanas e apenas 91 pessoas controlam a maioria de todos os terrenos vagos de Mumbai[45]. Enquanto isso, a especulação imobiliária prejudica a reforma habitacional de Karachi e de outras grandes cidades paquistanesas. Como explica Ellen Brennan:

> O governo de Karachi tentou controlar a especulação limitando o número de lotes que um indivíduo pode possuir. A lei foi facilmente contornada com o uso de membros da família. Além disso, os impostos de Karachi sobre propriedade e ganhos de capital ajudaram os investidores a manter lotes que nunca pretenderam ocupar. Por exemplo, entre 80 mil e 10 mil dos 260 mil lotes construídos pela Agência de Desenvolvimento de Karachi durante a década de 1970 foram mantidos como investimento e continuavam vagos dez anos depois.[46]

Ademais, essa tendência ao latifúndio urbano baseia-se de modo perverso na crise e no declínio da economia produtiva. Presumivelmente houve uma época em que o valor da terra urbana estava sincronizado com o crescimento econômico e o investimento industrial. Entretanto, desde o final da década de 1970 essa relação dissolveu-se, quando os imóveis urbanos tornaram-se cada vez mais enorme sorvedouro da poupança nacional. O entrelaçamento de crise de dívida externa, inflação galopante e terapia de choque do FMI no final da década de 1970 e início da de 1980 destruiu a maior parte dos incentivos ao investimento produtivo na indústria nacional e no emprego público. Por sua vez, os planos de ajuste estrutural canalizaram a poupança nacional da indústria e do bem-estar social para a especulação imobiliária. "A elevada taxa de inflação e a escala maciça da desvalorização", escreve o economista político Kwadwo Konadu-Agyemang, de Acra, "desencorajaram a poupança e tornaram o investimento em terrenos não construídos ou parcialmente construídos o modo mais seguro e lucrativo de conservar um patrimônio que também pudesse ser vendido em moeda estrangeira"[47].

---

[43] Ibidem. Como enfatizam os autores, "apesar da importância do tema, os dados sobre a propriedade da terra urbana são raríssimos. Isso contrasta fortemente com a pesquisa sobre a posse da terra em áreas rurais" (p. 184).

[44] Berner, *Defending a Place*, p. 21.

[45] Baken e van der Linden, *Land Delivery for Low Income Groups in Third World Cities*, p. 13.

[46] Brennan, "Urban Land and Housing Issues Facing the Third World", p. 78.

[47] Kwadwo Konadu-Agyemang, *The Political Economy of Housing and Urban Development in Africa: Ghana's Experience from Colonial Times to 1998* (Westport, Greenwood, 2001), p. 123.

As ilusões da autoajuda

O resultado foi o surgimento ou a persistência de bolhas de propriedade em meio à estagnação ou, mesmo, ao declínio econômico generalizado. Assim, em Istambul, como observa Çaglar Keyder, "no ambiente inflacionário dos anos 1980, o setor imobiliário tornou-se o mais lucrativo [...] onde se cruzavam a corrupção política, o desenvolvimento capitalista e o setor financeiro internacional"[48]. Em Ancara, o dinheiro da especulação correu para o mercado crescente de conversão de favelas em bairros de prédios de luxo. A localização central dos antigos *gecekondus*, explica o planejador Özlem Dündar, fez deles alvos irresistíveis da renovação e do enobrecimento urbano por grandes incorporadores que, sozinhos, "tinham a influência política e o poder financeiro para resolver os problemas muito confusos de propriedade nas áreas de *gecekondu*"[49].

No mundo árabe, como há muito ressaltou Janet Abu-Lughod, a renda do petróleo e os ganhos no exterior não vão para a produção, "mas para a terra como um 'banco' de capital. Isso resultou em crescente especulação imobiliária (que torna impossível o planejamento urbano racional), valor da terra inflacionadíssimo e, em alguns casos, na construção de apartamentos de luxo excessivo"[50]. Pelo menos no caso do Egito, a expansão imobiliária urbana dos anos 1990 foi reforçada por enormes subsídios públicos ao setor bancário e a incorporadores politicamente favorecidos. Como explica o geógrafo Timothy Mitchell em seu extraordinário estudo de um subúrbio do Cairo chamado "Terra dos Sonhos":

> [...] pretendia-se que o ajuste estrutural gerasse a explosão das exportações, não da construção civil. O Egito devia prosperar vendendo frutas e hortaliças à Europa e aos países do Golfo, não pavimentando os seus campos para construir anéis viários. Mas agora o setor imobiliário substituiu a agricultura como terceiro maior setor do Egito em investimentos não petrolíferos, depois da indústria e do turismo. Na verdade, pode ser o maior setor não petrolífero, já que a maior parte do investimento em turismo vai para a construção de condomínios e casas de veraneio, outra forma de investimento imobiliário.[51]

Ainda que a área metropolitana de Cairo tenha dobrado de tamanho em cinco anos e os novos subúrbios se estendam para oeste pelo deserto, a crise habitacional permanece aguda: as novas moradias são caras demais para os pobres, e boa parte delas está desocupada porque o proprietário está fora, trabalhando na Arábia

---

[48] Keyder, "The Housing Market from Informal to Global", p. 153.

[49] Özlem Dündar, "Informal Housing in Ankara", *Cities*, v. 18, n. 6, 2001, p. 393.

[50] Janet Abu-Lughod, "Urbanization in the Arab World and the International System", em Gugler, *Cities in the Developing World*, p. 196.

[51] Timothy Mitchell, "Dreamland: The Neoliberalism of Your Desires", *Middle East Report*, primavera (abr.-jun.) de 1999, disponível em: <http://www.merip.org/mer/mer210/mitchell.html>.

Planeta Favela

Saudita ou nos países do Golfo. "Mais de 1 milhão de apartamentos", escreve Jeffrey Nedoroscik, "ficam vazios [...] não há escassez de moradias propriamente dita. Na verdade, Cairo está cheia de prédios semivazios"[52].

"Daca, a megacidade mais pobre do mundo", explica Ellen Brennan, "tem sofrido intensa especulação de terrenos urbanos. Estima-se que um terço das remessas dos expatriados tenha sido destinado para a compra de terras. O preço dos terrenos subiu 40% a 60% mais depressa do que o preço de outros bens e serviços e agora está totalmente desalinhado dos níveis de renda"[53]. Outro exemplo do sul da Ásia é Colombo, onde o valor das propriedades aumentou mil vezes no final da década de 1970 e durante os anos 1980, empurrando grande número de moradores urbanos mais antigos e pobres para áreas periurbanas[54].

Enquanto isso, as moradias apinhadas e mal conservadas das favelas costumam ser mais lucrativas por metro quadrado que outros tipos de investimento imobiliário. No Brasil, onde boa parte da classe média serve de locadora dos pobres, a propriedade de alguns cortiços permite a muitos profissionais liberais e administradores de nível médio estilos de vida à moda de Copacabana*. Os pesquisadores do UN-Habitat surpreenderam-se ao descobrir que "o aluguel por metro quadrado dos cortiços de São Paulo é cerca de 90% mais caro que no mercado formal"[55]. Em Quito, ricos proprietários vendem lotes de terra em sopés de morros e encostas íngremes – em geral, além do limite urbano de 2.850 metros de altitude, nível máximo até onde o sistema municipal consegue bombear água – a imigrantes famintos de terra por meio de intermediários (chamados *urbanizadores piratas*), deixando que os moradores briguem mais tarde pelos serviços públicos[56]. Ao discutir o "mercado habitacional clandestino" de Bogotá, o economista imobiliário Umberto Molina afirma que os especuladores estão urbanizando a periferia com "preços monopolistas" e enormes lucros[57].

---

[52] Nedoroscik, *The City of the Dead*, p. 42.

[53] Brennan, "Urban Land and Housing Issues Facing the Third World", p. 76.

[54] Dayaratne e Samarawickrama, "Empowering Communities", p. 102.

* No imaginário de estrangeiros, Copacabana é o exemplo da vida luxuosa: prédios altos, apartamentos grandes, janelas com vista para o mar etc. A percepção que os brasileiros têm de Copacabana é a real, ou seja, a de um bairro que em grande parte apresenta sinais de decadência; já a dos estrangeiros é a de sonho, originada nas décadas de 1950-1960. (N. T.)

[55] Fix, Arantes e Tanaka, "São Paulo, Brazil", p. 18.

[56] Glasser, "The Growing Housing Crisis in Ecuador", p. 151. Sobre Quito, ver também Gerrit Burgwal, *Caciquismo, Paralelismo and Clientelismo: The History of a Quito Squatter Settlement* (Amsterdã, Vrije Universiteit, 1993).

[57] Umberto Molina, "Bogotá: Competition and Substitution Between Urban Land Markets", em Baken e van der Linden, *Land Delivery for Low Income Groups in Third World Cities*, p. 300.

As ilusões da autoajuda

Em seu livro sobre Lagos, Margaret Peil explica:

tem havido muito menos invasões de terras [...] do que na África oriental ou na América Latina, porque o baixo nível de controle do governo sobre as construções fez que casas legalizadas pudessem ser construídas de modo fácil e lucrativo: abrigar os pobres era um bom negócio [...] o investimento mais seguro à disposição, gerando um retorno rápido do capital.[58]

Os proprietários mais ricos de Lagos preferem alugar em vez de vender, de modo a manter o controle dos lucros num mercado imobiliário em rápida valorização[59]. Como no Quênia, os políticos, ao lado dos chefes tradicionais, vêm se destacando entre os especuladores imobiliários de grande escala nas favelas[60].

Enquanto isso, as favelas de Nairóbi são imensos latifúndios produtores de aluguéis e pertencentes a políticos e à classe média. Embora boa parte das construções privadas para aluguel "não tenha base legal formalizada [...] as relações de posse e propriedade [graças a um sistema político corrupto] existem *de facto*"[61]. Em Mathare 4A, onde 28 mil pessoas, os mais pobres dentre os pobres, alugam choças de barro e ramos entrelaçados de 9 × 12 metros, os proprietários ausentes, de acordo com um pesquisador do Ministério das Estradas, são "poderosos, fortes nos bastidores e muitas vezes personagens públicos de destaque, pessoas ligadas a eles ou indivíduos ou empresas riquíssimos"[62]. "Cinquenta e sete por cento das moradias numa favela de Nairóbi", escrevem pesquisadores da ONU em outro estudo, "pertencem a políticos e funcionários públicos, e os barracos são as moradias mais lucrativas da cidade. Um proprietário que pague 160 dólares por um barraco de 6 metros quadrados consegue recuperar todo o investimento em meses"[63].

A especulação imobiliária, como ilustram esses casos de Nairóbi, pode prosperar até nos lugares onde a terra envolvida é oficialmente de domínio público – Egito, Paquistão, China e Mali são outros exemplos famosos. Na área metropolitana do Cairo, escreve o arquiteto urbanista Khaled Adham, "a venda de certas terras públicas permitiu a transferência maciça do deserto em torno de Cairo para a propriedade privada". Os beneficiados, acrescenta, foram

---

[58]   Margaret Peil, *Lagos. The City Is the People* (Londres, Belhaven, 1991), p. 146.

[59]   Idem, "Urban Housing and Services in Anglophone West Africa", em Hamish Main e Stephen Williams (orgs.), *Environment and Housing in Third World Cities* (Chichester, John Wiley, 1994), p. 176.

[60]   Drakakis-Smith, *Third World Cities*, p. 146.

[61]   Amis, "Commercialized Rental Housing in Nairobi", p. 245.

[62]   Patrick Wasike, "The Redevelopment of Large Informal Settlements in Nairobi", Ministério das Estradas e Obras Públicas, Quênia, s.d.

[63]   Citado em Davan Maharaj, "Living on Pennies", quarta parte, *Los Angeles Times*, 16/7/2004.

Planeta Favela

"uma nova classe de empresários cada vez mais ligados tanto ao Estado quanto às grandes empresas internacionais". Supõe-se que integrantes do alto escalão do governo Mubarak têm participação secreta nas empresas que constroem os subúrbios no deserto a oeste das Pirâmides de Gizé[64].

A periferia de Karachi é formada de terras públicas supostamente controladas pela Agência de Desenvolvimento da cidade. Mas como a Agência, segundo Peter Nientied e Jan vander Linden, "deixou totalmente de fornecer terra para moradias de grupos de baixa renda", a franja urbana foi ilegalmente loteada, como já observado, por quadrilhas de funcionários públicos, policiais corruptos e intermediários conhecidos como *dalals*. No fim das contas, os favelados pouco fizeram além de vender-se a um ou outro patrono. "Como a operação toda é ilegal, as reivindicações, por definição, são sempre de favores e não de direitos"[65]. Do mesmo modo, em Hyderabad, estudada por Erhard Berner, "os grileiros ligados à Diretoria da Receita" distorceram um ambicioso plano de reassentamento dos pobres, extorquindo taxas ilegais dos moradores e roubando lotes de terra pública. "A criação de um posto policial", explica Berner, "piorou a situação, já que a polícia ficou do lado da quadrilha e começou a perseguir os próprios moradores"[66].

Enquanto isso, a especulação ilegal em terras urbanas periféricas tornou-se uma das principais formas de corrupção oficial da China. "Numa aldeia da rica Província de Zhejian", conta o *New York Times*, "os fazendeiros receberam US$ 3.040 por *mu*[67] e viram as autoridades da cidade arrendarem os mesmos lotes a incorporadores por US$ 122 mil cada". Um camponês idoso queixou-se de que "as autoridades tomaram a terra para construir e embolsaram todo o dinheiro só para si". Num caso parecido em Shaanxi, uma manifestante ouviu de uma autoridade do Partido Comunista: "Então, seu lixo miserável, acha que pode se opor ao governo da cidade? Você não tem a mínima chance"[68].

Em Bamako (Mali), onde a propriedade comunitária da terra coexiste com o mercado imobiliário, supunha-se que a periferia da cidade, quando a necessidade surgisse, seria loteada entre os chefes de família, de acordo com as leis consuetudinárias. Em vez disso, como em Karachi, a nova casta burocrática

---

[64] Khaled Adham, "Cairo's Urban déjà-vu", em Yasser Elsheshtawy (org.), *Planning Middle Eastern Cities: An Urban Kaleidoscope in a Globalizing World* (Londres, Routledge, 2004), p. 157.

[65] Peter Nientied e Jan van der Linden, "The Role of the Government in the Supply of Legal and Illegal Land in Karachi", em Baken e van der Linden, *Land Delivery for Low Income Groups in Third World Cities*, p. 230, 237-8.

[66] Berner, "Learning from Informal Markets", p. 241.

[67] *Mu*: unidade que equivale a cerca de 670 metros quadrados. (N. R.)

[68] "Farmers Being Moved Aside by China's Booming Market in Real Estate", *New York Times*, 8/12/2004.

As ilusões da autoajuda

dominou o sistema. "Dois terços de todos os lotes distribuídos", constatou o pesquisador August van Westen,

> foram usados para revenda especulativa em vez de abrigar a família do proprietário. O problema é que a justaposição de dois modos conflitantes de oferta de terras – o primeiro, um sistema formalmente igualitário de loteamento público, o outro um mercado puramente comercial de títulos de propriedade já registrados – torna facílimo apurar lucros substanciais.

Corretores e funcionários públicos transformaram-se em grandes proprietários urbanos, enquanto parte crescente da população transformou-se em locatários ou ocupantes de "assentamentos ilegais [...] mantidos politicamente sob custódia de setores do sistema partidário constituído"[69].

Finalmente, até a ocupação de terras pode ser uma estratégia furtiva para a manipulação do valor da terra pela elite. Ao escrever sobre Lima na década de 1970, o geógrafo Manuel Castells descreveu a maneira pela qual os invasores eram usados pelos donos da terra como pioneiros urbanos.

> Com muita frequência, proprietários de terras e incorporadores privados manipularam as invasões para forçar a entrada de pedaços de terra no mercado imobiliário, obtendo das autoridades alguma infraestrutura urbana para os invasores e, assim, aumentando o valor dos terrenos e abrindo caminho para a construção lucrativa de casas. Num segundo estágio, os invasores são expulsos da terra que ocuparam e obrigados a começar tudo de novo na fronteira de uma cidade que se expandiu em consequência do seu esforço.[70]

Mais recentemente, Erhard Berner observou o mesmo processo de "invasões toleradas" em Manila, onde os invasores "convertem encostas áridas, campos marginais ou alagados pantanosos em terrenos habitáveis", aumentando assim o valor da terra para os proprietários que podem despejar os moradores ou aumentar muito o aluguel[71].

O fim da fronteira urbana?

O invasor de terras ainda é o principal símbolo humano, seja como vítima seja como herói, da cidade do Terceiro Mundo. Mas, como vimos no capítulo anterior, a era de ouro das invasões – de ocupação gratuita ou a baixo custo de terra urbana periférica – já tinha claramente se extinguido em 1990. Realmente,

---

[69] August van Westen, "Land Supply for Low-Income Housing: Bamako", em Baróss e Van der Linden, *The Transformation of Land Supply Systems in Third World Cities*, p. 93, 101-2.

[70] Manuel Castells, *The City and the Grassroots: A Cross-Cultural Theory of Urban Social Movements* (Berkeley, University of California Press, 1983), p. 191.

[71] Berner, "Learning from Informal Markets", p. 234-5.

Planeta Favela

já em 1984 um grupo de importantes especialistas em habitação que se reuniu em Bangcoc avisou que "a ocupação de terras sem custos é um fenômeno temporário" e que "as opções de solução informal [para a crise habitacional] já se reduziram e vão rapidamente reduzir-se ainda mais", conforme "organizações privadas poderosas e integradas" assumirem o controle da urbanização da periferia. Em sua opinião, a formalização de títulos de propriedade transferíveis (distintamente da garantia de posse) vinha na verdade acelerando o processo pelo qual os empresários que "contornaram ou corromperam" o processo de planejamento foram capazes de privatizar as invasões[72].

Alguns anos depois, Ellen Brennan repetiu o mesmo aviso:

> Muitas opções anteriormente disponíveis para as pessoas de baixa renda, como a terra pública sem uso, estão desaparecendo rapidamente, enquanto até mesmo o acesso à terra periférica torna-se cada vez mais restrito. Na verdade, os terrenos ociosos na franja urbana e em outros locais estão sendo reunidos e utilizados legal ou ilegalmente por empresas incorporadoras.

Brennan observou que o problema era igualmente agudo onde a maioria da terra estava em domínio público (Karachi e Délhi) e onde a periferia, em sua maior parte, era propriedade privada (Manila, Seul e Bangcoc)[73].

No mesmo período, Alan Gilbert escreveu, com pessimismo crescente, sobre o futuro papel das invasões e das moradias construídas pelo próprio morador como válvulas de escape para as contradições sociais das cidades latino-americanas. Previu que a confluência de urbanização irregular, estagnação econômica e custo do transporte tornaria a casa própria em favelas ou loteamentos periféricos menos atraente do que no passado: "Mais famílias ocuparão lotes menores, levarão mais tempo para construir sua casa e serão forçadas a viver mais tempo sem serviços públicos"[74]. Embora enfatizasse que o mercado imobiliário periférico ainda seria uma alternativa importante para famílias de classe média expulsas pelo preço de suas antigas moradias, Alain Durand-Lasserve, outra autoridade mundial em gerenciamento de terras, concordou com Brennan e Gilbert que a comercialização "impedira o acesso informal e praticamente gratuito à terra" de que os paupérrimos antes gozavam[75].

---

[72] Baróss e Jan van der Linden, "Introduction", em *The Transformation of Land Supply in Third World Cities*, p. 1, 2, 8.

[73] Brennan, "Urban Land and Planning Issues Facing the Third World", p. 75-6.

[74] Gilbert et al., *In Search of a Home*, p. 3.

[75] Alain Durand-Lasserve, "Articulation between Formal and Informal Land Markets in Cities in Developing Countries: Issues and Trends", em Baróss e van der Linden, *The Transformation of Land Supply in Third World Cities*, p. 50.

As ilusões da autoajuda

Por toda parte, os mais poderosos grupos locais de interesse – grandes incorporadoras, políticos e juntas militares – posicionaram-se de modo a aproveitar-se da venda de terrenos na periferia a migrantes pobres, assim como a assalariados urbanos. Por exemplo, uma amostra dos proprietários de terras na periferia de Jacarta revelou "que terrenos enormes, principalmente no distrito de Priangan, na serra, mudaram de mãos e hoje pertencem a generais indonésios e suas famílias, altos funcionários do governo e outros membros da classe alta indonésia"[76]. Do mesmo modo, na Cidade do México, onde a maioria das moradias nas favelas é construída hoje em antigos *ejidos* loteados, Keith Pezzoli verificou que "os *ejidatarios* saíram perdendo no processo de urbanização" ao mesmo tempo que "incorporadores e especuladores consolidam o controle da terra não construída"[77]. Em Bogotá, enquanto grandes incorporadoras implantam condomínios para a classe média na periferia, o valor da terra na orla urbana dispara para além do alcance dos pobres, e, no Brasil, a especulação toma conta de todas as categorias de terrenos, estimando-se que um terço do espaço para construções mantenha-se vago na expectativa de mais aumentos[78].

Na China, a orla urbana, como já foi dito, tornou-se arena de uma imensa luta social unilateral entre o governo das cidades e os fazendeiros pobres. Diante do apetite inexaurível das autoridades responsáveis pelo desenvolvimento por novas terras para zonas econômicas e subúrbios, os camponeses são afastados com quase nenhuma consideração nem indenização. Do mesmo modo, aldeias e bairros operários tradicionais são arrasados rotineiramente para construções mais luxuosas, muitas vezes com vantagens para autoridades e líderes partidários corruptos. Quando os moradores locais protestam, acabam tendo de enfrentar a polícia paramilitar e é comum terem de cumprir penas de prisão[79].

Enquanto isso, os pobres manilenhos foram empurrados ainda mais para a ilegalidade em razão do valor enlouquecido dos terrenos, que impede a moradia formal a uma minoria extensa da população. "Na década de 1980", descreve o historiador urbano-ambiental Greg Bankoff,

> o preço dos terrenos subiu 35 a 40 vezes em Cidade Quezon, 50 a 80 vezes em Makati, 250 a 400 vezes em Diliman e espantosas 2 mil vezes em Escolta. Em 1996, o centro comercial da cidade registrava um aumento anual de 50% e até o valor da terra nas áreas periféricas subiu 25%.[80]

---

[76] Evers e Korff, *Southeast Asian Urbanism*, p. 176.

[77] Pezzoli, *Human Settlements*, p. 15.

[78] Gilbert e Varley, *Landlord and Tenant*, p. 3, 5.

[79] Ver o quinto capítulo da excelente série de Jim Yardley sobre a desigualdade rural/urbana na China no *New York Times*, 8/12/2004.

[80] Greg Bankoff, "Constructing Vulnerability: The Historical, Natural and Social Generation of Flooding in Metropolitan Manila", *Disasters*, v. 27, n. 3, 2003, p. 232.

Planeta Favela

Em consequência, a habitação formal tornou-se inacessível para centenas de milhares de pobres. Com a inflação da terra atingindo até a distante orla urbana, as únicas opções aparentemente deixadas para os manilenhos mais pobres é arriscar-se a morrer na metrópole sujeita a inundações invadindo os leitos dos *esteros* ou as margens precárias dos rios ou ocupando os interstícios dos *barangays* mais ricos, onde o despejo violento é uma ameaça iminente.

Assim, em todo o Terceiro Mundo, a fronteira (John) turneriana de terra gratuita para os invasores pobres acabou: as "favelas da esperança" foram substituídas por latifúndios urbanos e pelo capitalismo clientelista. Por sua vez, a redução ou o fim das oportunidades de assentamento na orla urbana fora do mercado tem repercussões imensas na estabilidade das cidades pobres. No mesmo passo do percentual crescente de locatários, a consequência mais dramática a curto prazo foi a disparada da densidade populacional das favelas do Terceiro Mundo – a inflação da terra, no contexto do emprego formal estagnado ou em declínio, foi o êmbolo que causou essa compressão de pessoas. Megafavelas modernas como Kibera (Nairóbi) e Cité-Soleil (Porto Príncipe) atingiram densidades comparáveis à do gado de engorda confinado, acumulando mais residentes por metro quadrado em moradias de poucos andares do que nos famosos bairros de cortiços congestionados como o Lower East Side da Londres de 1900 ou nos núcleos de arranha-céus contemporâneos como Manhattan e o centro de Tóquio. Na verdade, a maior favela contemporânea da Ásia, Dharavi, em Mumbai, tem densidade máxima que é mais que o dobro das ruas de Nova York e Bombaim no século XIX, que Roy Lubove acreditava serem "os pontos mais apinhados da terra", no final da época vitoriana[81].

Essa implosão populacional urbana por meio do excesso de pessoas e do preenchimento incansável de espaços vagos chega a desafiar a credulidade. Nos *bustees* de Kolkata, por exemplo, não se sabe como uma média de 13,4 pessoas espremem-se em cada cômodo ocupado. A crer nas estatísticas municipais, Dharavi compacta inacreditáveis 44 mil pessoas por hectare em cômodos de 3 × 4,5 metros, empilhados uns sobre os outros[82]. Manshiyet Nasr, no sopé dos Montes Muqattam, a leste do Nilo, é apenas um pouco menos congestionada: mais de meio milhão de pessoas dividem meros 350 hectares. (Em sua borda sul, "em condições de degradação dantesca", segundo o *Financial Times*, os famosos *zabalim* catam lixo para sobreviver[83].) Enquanto isso, as favelas do Rio de Janeiro

---

[81] "Um certo distrito do 11º setor tinha 243.641 pessoas por quilômetro quadrado, e Koombarwara, em Bombaim, 187.722" (Roy Lubove, *The Progressives and the Slums: Tenement House Reform in New York City, 1890-1917*, Pittsburgh, Greenwood, 1962, p. 94).

[82] Sharma, *Rediscovering Dharavi*, p. XX, XXVII, 18.

[83] James Drummond, "Providing Collateral for a Better Future", *Financial Times*, 18/10/2001.

As ilusões da autoajuda

vêm se manhattanizando rapidamente em resposta à falta de terra ocupável e, assim, à demanda crescente por cômodos alugados. "Podemos ver, a par da periferização das favelas do Rio", escreve Suzana Taschner, "a verticalização das mais antigas, onde surgem prédios de quatro a seis andares, em geral para locação"[84].

Graças à comercialização do desenvolvimento da orla, a densificação tornou-se quase onipresente tanto na periferia quanto no núcleo urbano. Em Caracas, por exemplo, os *barrios* estão se tornando mais densos num ritmo de quase 2% ao ano; boa parte disso é crescimento vertical nas encostas. Os cientistas da Columbia University, ao pesquisar o risco de deslizamento de terras na cidade, espantaram-se com o desafio alpinístico de ser pobre na metrópole venezuelana. "Na verdade, os moradores têm de escalar o equivalente a 25 andares para chegar aos seus *ranchos*, e o morador médio do *barrio* leva quase 30 minutos a pé para alcançar o transporte público."[85] Em Bogotá, a expansão da zona de pobreza para o sul preservou a densidade elevada, apesar do aumento do tamanho das casas perto da periferia[86].

A maior favela de Lagos, Ajegunle, é um exemplo do pior dos mundos: superpopulação acoplada a extrema periferalidade. Em 1972, Ajegunle continha 90 mil pessoas em 8 quilômetros quadrados de terreno pantanoso; hoje, 1,5 milhão de pessoas moram numa área apenas levemente maior e gastam uma média infernal de três horas por dia para ir ao trabalho e voltar[87]. Do mesmo modo, na superpovoada Kibera, em Nairóbi, onde mais de 800 mil pessoas lutam por dignidade em meio à lama e ao esgoto, os favelados veem-se presos na armadilha do aumento dos aluguéis (por barracos que mais parecem galinheiros) e do custo crescente do transporte. Rasna Warah, em um texto escrito para o UN-Habitat, cita o caso de uma moradora típica de Kibera, vendedora ambulante de hortaliças, que gasta metade de sua renda mensal de 21 dólares com o transporte para ir até o mercado da cidade e voltar para casa[88].

A mercadorização da moradia e da terra urbana da próxima geração, numa metrópole demograficamente dinâmica mas pobre de empregos, é a receita teórica dos mesmíssimos círculos viciosos de superpopulação e aluguel sempre crescente já descritos em Londres e Nápoles do final da época vitoriana. Em outras palavras, as próprias forças do mercado que o Banco Mundial atualmente

---

[84] Suzana Taschner, "Squatter Settlements and Slums in Brazil", p. 196, 219.

[85] Urban Planning Studio, *Disaster Resistant Caracas*, p. 27.

[86] Mohan, Understanding the Developing Metropolis, p. 55.

[87] Peil, *Lagos*, p. 178; e idem, "Urban Housing and Services in Anglophone West Africa", p. 180.

[88] Rasna Warah, "Nairobi's Slums: Where Life for Women Is Nasty, Brutish and Short", *Habitat Debate*, v. 8, n. 3, set. 2002, não pag.

Planeta Favela

louva como solução para a crise habitacional urbana do Terceiro Mundo são as instigadoras clássicas dessa mesma crise. Mas o mercado raramente age sozinho. No próximo capítulo, trataremos da luta de classes pelo espaço urbano nas cidades do hemisfério sul e do papel da violência do Estado na mercadorização da terra. "Até agora", observa com amargor porém com precisão Erhard Berner, "os Estados foram bem mais eficazes na destruição da moradia de massa do que em sua construção"[89].

---

[89] Berner, "Learning from Informal Markets", p. 230.

5

Haussmann nos trópicos

> A causa básica da favelização urbana parece
> ser não a pobreza urbana, mas a riqueza urbana.
>
> Gita Verma[1]

A desigualdade urbana do Terceiro Mundo é visível até mesmo do espaço: o monitoramento de Nairóbi por meio de fotografias tiradas por satélite revela que mais da metade da população mora em apenas 18% da área da cidade[2]. Isso leva, naturalmente, a contrastes colossais de densidade populacional. "O abismo entre ricos e pobres em Nairóbi, uma das cidades mais desiguais do mundo", escreve o jornalista Jeevan Vasagar no *Guardian*, "é completamente ilustrado por seus bairros. No verdejante subúrbio de Karen, há menos de 360 habitantes por quilômetro quadrado, de acordo com o censo de 1999; partes de Kibera têm mais de 80 mil pessoas numa área do mesmo tamanho"[3]. Mas Nairóbi não detém a exclusividade de forçar os pobres a morar em favelas com densidade de formigueiro enquanto os ricos gozam de jardins e amplos espaços. Em Daca, estima-se que 70% da população concentram-se em apenas 20% da área urbana[4]. Do mesmo modo, em Santo Domingo (República Dominicana) dois terços da população, que moram em cortiços e terrenos invadidos, usam apenas um quinto do espaço urbano, com a oitava parte mais pobre da favela no centro da cidade comprimida em 1,6% da área da

---

[1] Gita Verma, *Slumming India*, p. XIX.

[2] G. Sartori, G. Nembrini e F. Stauffer, "Monitoring of Urban Growth of Informal Settlements and Population Estimation from Aerial Photography and Satellite Imagining", artigo isolado n. 6, Geneva Foundation, jun. 2002, não pag.

[3] Jeevan Vasagar, "Bulldozers Go in To Clear Kenya's Slum City", *The Guardian*, 20/4/2004.

[4] Shihabuddin Mahmud e Umut Duyar-Kienast, "Spontaneous Settlements in Turkey and Bangladesh: Preconditions of Emergence and Environmental Quality of Gecekondu Settlements and Bustees", *Cities*, v. 18, n. 4, 2001, p. 272.

Planeta Favela

cidade[5]. Mumbai, segundo alguns geógrafos urbanos, pode ser o extremo: "Enquanto os ricos têm 90% da terra e vivem com conforto e muitas áreas livres, os pobres moram espremidos em 10% da terra"[6].

Esses padrões polarizados de uso da terra e de densidade populacional recapitulam lógicas mais antigas de controle imperial e dominação racial. Em todo o Terceiro Mundo, as elites pós-coloniais herdaram e reproduziram com ganância as marcas físicas das cidades coloniais segregadas. Apesar da retórica de libertação nacional e justiça social, adaptaram com agressividade o zoneamento racial do período colonial para defender os seus próprios privilégios de classe e a exclusividade espacial.

Não surpreende que a África subsaariana seja o caso mais extremo. Em Acra, escreve Kwadwo Konadu-Agyemang, a

> elite nativa [depois da independência] assumiu os "cargos europeus" e todos os benefícios deles decorrentes e não só manteve o *status quo* como, por meio do zoneamento e de outros mecanismos de planejamento, criou várias outras áreas residenciais de classe alta cujo acesso é determinado por renda, posição social e influência.[7]

Do mesmo modo, em Lusaka, o modelo colonial serviu de base para a segregação quase total de autoridades governamentais e profissionais liberais africanos dos seus compatriotas mais pobres. Em Harare (Zimbábue), os políticos e funcionários públicos, quando se mudaram para os subúrbios e as cidades ajardinadas dos brancos a partir de 1980, passaram a ter participação cada vez maior na manutenção das barreiras espaciais e privilégios residenciais do *ancien régime*[8]. "O movimento desses negros", escreve Neil Dewar, geógrafo da Cidade do Cabo, "proporcionou um efeito de demonstração que pesou ainda mais contra a implementação final de um sistema socialista de fornecimento de moradias"[9].

---

[5] Edmundo Morel e Manuel Mejía, "The Dominican Republic", em Antonio Azuela, Emilio Duhau e Enrique Ortiz (orgs.), *Evictions and the Right to Housing: Experience from Canada, Chile, The Dominican Republic, South Africa, and South Korea* (Ottawa, International Development Research Center, 1998), p. 90; Fay e Wellenstein, "Keeping a Roof Over One's Head", p. 97.

[6] O'Hare, Abbott e Barke, "A Review of Slum Housing Policies in Mumbai", p. 276. Arjun Appadurai dá o número de 6 milhões de pobres em apenas 8% da área terrestre da cidade. ("Deep Democracy: Urban Governmentality and the Horizon of Politics", *Environment and Urbanization*, v. 13, n. 2, out. 2001, p. 27.)

[7] Konadu-Agyemang, *The Political Economy of Housing and Urban Development in Africa*, p. 73.

[8] Alison Brown, "Cities for the Urban Poor in Zimbabwe: Urban Space as a Resource for Sustainable Development", em Westendorff e Eade, *Development and Cities*, p. 269; Chalo Mwimba, "The Colonial Legacy of Town Planning in Zambia", trabalho apresentado na Conferência Planning Africa 2002, Durban, set. 2002, p. 6.

[9] Neil Dewar, "Harare: A Window on the Future for the South African City?", em Anthony Lemon (org.), *Homes Apart: South Africa's Segregated Cities* (Cidade do Cabo, David Philip, 1991), p. 198.

Haussmann nos trópicos

Enquanto isso, em Kinshasa, a "zairização" da ditadura de Mobutu nada fez para fechar o enorme abismo entre La Ville dos *blancs* (herdada pelos novos cleptocratas) e La Cité dos *noirs*. Lilongué, por sua vez, é uma nova cidade construída propositadamente a fim de exibir a independência de Malauí; ainda assim, segue de modo inabalável o modelo colonial de controle urbano. Segundo Allen Howard, "o presidente Hastings Kamuzu Banda supervisionou a sua construção e encarregou sul-africanos brancos e outros europeus do planejamento. O resultado foram padrões de segregação semelhantes ao *apartheid*, áreas residenciais 'em contêineres' e 'zonas-tampão'"[10]. Enquanto isso, Luanda, mais do que nunca, está polarizada entre a cidade de "asfalto", cedida pelos portugueses aos novos-ricos, e a vasta periferia de terra dos bairros e musseques pobres. Até Adis Abeba, uma das relativamente poucas cidades subsaarianas com origem autóctone, preservou a marca racista da sua rápida ocupação italiana entre 1936 e 1941, agora na forma de segregação econômica.

Na Índia, a independência pouco fez para alterar a geografia exclusivista do Raj. Kalpana Sharma, em seu livro no qual trata da maior favela da Ásia, *Rediscovering Dharavi* [A redescoberta de Dharavi], ressalta que "as desigualdades que definiam Bombaim como cidade portuária colonial continuam. [...] Há sempre investimento disponível para embelezar as áreas já beneficiadas da cidade. Mas não há dinheiro para fornecer sequer serviços básicos às áreas mais pobres"[11]. No caso da Índia urbana como um todo, Nandini Gooptu demonstrou como as classes médias "socialistas" do Partido do Congresso – que, durante as décadas de 1930 e 1940, glorificaram a *garib janata* (os pobres comuns) em termos abstratos – terminaram, depois da independência, como guardiãs da concepção colonial de exclusão urbana e separação social. Gooptu escreve: "Implícita ou explicitamente, negou-se aos pobres um lugar na vida cívica e na cultura urbana, pobres estes vistos como impedimento ao progresso e à melhoria da sociedade"[12].

A remoção dos "entraves humanos"

A segregação urbana não é um *status quo* inalterável, mas sim uma guerra social incessante na qual o Estado intervém regularmente em nome do "progresso", do "embelezamento" e até da "justiça social para os pobres", para redesenhar as fronteiras espaciais em prol de proprietários de terrenos, investidores estrangeiros, a elite com suas casas próprias e trabalhadores de classe média. Como na Paris da década de 1860 sob o reinado fanático do barão Haussmann, a reconstrução urbana ainda luta para maximizar ao mesmo tempo o lucro particular e o controle

---

[10] Allen Howard, "Cities in Africa, Past and Present", *Canadian Journal of African Studies*, v. 37, n. 2/3, 2003, p. 206.

[11] Sharma, *Rediscovering Dharavi*, p. 8.

[12] Gooptu, *The Politics of the Urban Poor in Twentieth-Century India*, p. 421.

Planeta Favela

social. A escala contemporânea de remoção populacional é imensa: todo ano centenas de milhares, por vezes milhões de pobres – tanto aqueles que têm a posse legal quanto os invasores – são despejados à força de bairros do Terceiro Mundo. Em consequência, os pobres urbanos são nômades, "moradores transitórios num estado perpétuo de realocação" (como o urbanista Tunde Agbola caracteriza o seu sofrimento em sua Lagos natal)[13]. E como os *sans-culottes* expulsos dos seus antigos *quartiers* por Haussmann – a quem Blanqui apostrofou uma famosa reclamação – "estão cansados de grandiosos atos homicidas [...] essa vasta troca de pedras pelas mãos do despotismo"[14]. Também estão exasperados com a antiga linguagem da modernização que os define como "entraves humanos" (para citar as autoridades de Dacar que expulsaram 90 mil moradores das *bidonvilles* centrais na década de 1970)[15].

É claro que os conflitos de classe mais intensos por espaço urbano ocorrem no centro das cidades e nos principais entroncamentos urbanos. Em um estudo exemplar, Erhard Berner discute o caso de Manila, onde os valores globalizados da propriedade colidem com a necessidade desesperada dos pobres de morar perto das fontes centrais de renda.

> A área metropolitana de Manila [é] uma das regiões mais densamente povoadas do mundo. O preço do metro quadrado próximo aos centros comerciais excede muito a renda anual de qualquer motorista de *jeepney* [micro-ônibus construídos com base em jipes] ou guarda de segurança. Mas a própria natureza das possibilidades de gerar renda exige que se fique perto de onde está a ação, porque a distância do local de trabalho leva a um custo proibitivo de tempo e dinheiro. [...] O resultado lógico é a invasão generalizada de terrenos. Praticamente todas as lacunas deixadas pelo desenvolvimento da cidade são imediatamente preenchidas com assentamentos provisórios que batem todos os recordes de densidade populacional.[16]

Os vendedores ambulantes e outros empresários informais também enchem as praças centrais, as esquinas e os parques de Manila. Berner descreve o fracasso dos mecanismos de mercado e até da segurança privada, que não conseguem impedir essa invasão de pobres que, afinal, estão apenas se comportando como agentes econômicos racionais – no final das contas, os donos dos terrenos dependem da repressão estatal para manter a distância invasores e vendedores ambulantes, assim como para ajudar a despejar populações residuais de locatários da classe trabalhadora e moradores de cortiços.

---

[13] Tunde Agbola, *Architecture of Fear* (Ibadã, African Book, 1997), p. 51.

[14] Auguste Blanqui, "Capital et travail", 1885, citado em Walter Benjamin, *The Arcades Project* (Cambridge, Cambridge University Press, 2002), p. 144.

[15] Stren, "Urban Housing in Africa", p. 38.

[16] Berner, *Defending a Place*, p. XV.

Haussmann nos trópicos

Sejam quais forem a feição política e os diversos níveis de tolerância à ocupação de terras e ao assentamento informal em sua periferia, a maioria dos governos de cidades do Terceiro Mundo está permanentemente engajada num conflito com os pobres das áreas centrais. Em algumas cidades – o Rio de Janeiro é um caso famoso –, a limpeza das favelas já tem gerações, mas tomou ímpeto irresistível na década de 1970, quando o valor dos terrenos explodiu. Alguns governos metropolitanos – Cairo, Mumbai, Délhi e Cidade do México, para citar alguns poucos – construíram cidades-satélite para induzir os moradores pobres a se mudar para a periferia, mas, na maioria dos casos, as novas cidades simplesmente sugaram mais população do campo adjacente (ou, no caso da Nova Bombaim, trabalhadores de classe média), enquanto os pobres urbanos tradicionais agarravam-se desesperadamente aos bairros mais próximos dos empregos e serviços localizados no centro. Como resultado, invasores e locatários, por vezes até mesmo pequenos proprietários, são rotineiramente despejados sem cerimônia, indenização nem direito a recurso. Nas grandes cidades do Terceiro Mundo, o papel panóptico coercitivo de "Haussmann" costuma ser desempenhado por órgãos especializados de desenvolvimento; subvencionados por financiadores estrangeiros como o Banco Mundial e imunes aos vetos locais, a sua tarefa é limpar, construir e defender ilhas de cibermodernidade em meio a necessidades urbanas não atendidas e ao subdesenvolvimento em geral.

O urbanista Solomon Benjamin estudou o exemplo de Bangalore, onde a Agenda Task Force, que dirige a tomada geral de decisões estratégicas, encontra-se firme nas mãos do ministro-chefe e obedece aos interesses das grandes empresas, com quase nenhuma obrigação de prestar contas aos representantes locais eleitos.

> O zelo da elite política para transformar Bangalore numa Singapura resultou em grandes despejos e expulsões e na demolição de assentamentos, principalmente de aglomerações de pequenas empresas em locais urbanos produtivos. Os terrenos demolidos são destinados pelo planejamento central a grupos de interesse de renda mais alta, inclusive grandes empresas.[17]

Do mesmo modo, em Délhi – onde Banashree Chatterjimitra verifica que o governo "subverteu os objetivos de oferecer terrenos para habitações de baixa renda", permitindo que fossem usurpados pela classe média –, o órgão de desenvolvimento transformou quase meio milhão de invasores em alvo de despejo ou "reassentamento voluntário"[18]. A capital indiana constitui uma brutal

---

[17] Solomon Benjamin, "Globalization's Impact on Local Government", *UN-Habitat Debate*, v. 7, n. 4, dez. 2001, p. 25.

[18] Banashree Chatterjimitra, "Land Supply for Low-Income Housing in Delhi", em Baken e van der Linden, *Land Delivery for Low Income Groups in Third World Cities*, p. 218-29; Neelima Risbud, "Policies for Tenure Security in Delhi", p. 61.

Planeta Favela

confirmação da tese de Jeremy Seabrook de que "a palavra 'infraestrutura' é o novo codinome da eliminação sem cerimônia dos frágeis abrigos dos pobres"[19]. Espalhando-se pelas margens do rio Yamuna, em Délhi, Yamuna Pushta é uma grande e paupérrima *jhuggi* (cidade de invasores) de 150 mil habitantes, que abriga principalmente refugiados bengalis muçulmanos. Apesar de protestos e quebra-quebras, a limpeza da área começou em 2004 para abrir espaço a um parque à beira-rio e a instalações turísticas. Enquanto o governo deleita-se com os elogios internacionais ao seu novo "plano verde", os moradores são levados de caminhão por 20 quilômetros até uma nova favela periférica, apesar de evidências oficiais, segundo o *Hindustan Times*, que "revelaram que tirar da capital os moradores do *jhuggi* reduziu em cerca de 50% a renda média das famílias removidas"[20]. "Temos de gastar pelo menos metade do que ganhamos para ir e voltar do local de trabalho na cidade", queixaram-se os despejados ao repórter de outro jornal[21].

A África urbana, é claro, tem sido cenário de frequentes êxodos forçados para abrir caminho a autoestradas e condomínios de luxo. Um dos casos mais conhecidos e entristecedores, que rivaliza com a demolição de Sofiatown e Crossroads pelo *apartheid*, foi a destruição de Maroko, em Lagos, em 1990. Antiga aldeia de pescadores na extremidade pantanosa da península de Lekki, Maroko foi criada por pobres desalojados no final da década de 1950 "para que a ilha Victoria e Ikoyi pudessem ser drenadas a fim de construir residências para europeus e africanos ricos". Embora empobrecida, Maroko ficou famosa pela sua *joie de vivre* popular, seu humor negro e sua música magnífica. No início da década de 1980, a própria península de Lekki, antes marginal, passou a ser considerada um local de excelência para a construção de residências de alto padrão. A demolição de Maroko, em 1990, deixou 300 mil sem-teto[22]. "Poucos nigerianos vivos", escreve o poeta Odia Ofeimun, "conseguem esquecer o sentimento de traição e o trauma da separação provocado quando isso aconteceu sob o tacão das botas militares. Esse sentimento foi consagrado pela literatura nigeriana em poesia, teatro e prosa."[23]

Sob o regime de Daniel Arap Moi, os chefes políticos e proprietários influentes de favelas de Nairóbi tiveram permissão de construir casas de cômodos em

---

[19] Seabrook, *In the Cities of the South*, p. 267.

[20] Varun Soni, "Slumming It", *Hindustan Times*, 24/10/2003.

[21] Ranjit Devraj, "No Way but Down for India's Slum Dwellers", *Asia Times*, 20/7/2000.

[22] Margaret Peil, "Urban Housing and Services in Anglophone West Africa", p. 178.

[23] Odia Ofeimun, "Invisible Chapters and Daring Visions", *This Day*, 31/7/2003. Alguns exemplos: Ogaga Ifowodo, *Red Rain* (originalmente, *Maroko's Blood*); Maik Nwosu, *Invisible Chapters*; J. P. Clark, "Maroko" (em *A Lot From Paradise*); e o delirante e maravilhoso *Graceland*, de Chris Abani.

Haussmann nos trópicos

terras públicas destinadas à construção de estradas, até mesmo numa faixa de 60 metros que passava pelo coração de Kibera. Agora o governo pós-Moi do presidente Mwai Kibaki quer "restaurar a ordem" do planejamento expulsando mais de 300 mil locatários e invasores[24]. Durante as recentes demolições, os moradores – muitos dos quais persuadidos a investir todas as suas economias na compra de lotes já destinados à construção de estradas – souberam pela bem armada polícia que tinham apenas duas horas para abandonar suas casas[25].

Quando se trata de recuperar terras valorizadas, símbolos ideológicos e promessas feitas aos pobres significam pouquíssimo para os burocratas do poder. Por exemplo, em Kolkata, com seu governo comunista, os invasores foram despejados do centro para a orla, e depois expulsos novamente quando era necessário criar espaço para loteamentos de classe média. Como observa a planejadora Ananya Roy, "a fronteira territorial da região de Calcutá passou a ser marcada por ciclos implacáveis de assentamento, despejo e reassentamento"[26]. Do mesmo modo, o regime ex-"marxista" do Movimento Popular de Libertação de Angola (MPLA) nem sequer pisca no momento de despejar milhares de luandas pobres de seus barracos. Como explica Tony Hodges, da Unidade de Informações do *Economist*,

> entre 80% e 90% dos moradores urbanos vivem em assentamentos ou construções que não têm situação legal claramente definida. [...] O problema é ainda mais grave para os moradores das favelas das áreas periurbanas, onde reside hoje a maioria dos habitantes das cidades. Nesses assentamentos informais, um número imenso de invasores, muitos deles *deslocados* ou migrantes das áreas rurais, não tem documentos legais e, portanto, nenhuma garantia de posse. Em consequência, vive em permanente temor do despejo [...].

Esse temor tem fundamento: em julho de 2001, os governos das províncias enviaram policiais armados e tratores para expulsar mais de 10 mil famílias da favela Boavista, na baía de Luanda, para abrir espaço a um projeto de casas de luxo. Dois moradores foram mortos; o restante foi levado de caminhão para o campo, a 40 quilômetros de seus antigos lares, e lá abandonado à conta da sorte[27].

No entanto, as contradições mais extraordinárias entre a ideologia residual e a prática corrente acontecem na China, onde o Estado ainda supostamente "socialista" permite que as máquinas do crescimento urbano desalojem milhões

---

[24] Vasagar, "Bulldozers Go in to Clear Kenya's Slum City".

[25] Ver artigos em *The East African Standard*, Nairóbi, 8-9/2/2004.

[26] Ananya Roy, "The Gentleman's City: Urban Informality in the Calcutta of New Communism", em Roy e Al Sayyad, *Urban Informality*, p. 159.

[27] Hodges, *Angola*, p. 30-1.

Planeta Favela

Tabela 5.1[28]
Algumas famosas remoções de favelas

Ano(s)	Cidade	Número de removidos
1950	Hong Kong	107 mil
1965-1974	Rio de Janeiro	139 mil
1972-1976	Dacar	90 mil
1976	Mumbai	70 mil
1986-1992	Santo Domingo	180 mil
1988	Seul	800 mil
1990	Lagos	300 mil
1990	Nairóbi	40 mil
1995-1996	Yangon	1 milhão
1995	Pequim	100 mil
2001-2003	Jacarta	500 mil
2005	Harare	750 mil

de antigos heróis da História. Num artigo que leva à reflexão, no qual a recente reforma dos bairros pobres do centro das cidades da República Popular da China é comparada à renovação urbana dos Estados Unidos no final dos anos 1950 e início dos 1960, Yan Zhang e Ke Fang afirmam que Xangai forçou o reassentamento de mais de 1,5 milhão de cidadãos entre 1991 e 1997 para abrir espaço a arranha-céus, prédios de luxo, shopping centers e nova infraestrutura; no mesmo período, quase 1 milhão de moradores da cidade velha de Pequim foram empurrados para as cercanias[29].

No princípio, a reforma urbana na China de Deng Xiaoping, como nos Estados Unidos de Harry Truman, consistia de projetos-piloto habitacionais que pareciam representar pouca ameaça ao tecido urbano tradicional.

No entanto, quando as localidades ampliaram esses experimentos e aceleraram o ritmo da reforma habitacional, não havia nos programas a previsão de limitar as moradias a preço de mercado e o uso não residencial. Assim, a moradia de renda média e baixa logo se viu desfavorecida; os incorporadores exploraram a brecha para construir o máximo possível de apartamentos de luxo e prédios comerciais. Em alguns casos, como no projeto Hubeikou [Pequim], alguns moradores originais puderam pagar para voltar. Em outros, como na Nova Praça Oriental, não se construiu nenhuma moradia; em vez disso, brotou ali o maior complexo comercial da Ásia.[30]

---

[28] Tabela produzida com base em diversas fontes jornalísticas, numerosas demais para ser citadas.

[29] Yan Zhang e Ke Fang, "Is History Repeating Itself? From Urban Renewal in the United States to Inner-City Redevelopment in China", *Journal of Planning Education and Research*, n. 23, 2004, p. 286-9.

[30] Idem.

O belo da cidade

No Terceiro Mundo urbano, os pobres temem os eventos internacionais de alto nível – conferências, visitas de dignitários, eventos esportivos, concursos de beleza e festivais internacionais –, que levam as autoridades a iniciar cruzadas de limpeza da cidade: os favelados sabem que são a "sujeira" ou a "praga" que seus governos preferem que o mundo não veja. Durante a comemoração da Independência nigeriana em 1960, por exemplo, um dos primeiros atos do novo governo foi murar a estrada até o aeroporto para que a princesa Alexandra, representante da rainha Elizabeth, não visse as favelas de Lagos[31]. Hoje, é mais provável que os governos melhorem a paisagem demolindo as favelas e despejando da cidade os seus moradores.

Os manilenhos têm horror especial a tais "campanhas de embelezamento". Durante o domínio de Imelda Marcos no governo da cidade, os favelados foram sucessivamente expulsos da rota dos desfiles do Concurso de Miss Universo, em 1974, da visita do presidente Gerald Ford, em 1975, e da reunião do FMI–Banco Mundial, em 1976[32]. No total, 160 mil invasores foram removidos para fora do campo de visão da mídia, muitos deles abandonados nos arredores de Manila, a 30 quilômetros ou mais dos seus antigos lares[33]. O subsequente "Poder Popular" de Corazón Aquino foi ainda mais impiedoso: cerca de 600 mil invasores foram despejados durante o mandato de Aquino, em geral sem locais de reassentamento[34]. Apesar das promessas de campanha de preservar a moradia dos pobres urbanos, o sucessor de Aquino, Joseph Estrada, continuou os despejos em massa: 22 mil barracos foram destruídos, somente na primeira metade de 1999[35]. Então, durante os preparativos para a cúpula da Associação de Nações do Sudeste Asiático (Asean), as equipes de demolição atacaram, em novembro de 1999, a favela de Dabu-Dabu, em Pasay. Quando 2 mil moradores formaram uma parede humana, veio uma força de elite armada com fuzis M16 que matou quatro pessoas e feriu vinte. As casas e seu conteúdo foram completamente incendiados, e os habitantes miseráveis de Dabu-Dabu reassentados num lugar às margens de um esgoto, onde seus filhos logo foram vítimas de doenças gastrintestinais fatais[36].

---

[31] Ben Omiyi, *The City of Lagos: Ten Short Essays* (Nova York, Vantage Press, 1995), p. 48.

[32] Erhard Berner, "Poverty Alleviation and the Eviction of the Poorest", *International Journal of Urban and Regional Research*, v. 24, n. 3, set. 2000, p. 559.

[33] Drakakis-Smith, *Third World Cities*, p. 28.

[34] Berner, *Defending a Place*, p. 188.

[35] Task Force Detainees of the Philippines (TFDP-AMRSP), "Urban Poor, Demolition and the Right to Adequate Housing", artigo para discussão, Manila, 2000.

[36] Helen Basili, "Demolition – the Scourge of the Urban Poor", *Transitions* (boletim do Service for the Treatment and Rehabilitation of Torture and Trauma Survivors), n. 6, maio 2000.

Planeta Favela

Como presidente em um trono construído por fuzileiros navais norte-americanos em 1965, Juan Balaguer, da República Dominicana, ficou famoso como "o Grande Expulsor". Quando voltou ao poder em 1986, o idoso autocrata decidiu reconstruir Santo Domingo como preparação para o quinto centenário da descoberta do Novo Mundo por Colombo e para a visita do papa. Com o apoio de governos e fundações da Europa, iniciou uma série de projetos monumentais sem precedentes na história dominicana: o Farol Colombo, a Plaza de Armas e um arquipélago de novos loteamentos de classe média. Além de se monumentalizar, Balaguer também pretendia haussmannizar os núcleos tradicionais de resistência urbana. Seu principal alvo foi a imensa área de baixa renda de Sabana Perdida, na cidade alta a nordeste do centro da cidade. "O plano", escrevem pesquisadores que trabalhavam em Sabana Perdida, "era livrar-se de elementos incômodos dos *barrios* operários da cidade alta, empurrando-os para os arredores. A lembrança das revoltas de 1965 e dos distúrbios de 1984 indicou que seria mais sábio eliminar esse centro de oposição e protesto político"[37].

Depois de enormes protestos da coordenadora de direitos do *barrio*, com o apoio da Comissão de Direitos Humanos da ONU, a cidade alta foi salva, mas realizaram-se demolições extensas, que várias vezes envolveram o Exército, no centro, sudoeste e sudeste de Santo Domingo. Entre 1986 e 1992, quarenta *barrios* foram arrasados, e 180 mil moradores removidos. Num importante relatório sobre a demolição dos bairros, Edmundo Morel e Manuel Mejía descreveram a campanha de terror do governo contra os pobres.

> As casas eram demolidas enquanto os habitantes ainda estavam dentro delas, ou quando os donos estavam fora; tropas de choque paramilitares costumavam intimidar e aterrorizar as pessoas e obrigá-las a abandonar seus lares; bens domésticos eram vandalizados ou roubados; as ordens de despejo só eram entregues no mesmo dia em que a família seria removida; pessoas eram sequestradas; grávidas e crianças eram submetidas a violência física; os serviços públicos dos *barrios* eram cortados, numa tática de pressão; as famílias eram insultadas e ameaçadas; e a polícia agia como juiz.[38]

Os modernos Jogos Olímpicos têm uma história especialmente sinistra, mas pouco conhecida. Durante os preparativos para os Jogos de 1936, os nazistas expurgaram impiedosamente os sem-teto e favelados de áreas de Berlim que talvez pudessem ser avistadas pelos visitantes internacionais. Embora os Jogos subsequentes, inclusive os da Cidade do México, de Atenas e Barcelona, tenham sido acompanhados por renovação urbana e despejos, os jogos de Seul, em 1988, foram realmente sem precedentes na escala da perseguição oficial aos pobres, quer fossem donos de sua própria casa, invasores ou locatários: cerca de 720 mil pessoas

---

[37] Morel e Mejía, "The Dominican Republic", p. 85.

[38] Ibidem, p. 95-7.

Haussmann nos trópicos

foram removidas em Seul e Incheon, levando uma ONG católica a afirmar que a Coreia do Sul rivalizava com a África do Sul como "o país no qual o despejo à força é mais violento e desumano"[39].

Pequim parece estar seguindo o precedente de Seul em seus preparativos para os Jogos de 2008: "350 mil pessoas serão reassentadas para abrir espaço apenas para a construção de estádios"[40]. A Human Rights Watch chamou a atenção para a ampla concordância oculta entre incorporadores e planejadores oficiais, que manipulam a excitação patriótica inerente aos Jogos Olímpicos para justificar os despejos em massa e a ocupação egoísta de terrenos no coração de Pequim[41]. Anne-Marie Broudehoux, em seu célebre livro *The Making and Selling of Post-Mao Beijing* [Criação e venda da Pequim pós-Mao] (2004), afirma que, no capitalismo de Estado da China, a preferência atual é esconder a pobreza por detrás de fachadas do "tipo Potemkin" e não reduzi-la substancialmente. Ela prevê que o planejamento dos Jogos Olímpicos vai repetir a experiência traumática (e, para o operariado, sombriamente irônica) da comemoração do quinquagésimo aniversário da Revolução Chinesa.

> Durante mais de dois anos, os beijineses sofreram a desorganização causada pelas diversas campanhas de embelezamento iniciadas para camuflar as feridas sociais e físicas da cidade. Centenas de casas foram demolidas, milhares de pessoas despejadas, e bilhões de iuanes dos contribuintes foram gastos para construir uma fachada de ordem e progresso. Para garantir que as cerimônias cuidadosamente planejadas se realizassem com perfeição, a capital foi levada a uma paralisação enquanto durou a semana de festividades. Os moradores de Pequim receberam ordens de ficar em casa e acompanhar a festa pela televisão, como fizeram na cerimônia de abertura dos Jogos Asiáticos.[42]

No entanto, o programa mais orwelliano de "embelezamento urbano" da Ásia em tempos recentes foi, sem dúvida, a preparação de "1996, Ano de visita a Mianmá", realizada em Yangon e Mandalay pela ditadura militar da Birmânia [Mianmá], sustentada pela heroína. Um milhão e meio de moradores – inacreditáveis 16% do total da população urbana – foram removidos dos seus lares (frequentemente, por incêndios provocados pelo Estado) entre 1989 e 1994 e enviados para cabanas de bambu e palha construídas a toda a pressa na peri-

---

[39] Catholic Institute for International Relations, *Disposable People: Forced Evictions in South Korea* (Londres, Catholic Institute for International Relations,1988), p. 56.

[40] Asian Coalition for Housing Rights, *Housing by People in Asia* (boletim), 15/10/2003, p. 12.

[41] Ver Human Rights Watch, relatório atual, e "Demolished: Forced Evictions and the Tenants' Rights Movement in China", disponível em hrw.org/reports/2004/china.

[42] Anne-Marie Broudehoux, *The Making and Selling of Post-Mao Beijing* (Nova York, Columbia University Press, 2004), p. 162.

Planeta Favela

feria urbana, agora rebatizada com o horripilante nome de "Novos Campos". Ninguém tinha ideia de quando chegaria a sua vez, e até mesmos os mortos foram removidos dos cemitérios. Em seu livro *Karaoke Fascism* [Fascismo de karaokê], Monique Skidmore descreve cenas violentas ocorridas em Yangon e Mandalay, que fazem lembrar o famoso despovoamento de Phnom Penh, por Pol Pot. "Quarteirões inteiros da cidade desaparecem em questão de dias, a população é carregada em caminhões e realojada à força nos novos povoados que o governo criou em campos de arroz fora das principais cidades." Os bairros urbanos foram substituídos por projetos como o novo Campo de Golfe de Yangon, destinado a turistas ocidentais e empresários japoneses. "Os generais removeram uma comunidade que estava no local havia quarenta anos. Aqueles que resistiram foram presos ou levados à força para um povoado a 24 quilômetros de distância."[43]

Skidmore argumenta que esse deslocamento espacial constante tornou-se a base da "política de medo" do regime.

> Com a troca de nome, a reconstrução e a remoção de marcos conhecidos e a forte presença do Exército com seu arsenal, o conselho militar impõe uma nova configuração espacial a Yangon [...], suprimindo bairros potencialmente democráticos, demolindo as partes pobres da cidade e criando novos centros urbanos que imortalizam o princípio do autoritarismo.

Em vez dos bairros tradicionais e dos prédios históricos, a lavagem do dinheiro das drogas financia arranha-céus de vidro e concreto ("narcoarquitetura"), hotéis para turistas com moeda forte e extravagantes condomínios-pagodes. Yangon tornou-se um pesadelo que combina uma "terra mágica budista para turistas", um quartel gigantesco e um cemitério: é uma "paisagem que glorifica o controle e a visão autoritária dos seus líderes"[44].

A criminalização da favela

É claro que a estratégia de limpeza urbana dos generais birmaneses tem precedentes sinistros no hemisfério ocidental. Nas décadas de 1960 e 1970, por exemplo, as ditaduras militares do Cone Sul declararam guerra às favelas e *campamientos* que viam como centros de potencial resistência ou como simples obstáculos ao aburguesamento urbano. Assim, escrevendo sobre o Brasil pós-1964, Suzana Taschner diz: "o início do período militar caracterizou-se por uma atitude autoritária, com a remoção compulsória de assentamentos de

---

[43] Skidmore, *Karaoke Fascism*, p. 88. Ver também o arquivo sobre a Birmânia (Burma), disponível em <www.idpproject.org>.

[44] Skidmore, *Karaoke Fascism*, p. 84-5, 89, 159-60.

Haussmann nos trópicos

invasores com a ajuda das forças de segurança pública". Evocando a ameaça de um minúsculo foco urbano de guerrilheiros marxistas, os militares arrasaram oitenta favelas e expulsaram quase 140 mil pobres dos morros que dominam o Rio[45]. Com o apoio financeiro da United States Agency for International Development (Usaid), outras favelas foram demolidas mais tarde para abrir espaço à expansão industrial ou para "embelezar" as fronteiras das áreas de renda mais alta. Embora as autoridades fracassassem em seu objetivo de eliminar todas as "favelas do Rio em uma década", a ditadura deflagrou conflitos entre os bairros burgueses e as favelas e entre a polícia e a juventude favelada que continuam a vicejar três décadas mais tarde[46].

Enquanto isso, em Santiago, em 1973, um dos primeiros atos da ditadura de Pinochet, depois de assassinar os líderes da Esquerda Popular, foi restabelecer a hegemonia da classe média no centro da cidade com a remoção de invasores (cerca de 35 mil famílias) das *poblaciones* e *callampas* que o governo Allende tolerara[47]. "O objetivo afirmado às claras", diz Hans Harms, pesquisador de organizações comunitárias, "era criar 'áreas socioeconômicas homogêneas na cidade'. [...] Criou-se um clima de isolamento e medo com o desmantelamento de todas as associações de bairro nos trinta anos da ditadura militar de Pinochet"[48]. Depois do renascimento do ativismo político em 1984, o regime voltou a soltar as equipes de demolição contra os *pobladores* em outra rodada de "erradicações"; o resultado cumulativo, como explica Cathy Schneider em sua importante história da resistência comunitária à ditadura, foi forçar os despejados e as jovens famílias a morar com amigos ou parentes. "O percentual de famílias que moram como *allegados* (com mais de três pessoas por cômodo) subiu de 25% em 1965 para 41% em 1985"[49].

A estratégia de remoção das favelas como parte do combate à subversão foi adotada pela primeira vez na Argentina, na época da Junta Militar de 1967-1970. Como enfatizou Cecilia Zanetta, o Plan de Erradicación de Villas de Emergencia do governo visava especificamente ao autogoverno radicalizado das favelas, e os despejados foram obrigados a se submeter a uma fase de "ajuste social", antes de serem reassentados na periferia. No entanto, essa primeira tentativa militar de impedir o povoamento informal só teve sucesso parcial e, com a restauração do

---

[45]   Taschner, "Squatter Settlements and Slums in Brazil", p. 205.

[46]   Michael Barke, Tony Escasany e Greg O'Hare, "Samba: A Metaphor for Rio's Favelas", *Cities*, v. 18, n. 4, 2001, p. 263.

[47]   Alfredo Rodriguez e Ana Maria Icaza, "Chile", em Azuela, Duhau e Ortiz, *Evictions and the Right to Housing*, p. 51.

[48]   Harms, "To Live in the City Centre", p. 198.

[49]   Cathy Schneider, *Shantytown Protest in Pinochet's Chile* (Filadélfia, Temple University Press, 1995), p. 101.

Planeta Favela

governo civil no início da década de 1970, as favelas voltaram a ser incubadoras da agitação socialista e peronista radical. Quando os generais voltaram ao poder em março de 1976, estavam decididos a destruir as *villas miserias* de uma vez por todas; durante os anos terríveis de El Proceso, o controle dos aluguéis foi eliminado, 94% dos assentamentos "ilegais" da Grande Buenos Aires foram arrasados e 270 mil pobres ficaram sem teto. Organizadores de base, entre os quais tanto leigos católicos quanto esquerdistas, foram sistematicamente "desaparecidos". Como no Chile, a liquidação da resistência social das favelas aconteceu de mãos dadas com a reciclagem especulativa das terras urbanas recém-conquistadas e, assim, as erradicações concentraram-se segundo um estudo, principalmente, "na capital e ao norte da área metropolitana de Buenos Aires, onde o valor dos terrenos era mais alto"[50].

No Egito, a década de 1970 também foi uma época de feroz repressão do Estado contra comunidades urbanas "subversivas"[51]. Um exemplo famoso ocorreu depois dos distúrbios de janeiro de 1977 contra o FMI no Cairo. A política neoliberal fracassada da *infitah* de Anuar al Sadat produzira um déficit imenso que tanto Jimmy Carter quanto o FMI pressionaram o presidente egípcio a corrigir. "Para sanar esse abismo", escreve a jornalista Geneive Abdo, "Sadat foi forçado a dar fim aos subsídios ou a sangrar os mais abonados com impostos elevados sobre a renda pessoal. A burguesia, um eleitorado fundamental, era importante demais para Sadat e, assim, o Estado optou por cortar pela metade os subsídios [aos alimentos básicos para os pobres]"[52]. Por sua vez, os cairotas, furiosos, atacaram símbolos visíveis do estilo de vida luxuoso da *infitah*, como hotéis cinco estrelas, cassinos, boates e lojas de departamentos, além de delegacias de polícia. Oitenta pessoas morreram durante o levante e quase mil ficaram feridas.

Depois de encher as cadeias de esquerdistas (em uma repressão cujo efeito colateral foi propiciar o surgimento dos islamitas radicais no Egito), Sadat concentrou a sua ira na favela Ishash al-Turguman, no distrito de Bulaq, próximo do centro do Cairo, como fonte do que chamava de "levante de ladrões liderados por comunistas". Sadat disse aos jornalistas estrangeiros que a área era literalmente um ninho de subversão no qual se escondiam os comunistas "onde era impossível alcançá-los, já que as ruas estreitas impediam o uso de carros da polícia"[53]. A antropóloga Farha Ghannam diz que Sadat, como Napoleão III em sua época,

---

[50] Cecilia Zanetta, *The Influence of the World Bank on National Housing and Urban Policies: the Case of Mexico and Argentina in the 1990s* (Aldershot, Ashgate, 2004), p. 194-6.

[51] Harris e Wahba, "The Urban Geography of Low-Income Housing", p. 68.

[52] Geneive Abdo, *No God but God: Egypt and the Triumph of Islam* (Oxford, Oxford University Press, 2000), p. 129-30.

[53] Farha Ghannam, *Remaking the Modern: Space, Relocation, and the Politics of Identity in a Global Cairo* (Berkeley, University of California Press, 2002), p. 38.

Haussmann nos trópicos

queria "o centro da cidade replanejado para permitir controle e policiamento mais eficazes". Os habitantes estigmatizados de Ishash al-Turguman foram divididos em dois grupos e expulsos para partes diferentes da periferia, enquanto o seu bairro tornou-se um estacionamento. Ghannam argumenta que o expurgo de Bulaq foi o primeiro passo de uma ideia ambiciosíssima, que Sadat não tinha tempo nem recursos para realmente implantar: reconstruir Cairo "usando Los Angeles e Houston como modelos"[54].

Desde a década de 1970, tornou-se lugar-comum para os governos do mundo todo justificar a remoção das favelas como modo indispensável de combater o crime. Além disso, as favelas costumam ser consideradas uma ameaça simplesmente por serem invisíveis para a vigilância do Estado e, com efeito, estarem "fora do panóptico". Assim, em 1986, quando o presidente zâmbio Kenneth Kaunda ordenou demolições e despejos em toda Lusaka, afirmou que isso se dava porque "a maioria dos que cometem crimes encontra refúgio nas comunidades não autorizadas, pois, em virtude de sua existência, faltam-lhes sistemas apropriados de monitoramento"[55].

A legislação da época colonial também costuma ser usada para justificar expulsões. Na Cisjordânia, por exemplo, o exército israelense invoca rotineiramente estatutos britânicos e até mesmo otomanos para expulsar famílias e explodir as casas de "terroristas". Do mesmo modo, Kuala Lumpur, tentando atingir a meta de ficar "livre de favelas" em 2005, usou poderes policiais derivados do estado de emergência da década de 1950, quando os britânicos destruíram comunidades de invasores chineses sob a alegação de serem fortalezas comunistas. Agora, as leis contra a subversão servem ao que foi descrito por ativistas de Kuala Lumpur como "grilagem maciça e corrupta" de políticos e incorporadores: "em 1998, metade dos invasores de terras da cidade foram expulsos, deixando 129 mil pessoas na miséria e amedrontadas em 220 assentamentos"[56]. Enquanto isso, o governo de Daca usou o assassinato de um policial por uma gangue em 1999 como pretexto para pôr no chão dezenove "favelas criminosas" e despejar 50 mil pessoas nas ruas[57].

É claro que a "segurança" de Pequim foi um dos pretextos do massacre de 1989 na praça Tiananmen; seis anos depois, tornou-se desculpa oficial para a dispersão violenta da Aldeia Zhejiang, favela que se espalhava pela orla sul da capital. ("Tradicionalmente", observa o escritor Michael Dutton, "a parte sul

---

[54] Ibidem, p. 135.

[55] Mpanjilwa Mulwanda e Emmanuel Mutale, "Never Mind the People, the Shanties Must Go", *Cities*, v. 11, n. 5, 1994, p. 303, 311.

[56] Asian Coalition for Housing Rights, *Housing by People in Asia*, p. 18-9.

[57] BBC News, 8 e 23/8/1999.

Planeta Favela

da cidade era para os pobres, como resumido no antigo ditado de Pequim: 'no leste ficam os ricos, no oeste aristocratas e burocratas e no sul só há pobreza'"[58].) A maior parte dos cerca de 100 mil moradores da favela eram do distrito de Wenzhou, em Zhejiang: região famosa tanto pelo talento empresarial dos habitantes quanto pela escassez de terra arável. A maioria era de *mangliu*, ou "flutuantes", jovens e pouco instruídos, sem documentos de residência oficial, que alugavam barracos de fazendeiros locais e trabalhavam nas fábricas exploradoras de mão de obra pertencentes a gangues baseadas nos clãs, onde são feitas as roupas baratas de inverno e artefatos de couro de Pequim[59]. A cientista política Dorothy Solinger descreve como em toda a Aldeia Zhejiang "era comum encontrar quatro ou cinco máquinas de costura, quatro ou cinco adultos, pelo menos uma criança e apenas duas ou três camas num quarto de 10 metros quadrados"[60].

A demolição da favela, que começou no início de novembro de 1995 e prosseguiu durante dois meses, foi uma operação militar arrastada que envolveu 5 mil policiais armados e quadros do Partido e foi coordenada por membros do Comitê Central do Partido e pelo Conselho de Estado. Embora a Aldeia Zhejiang tivesse sido estigmatizada havia muito tempo por suas supostas gangues, drogas, crime e elevada incidência de doenças venéreas, a sua destruição, diz Solinger, foi "decidida no nível mais alto pelo próprio premiê [Li] Peng [...] como aviso a todos os outros que se aventurarem ilegalmente nas cidades". No final, 9.917 casas foram destruídas, fechadas 1.645 empresas "ilegais" (de riquixás a clínicas médicas) e 18.621 moradores "ilegais" deportados[61]. (Como observa Solinger, "poucos meses depois dessa destruição dramática, contudo, muitos flutuantes estavam de volta ao mesmo lugar"[62].)

A eliminação de favelas em grande escala, exemplificada pela destruição da Aldeia Zhejiang, costuma ser conjugada com a repressão dos vendedores ambulantes e dos trabalhadores informais. O general Sutiyoso, poderoso governador de Jacarta, provavelmente só fica atrás dos generais birmaneses em sua violação dos direitos humanos dos pobres na Ásia. Famoso pela perseguição de dissidentes durante a ditadura de Suharto, Sutiyoso, desde 2001, "transformou em cruzada pessoal limpar Jacarta dos *kampungs* informais, assim como de seus vendedores, músicos de rua, sem-teto e riquixás". Com o apoio de grandes empresas, de megaincorporadores e, mais recentemente, da própria presiden-

---

[58] Dutton, *Streetlife China*, p. 149.

[59] Liu Xiaoli e Lang Wei, "Zhejiangcun: Social and Spatial Implications of Informal Urbanization on the Periphery of Beijing", *Cities*, v. 14, n. 2, 1997, p. 95-8.

[60] Solinger, *Contesting Citizenship in Urban China*, p. 233.

[61] Dutton (citando documentos oficiais), *Streetlife China*, p. 152-9.

[62] Solinger, *Contesting Citizenship in Urban China*, p. 69.

Haussmann nos trópicos

te Megawati, o governador expulsou mais de 50 mil favelados, desempregou 34 mil ciclistas de riquixás, demoliu as barracas de 21 mil camelôs e prendeu centenas de músicos de rua. A sua meta ostensiva é transformar Jacarta (12 milhões de habitantes) numa "segunda Singapura", mas adversários de base, como o Consórcio dos Pobres Urbanos, acusaram-no de simplesmente limpar as favelas para futuras obras de seus influentes partidários e colegas políticos[63].

Se alguns favelados cometem o "crime" de estar no caminho do progresso, outros pecam por ousar praticar a democracia. Depois das eleições corruptas de 2005 no Zimbábue, o presidente Robert Mugabe despejou sua cólera sobre os mercados de rua e as favelas de Harare e Bulawayo, onde os pobres votaram em grande número no Movement for Democratic Change (MDC), partido de oposição. No início de maio, o primeiro estágio da Operação Murambasvina, com seu nome sinistro de "Jogar fora o lixo", foi um ataque da Polícia aos 34 mercados informais da cidade. Dizem que uma autoridade policial instruiu seus homens: "A partir de amanhã, preciso de relatórios na minha mesa dizendo que atiramos em pessoas. O presidente deu todo o apoio a essa operação e assim não há nada a temer. Tratem essa operação como se fosse guerra"[64].

E foi isso o que a Polícia fez. Barracas e estoques foram metodicamente incendiados ou saqueados e mais de 17 mil comerciantes e motoristas de vans foram presos. Uma semana depois, a Polícia começou a demolir os barracos de fortalezas do MDC, assim como das favelas pró-Mugabe (Chimoi e Nyadzonio, por exemplo), localizadas em áreas cobiçadas por incorporadores. Num dos casos, em Hatcliffe Extension, a oeste de Harare, a Polícia despejou milhares de moradores de uma favela para onde tinham sido removidos no início da década de 1990, depois de uma campanha anterior de "limpeza" para uma visita oficial da rainha Elizabeth II. Em meados de julho, mais de 700 mil favelados – "lixo" humano, na terminologia oficial – tinham sido expulsos, enquanto aqueles que tentaram protestar foram alvejados, surrados ou presos[65]. Os pesquisadores das Nações Unidas descobriram que "o nível de sofrimento é imenso, principalmente das viúvas, mães solteiras, crianças, órfãos, idosos e deficientes físicos", e o secretário-geral Kofi Annan condenou a Operação Murambasvina como "injustiça catastrófica"[66].

---

[63] Asian Coalition for Housing Rights, "Housing by People in Asia", além de informações para a imprensa da Asian Human Rights Commission and Urban Poor Consortium (ver o site da Urban Poor: <www.urbanpoor.or.id>).

[64] Munyaradzi Gwisai, "Mass Action Can Stop Operation Murambasvina", International Socialist Organisation (Zimbábue), 30/5/2005; BBC News, 27/5/2005; *The Guardian*, 28/5/2005; *Los Angeles Times*, 29/5/2005.

[65] BBC News, 8/6/2005; e *Mail & Guardian* online (Disponível em: <www.mg.co.za>), 21/7/2005.

[66] BBC News, 22/7/2005.

Planeta Favela

Opositor socialista do regime, Brian Raftopoulos, da Universidade do Zimbábue, comparou a limpeza étnica dos pobres urbanos de Mugabe às odiadas políticas da época colonial e do período de Ian Smith.

> Assim como no passado colonial, o regime de hoje usou os argumentos da criminalidade e da miséria urbana para "restaurar a ordem" nas cidades e, assim como as tentativas passadas, isso não resolverá o problema. [...] Afinal, a base dessa pobreza urbana é a crise da reprodução do trabalho e o fracasso constante da atual política econômica de estabilizar o meio de vida dos trabalhadores urbanos. Na verdade, a mão de obra hoje é mais vulnerável em termos da subsistência do que em 1980, depois de suportar os efeitos erosivos da queda do salário real, do aumento do preço dos alimentos e dos cortes maciços do salário social. [...] Em tempo algum do período pós-1980 e talvez até nem mesmo antes disso a capital foi tão mal administrada com tão pouca preocupação com a maioria dos seus moradores.[67]

Off worlds

Em contraste com a Paris do Segundo Império, a haussmannização contemporânea costuma querer o centro de volta para as ingratas classes superiores, cujas malas já estão prontas para partir em direção ao subúrbio. Se os pobres resistem duramente ao despejo do núcleo urbano, os mais abonados trocam voluntariamente os seus antigos bairros por loteamentos temáticos murados na periferia. Com certeza, as antigas costas douradas permanecem – como Zamalek, no Cairo; Riviera, em Abidjã; a ilha Victoria, em Lagos; e sucessivamente –, mas a nova tendência global desde o início da década de 1990 tem sido o crescimento explosivo de subúrbios exclusivos e fechados na periferia das cidades do Terceiro Mundo. Até (ou principalmente) na China, o condomínio fechado foi chamado de "evolução mais importante do planejamento e da concepção urbana recente"[68].

Esses "mundos de fora", ou *off worlds*, para recorrer à terminologia utilizada no filme *Blade Runner*, do diretor Ridley Scott, costumam ser imaginados como réplicas do sul da Califórnia. Assim, "Beverly Hills" não existe apenas no código postal 90210 dos Estados Unidos; também é, ao lado de Utopia e Dreamland, um subúrbio do Cairo, uma rica cidade particular "cujos habitantes podem manter distância da vista e da gravidade da pobreza e da violência e da política islamita que parecem impregnar as localidades"[69]. Do mesmo modo, Orange

---

[67] Brian Raftopoulos, "The Battle for the Cities", contribuição a um debate permanente na internet sobre o Zimbábue (Disponível em: <http://lists.kabissa.org/mailman/listsinfo/debate>).

[68] Pu Miao, "Deserted Streets in a Jammed Town: The Gated Community in Chinese Cities and its Solution", *Journal of Urban Design*, v. 8, n. 1, 2003, p. 45.

[69] Asef Bayat e Eric Denis, "Who Is Afraid of *Ashiwaiyat*?", *Environment and Urbanization*, v. 17, n. 2, out. 2000, p. 199.

Haussmann nos trópicos

County é um condomínio fechado de casas amplas em estilo californiano, que valem 1 milhão de dólares, projetado por um arquiteto de Newport Beach com decoração à Martha Stewart nos arredores do norte de Pequim. (Como explicou o incorporador a um repórter norte-americano: "O povo dos Estados Unidos pode pensar em Orange County como um lugar, mas na China o povo sente que Orange County é uma marca, algo como Giorgio Armani"[70].) Long Beach, que o *New York Times* chamou de "epicentro da falsa Los Angeles da China", também fica ao norte de Pequim, espalhando-se às margens de uma nova superautoestrada de seis pistas[71]. Já Palm Springs é um enclave policiadíssimo de Hong Kong no qual os moradores ricos podem "jogar tênis e passear pelo parque temático onde os personagens dos quadrinhos de Disney estão cercados de falsas colunas gregas e pavilhões neoclássicos". A teórica urbana Laura Ruggeri contrasta o espaçoso estilo de vida importado da Califórnia dos moradores em suas grandes casas semi-isoladas com as condições de vida de suas criadas filipinas, que dormem em abrigos mais parecidos com galinheiros nos telhados[72].

Bangalore, claro, é famosa por recriar o estilo de vida de Palo Alto e Sunnyvale, com tudo a que tem direito, como cafés Starbuck e cinemas Multiplex, em seus subúrbios do sul. Segundo o projetista Solomon Benjamin, os expatriados ricos (oficialmente "indianos não residentes") vivem como se morassem na Califórnia, em "aglomerações de 'casas de fazenda' exclusivas e prédios de apartamentos com suas próprias piscinas e academias, segurança particular intramuros, fornecimento alternativo de energia elétrica durante 24 horas e instalações esportivas exclusivas"[73]. Lippo Karawaci, no bairro de Tangerang, a oeste de Jacarta, não tem nome norte-americano, mas, exceto isso, também é cópia de um subúrbio da Costa Oeste e gaba-se de uma infraestrutura um tanto autossuficiente, com hospital, shopping center, cinemas, clube de esportes e de golfe, restaurantes e uma universidade. Também contém áreas internas fechadas, conhecidas no local como "zonas totalmente protegidas"[74].

A busca de segurança e isolamento social é obsessiva e universal. Tanto nos bairros centrais quanto nos subúrbios de Manila, as associações de proprietários ricos fecham ruas públicas e fazem cruzadas pela demolição de favelas. Erhard Berner descreve o exclusivo bairro de Loyola Heights:

---

[70] *Orange County Register*, 14/4/2002.

[71] *New York Times*, 3/2/2003.

[72] Laura Ruggeri, "Palm Springs: Imagineering California in Hong Kong", 1991/1994, site da autora na internet (disponível em: <www.spacing.org>). Outra "Palm Springs" é um elegante condomínio fechado em Pequim.

[73] Solomon Benjamin, "Governance, Economic Settings and Poverty in Bangalore", *Environment and Urbanization*, v. 12, n. 1, abr. 2000, p. 39.

[74] Harald Leisch, "Gated Communities in Indonesia", *Cities*, v. 19, n. 5, 2002, p. 341, 344-5.

Planeta Favela

Um sistema complexo de portões de ferro, bloqueios e postos de controle demarca as fronteiras da área e isola-a do restante da cidade, pelo menos à noite. As ameaças à vida, às partes do corpo e à propriedade são a maior preocupação de todos os ricos moradores. As casas transformam-se praticamente em fortalezas, cercadas de altos muros encimados por cacos de vidro, arame farpado e pesadas barras de ferro em todas as janelas.[75]

Essa "arquitetura do medo", como Tunde Agbola descreve o estilo de vida fortificado de Lagos, é lugar-comum no Terceiro Mundo e em alguns pontos do Primeiro, mas chega a extremos mundiais nas grandes sociedades urbanas com as maiores desigualdades socioeconômicas: África do Sul, Brasil, Venezuela e Estados Unidos[76]. Em Joanesburgo, mesmo antes da eleição de Nelson Mandela, as grandes empresas e os moradores brancos ricos do centro da cidade fugiram do núcleo urbano para os subúrbios ao norte (Sandton, Randburg, Rosebank e assim por diante), transformados em paralelos de alta segurança das "cidades periféricas" norte-americanas. Nesses círculos suburbanos de proteção cada vez maiores com seus onipresentes portões, aglomerações de moradias e ruas públicas barricadas, o antropólogo Andre Czegledy verifica que a segurança transformou-se numa cultura do absurdo.

As altas muralhas perimetrais costumam ser encimadas por pontas de metal, arame farpado e, mais recentemente, cercas eletrificadas ligadas a alarmes de emergência. Em conjunto com aparelhos portáteis com "botões de pânico", os alarmes domésticos ligam-se eletronicamente a empresas de segurança de "reação armada". A natureza surrealista de tal violência implícita destacou-se em minha mente certo dia em que caminhava com um colega em Westdene, um dos bairros mais de classe média dentre os subúrbios da zona norte. Na rua estava estacionada a camionete de uma empresa de segurança local que clamava em grandes letras na lateral do veículo que reagiam com "armas de fogo e explosivos". Explosivos?[77]

No entanto, em Somerset West, aristocrático cinturão suburbano da Cidade do Cabo, a casa-fortaleza pós-*apartheid* está sendo substituída por lares mais inocentes sem instalações complexas de segurança. O segredo dessas gentis residências é a moderníssima cerca elétrica que contorna todo o loteamento ou, como são conhecidas no local, as "aldeias de segurança". Cercas de 10 mil volts, desenvolvidas originalmente para manter os leões longe do gado, provocam um choque enorme e pulsante que deveria incapacitar, sem na verdade matar, qual-

---

[75] Berner, *Defending a Place*, p. 163.

[76] Para uma descrição das casas-fortaleza de Lagos, ver Agbola, *Architecture of Fear*, p. 68-9.

[77] Andre Czegledy, "Villas of the Highveld: A Cultural Perspective on Johannesburg and Its Northern Suburbs", em Richard Tomlinson et al. (orgs.), *Emerging Johannesburg: Perspectives on the Postapartheid City* (Nova York, Routledge, 2003), p. 36.

Haussmann nos trópicos

quer intruso. Com a crescente demanda global por essa tecnologia de segurança residencial, os fabricantes de cercas elétricas da África do Sul têm esperanças de explorar o mercado exportador de segurança suburbana[78].

A mais famosa cidade periférica cercada e americanizada do Brasil é Alphaville, no quadrante noroeste da Grande São Paulo. Batizada (perversamente) com o nome do sinistro mundo novo do filme distópico de Godard, de 1965, Alphaville é uma cidade particular completa, com um grande complexo de escritórios, um shopping center de alto nível e áreas residenciais cercadas, tudo defendido por mais de oitocentos seguranças particulares. Em *Cidade de muros* (2000), seu estudo merecidamente elogiado da militarização do espaço urbano no Brasil, Teresa Caldeira escreve que "a segurança é um dos principais elementos da publicidade e obsessão de todos os envolvidos". Na prática, isso tem significado justiça com as próprias mãos contra criminosos e vadios invasores, enquanto a juventude dourada da própria Alphaville pode fazer loucuras; um morador citado por Caldeira afirma: "a lei existe para os mortais comuns, não para os moradores de Alphaville"[79].

As cidades periféricas de Joanesburgo e São Paulo (assim como as de Bangalore e Jacarta) são "mundos de fora" autossuficientes porque incorporam grandes bases de empregos, além da maior parte da máquina varejista e cultural dos núcleos urbanos tradicionais. Nos casos de enclaves mais puramente residenciais, a construção de vias expressas, como na América do Norte, tem sido condição *sine qua non* para a suburbanização da riqueza. Como argumenta o latino-americanista Dennis Rodgers no caso das elites de Manágua,

> é a interconexão desses espaços particulares protegidos que faz deles um "sistema" viável e pode-se contestar que o elemento mais importante para permitir o surgimento desta "rede fortificada" foi o desenvolvimento de um conjunto estratégico de estradas bem cuidadas, bem iluminadas e de alta velocidade em Manágua durante a última meia década.[80]

Rodgers prossegue discutindo o projeto da Nueva Managua do prefeito conservador (e, em 1996, presidente) Arnoldo Alemán, que, além de destruir murais revolucionários e importunar pedintes e invasores de terrenos, construiu

---

[78] Murray Williams, "Gated Villages Catch on among City's Super-Rich", *Cape Argus*, Cidade do Cabo, 6/1/2004. Sobre detalhes da tecnologia de cercas elétricas suburbanas, ver <www.electerrific.co.za>.

[79] Teresa Caldeira, *City of Walls: Crime, Segregation, and Citizenship in São Paulo* (Berkeley, University of California Press, 2000), p. 253, 262, 278. [Ed. orig.: *Cidade de muros: crime, segregação e cidadania em São Paulo*. São Paulo, Editora 34, 2000.]

[80] Dennis Rodgers, " 'Disembedding' the City: Crime, insecurity and Spatial Organization in Managua", *Environment and Urbanization*, v. 16, n. 2, out. 2004, p. 120-1.

Planeta Favela

o novo sistema viário com atenção meticulosa à segurança dos motoristas mais ricos em suas picapes de luxo:

> A proliferação de rotatórias [...] pode ser vinculada ao fato de que reduzem o risco de roubo de carros (já que os carros não precisam parar), enquanto o objetivo primário do anel viário parece ter sido permitir aos motoristas evitar uma parte de Manágua famosa pela alta incidência de crimes. [...] Não só as obras da estrada parecem ligar predominantemente locais associados à vida das elites urbanas como tem havido ao mesmo tempo total desleixo pelas vias de regiões da cidade que, de forma inequívoca, não estão ligadas às elites urbanas [leia-se: pró-sandinistas].[81]

De modo semelhante, autoestradas particulares de Buenos Aires permitem hoje aos ricos viver o tempo todo em seus *countries* (casas de *country club*) na distante Pilar e deslocar-se até o seu escritório no centro. (A Gran Buenos Aires também tem uma ambiciosa cidade periférica ou *megaempredimiento* chamada Nordelta, cuja viabilidade financeira é incerta[82].) Igualmente, em Lagos, abriu-se um amplo corredor através de favelas densamente povoadas para criar uma via expressa aos administradores e autoridades do Estado que moram no subúrbio rico de Ajah. Os exemplos de redes desse tipo são numerosos, e Rodgers enfatiza que a "destruição [de] grandes faixas da metrópole para uso apenas das elites urbanas [...] invade o espaço público da cidade de um modo muito mais extenso que os enclaves fortificados"[83].

É importante perceber que estamos lidando aqui com uma reorganização fundamental do espaço metropolitano, que envolve uma diminuição drástica das interseções entre a vida dos ricos e a dos pobres, que transcende a segregação social e a fragmentação urbana tradicionais. Alguns autores brasileiros recentemente falaram na "volta à cidade medieval", mas as consequências da secessão entre a classe média e o espaço público, assim como de qualquer vestígio de uma vida cívica junto com os pobres, são mais radicais[84]. Rodgers, na esteira de Anthony Giddens, conceitua o processo básico como um "desembutimento" ou "desincrustação" das atividades da elite dos contextos territoriais locais, tentativa quase utópica de se soltar de uma matriz sufocante de pobreza e violência social[85]. Laura Ruggeri (ao discutir sobre a Palm Springs de Hong Kong) reafirma

---

[81] Ibidem.

[82] Thuillier, "Gated Communities in the Metropolitan Area of Buenos Aires", p. 258-9.

[83] Rodgers, "'Disembedding' the City", p. 123.

[84] Amália Geraiges de Lemos, Francisco Scarlato e Reinaldo Machado, "O retorno à cidade medieval: os condomínios fechados da metrópole paulistana", em Luis Felipe Cabrales Barajas (org.), *Latinoamérica: Países Abiertos, Ciudades Cerradas* (Guadalajara, Universidad de Guadalajara, 2000), p. 217-36.

[85] Rodgers, "'Disembedding' the City", p. 123.

Haussmann nos trópicos

também a busca contemporânea pelas elites desenraizadas do Terceiro Mundo de uma "vida real de imitação", modelada segundo imagens televisivas de um mitificado sul da Califórnia, que "para ter sucesso tem de ser confinada – [isto é,] isolada da paisagem ordinária"[86].

Enclaves e cidades periféricas temáticas e fortificadas, desentranhadas de suas próprias paisagens sociais mas integradas à cibercalifórnia da globalização a flutuar no éter digital – isso nos leva de volta a Philip K. Dick, autor de ficção científica que inspirou o filme *Blade Runner*. Neste "cativeiro dourado", acrescenta Jeremy Seabrook, os burgueses urbanos do Terceiro Mundo "deixam de ser cidadãos de seu próprio país e tornam-se nômades pertencentes e leais à topografia supraterrestre do dinheiro; tornam-se patriotas da riqueza, nacionalistas de um nenhures dourado e fugidio"[87].

Enquanto isso, de volta ao mundo local, os pobres urbanos estão desesperadamente atolados na ecologia da favela.

---

[86]   Ruggeri, "Palm Springs".

[87]   Seabrook, *In the Cities of the South*, p. 211.

6
Ecologia de favela

> Os que foram para a
> metrópole caíram num deserto.
>
> Pepe Kalle

Uma *villa miseria* próxima de Buenos Aires pode apresentar o pior *feng shui* que já se viu: ela foi construída "sobre um antigo lago, um depósito de lixo tóxico e um cemitério numa área sujeita a inundações"[1]. Mas local de risco e perigoso para a saúde é a definição geográfica do típico assentamento de invasores: seja um *barrio* precariamente suspenso sobre estacas no rio Pasig, entulhado de excrementos, em Manila, seja no *bustee* de Vijayawada, onde "os moradores gravam o número das casas nos móveis porque as casas, junto com as portas, [são] levadas pelas cheias todos os anos"[2]. Os invasores trocam a segurança física e a saúde pública por alguns metros quadrados de terra e alguma garantia contra o despejo. São os povoadores pioneiros de pântanos, várzeas sujeitas a inundações, encostas de vulcões, morros instáveis, montanhas de lixo, depósitos de lixo químico, beiras de estradas e orlas de desertos. Em visita a Daca, Jeremy Seabrook descreve uma pequena favela – "um refúgio para gente desalojada por erosão, ciclones, cheias, fome ou aquele gerador de insegurança mais recente, o desenvolvimento" – que conseguiu um acordo faustiano numa precária elevação de terra entre uma fábrica de produtos tóxicos e um lago envenenado. Exatamente por ser tão perigoso e desagradável, o local oferece "proteção contra o aumento do valor dos terrenos na cidade"[3]. Esses locais são o nicho da pobreza na ecologia da cidade, e gente paupérrima tem pouca opção além de conviver com os desastres.

---

[1] Stillwaggon, *Stunted Lives, Stagnant Economies*, p. 67.

[2] Verma, *Slumming India*, p. 69.

[3] Seabrook, *In the Cities of the South*, p. 177.

Planeta Favela

Riscos não naturais

Para começar, as favelas enfrentam a má geologia. A periferia de favelas de Joanesburgo, por exemplo, ajusta-se com perfeição a um anel de solo dolomítico perigoso e instável, contaminado por gerações de extração mineral. Ao menos metade da população não branca da região mora em povoamentos informais em áreas de depósito de lixo tóxico e desmoronamento crônico do solo[4]. Do mesmo modo, os solos lateríticos muito desgastados sob as favelas das encostas de Belo Horizonte e de outras cidades brasileiras são catastroficamente suscetíveis a deslizamentos e desabamentos de terra[5]. Pesquisas geomorfológicas de 1990 revelaram que um quarto das favelas de São Paulo localizava-se em terrenos perigosamente erodidos, e todo o restante em encostas íngremes e margens de rios sujeitas a erosão. Dezesseis por cento dos seus ocupantes corriam o risco iminente ou a médio prazo de "perder a vida e/ou os seus pertences"[6]. As favelas mais famosas do Rio de Janeiro foram construídas em solos igualmente instáveis sobre morros e colinas de granito desnudado que costumam desmoronar com resultados realmente fatais: 2 mil mortos em deslizamentos, em 1966-7; duzentos, em 1988; e setenta no Natal de 2001[7]. Enquanto isso, o pior desastre natural nos Estados Unidos do pós-guerra foi a avalanche ocorrida depois de chuva intensa que matou cerca de quinhentas pessoas na favela de Mamayes, construída em uma encosta precária acima de Ponce, em Porto Rico.

Caracas (5,2 milhões de habitantes em 2005), no entanto, é a "tempestade ideal" dos geólogos do solo: as favelas que abrigam quase dois terços da população urbana foram construídas sobre encostas instáveis e em desfiladeiros profundos que cercam o vale de Caracas, sismicamente ativo. A princípio, a vegetação mantinha no lugar o xisto friável e muito desgastado, mas a eliminação da vegetação e a construção em corte e aterro desestabilizaram as vertentes densamente povoadas, e o resultado foi o aumento radical de grandes deslizamentos de terra e desmoronamentos de encostas – de menos de um por década, até 1950, para a média atual de dois ou mais por mês[8]. No entanto, o

---

[4]   Malcolm Lupton e Tony Wolfson, "Low-Income Housing, the Environment and Mining on the Witwatersrand", em Main e Williams, *Environment and Housing in Third World Cities*, p. 115, 120.

[5]   Claudia Viana e Terezinha Galvão, "Erosion Hazards Index for Lateritic Soils", *Natural Hazards Review*, v. 4, n. 2, maio 2003, p. 82-9.

[6]   Taschner, "Squatter Settlements and Slums in Brazil", p. 218.

[7]   Richard Pike, David Howell e Russell Graymer, "Landslides and Cities: An Unwanted Partnership", em Grant Heiken, Robert Fakundiny e John Sutter (orgs.), *Earth Science in the City: A Reader* (Washington, American Geophysical Union, 2003), p. 199.

[8]   Virginia Jimenez-Diaz, "The Incidence and Causes of Slope Failure in the Barrios of Caracas", em Main e Williams, *Environment and Housing in Third World Cities*, p. 127-9.

Ecologia de favela

129

aumento da instabilidade do solo não impediu que os invasores ocupassem poleiros precários nas encostas dos morros, às margens de leques aluviais ou na embocadura de desfiladeiros que regularmente sofrem inundações.

Em meados de dezembro de 1999 o norte da Venezuela, principalmente o maciço de El Ávila, foi devastado por uma tempestade sem precedentes. A média pluvial de um ano inteiro caiu em poucos dias num solo já saturado; na verdade, a chuva em algumas áreas foi avaliada como "única em mil anos"[9]. As cheias-relâmpago e a enxurrada de detritos em Caracas, principalmente ao longo do litoral do Caribe do outro lado dos montes Ávila, mataram cerca de 32 mil pessoas e deixaram 140 mil desabrigados e mais 200 mil desempregados. O balneário praiano de Caraballeda foi devastado pela enxurrada de 1,8 milhão de toneladas de detritos, inclusive fragmentos de rocha, enormes como casas[10]. Um sacerdote católico insinuou que era a retribuição divina pela recente eleição do governo esquerdista de Hugo Chávez, mas o ministro do Exterior, José Vincente Rangel, respondeu: "Seria preciso um Deus bem cruel para se vingar do setor mais pobre da comunidade"[11].

A região de Caracas está para os deslizamentos de terra assim como a área metropolitana de Manila para as frequentes inundações. Situada numa planície semialuvial margeada por três rios e sujeita a tufões e chuvas torrenciais, Manila é uma bacia natural de cheias. A partir de 1898, as autoridades coloniais norte-americanas abriram canais, dragaram canais de maré (*esteros*) e construíram estações de bombeamento para drenar a água das chuvas e proteger a região central da cidade. No entanto, os aperfeiçoamentos do sistema nos últimos anos foram contrabalançados pelo enorme volume de lixo jogado nos bueiros e nos *esteros* (parece que o fundo do rio Pasig é um depósito de lixo de 3,5 metros de profundidade)[12], pela subsidência devida ao excesso de extração da água subterrânea, pelo desmatamento das bacias hidrográficas de Marikina e Montalban e, principalmente, pela invasão incessante de barracos nos alagados. A crise habitacional, em outras palavras, transformou tanto o caráter quanto a magnitude do problema das cheias, ficando a quinta parte mais pobre da população exposta a perigo regular e à perda da propriedade. Em novembro de 1998, por exemplo, as enchentes danificaram ou destruíram o lar de mais de 300 mil pessoas e, em outra ocasião, a colônia de invasores de Tatlon foi coberta por mais de 6 metros

---

[9] Gerald F. Wieczorek et al., "Debris-Flow and Flooding Hazards Associated with the December 1999 Storm in Coastal Venezuela and Strategies for Mitigation", US Geological Survey, Open File Report 01-0144, Washington, 2000, p. 2.

[10] Pike, Howell e Graymer, "Landslides and Cities", p. 200.

[11] Citado em Richard Gott, *In the Shadow of the Liberator: Hugo Chávez and the Transformation of Venezuela* (Londres, Verso, 2001), p. 3.

[12] Berner, *Defending a Place*, p. XIV.

Planeta Favela

130

de água. Além disso, em julho de 2000, um dilúvio causado por um tufão provocou o desmoronamento de uma famosa "montanha de lixo" na favela de Payatas, em Cidade Quezon, enterrando quinhentos barracos e matando pelo menos mil pessoas. (Payatas foi tema de notáveis documentários do cineasta japonês Hiroshi Shinomiya[13].)

Os exemplos de Caracas e Manila ilustram como a pobreza amplia os riscos geológicos e climáticos locais. Às vezes, a vulnerabilidade ambiental urbana, ou *risco*, é calculada como produto da *probabilidade de acidentes* (frequência e magnitude de ocorrências naturais) vezes o *patrimônio* (população e abrigos em risco) vezes a *fragilidade* (características físicas do ambiente construído): risco = probabilidade × patrimônio × fragilidade. Por toda parte a urbanização informal multiplicou, às vezes por dez ou mais vezes, a probabilidade inerente de desastres naturais dos ambientes urbanos. Um exemplo clássico foram as tempestades de agosto de 1988 e a cheia do Nilo, que desalojaram 800 mil moradores pobres de Cartum: os cientistas salientaram que, embora o nível da linha d'água fosse mais baixo que o ponto máximo de 1946, a enchente provocou dez vezes mais danos, devido principalmente ao aumento das favelas sem drenagem na planície de várzea[14].

As cidades ricas que estão em locais perigosos, como Los Angeles ou Tóquio, podem reduzir o risco geológico ou meteorológico por meio de grandes obras públicas e "engenharia pesada": estabilização de encostas com redes geotêxteis, concreto injetado e parafusos para fixar as rochas; terraceamento e redução da declividade de encostas muito íngremes; abertura de poços profundos de drenagem e bombeamento da água de solos saturados; interceptação dos fluxos de detritos com pequenas represas e açudes; e canalização das águas pluviais para vastos sistemas de canais e esgotos de concreto. Programas nacionais de seguros contra cheias, junto com subsídios cruzados para seguros contra incêndio e terremotos, garantem os reparos residenciais e a reconstrução em caso de dano extenso. No Terceiro Mundo, ao contrário, é improvável que as favelas, onde faltam água potável e vasos sanitários, sejam defendidas por obras públicas caras ou cobertas por seguros contra desastres. Os pesquisadores enfatizam que a dívida externa e o subsequente "ajuste estrutural" estimulam sinistros "intercâmbios entre produção, competição e eficiência e consequências ambientais negativas em termos de comunidades potencialmente vulneráveis a desastres"[15].

---

[13] Bankoff, "Constructing Vulnerability", p. 224-36; *Asian Economic News*, 31/12/2001 (sobre o filme a respeito do desastre de Payatas).

[14] Hamish Main e Stephen Williams, "Marginal Urban Environments as Havens for Low-Income Housing", em Main e Williams, *Environment and Housing in Third World Cities*, p. 159.

[15] Mohamed Hamza e Roger Zetter, "Structural Adjustment, Urban Systems, and Disaster Vulnerability in Developing Countries", *Cities*, v. 15, n. 4, 1998, p. 291.

Ecologia de favela

"Fragilidade" é simplesmente sinônimo de negligência governamental sistemática em relação à segurança ambiental, muitas vezes diante de pressões financeiras externas.

Mas a própria intervenção do Estado pode ser um fator multiplicador de riscos. Em novembro de 2001, os bairros pobres de Bab el-Oued, Frais Vallon e Beaux Fraisier, em Argel, foram atingidos por cheias e enxurradas de lama devastadoras. Durante 36 horas, uma chuva torrencial arrastou das encostas os barracos frágeis e inundou os bairros de cortiços das áreas baixas e pelo menos novecentas pessoas morreram. Diante da lenta reação oficial, as iniciativas de salvamento foram tomadas pela população local, principalmente os jovens. Três dias depois, quando o presidente Abdelaziz Bouteflika finalmente surgiu, os moradores, irritados, gritaram palavras de ordem contra o governo. Bouteflika disse às vítimas que "o desastre foi simplesmente a vontade de Deus. Nada poderia ter sido feito para evitá-lo"[16].

Os habitantes sabiam que isso era tolice. Como engenheiros civis destacariam de imediato, as moradias nas encostas eram um desastre à espera de acontecer: "Eram estruturas fracas, vulneráveis à chuva intensa. Em todo o país, esse tipo de construção residencial sofreu muitos danos com a chuva devido à degradação, aos consertos inadequados, ao envelhecimento e ao abandono"[17]. De modo ainda mais pertinente, boa parte da destruição foi consequência direta da guerra do governo contra os guerrilheiros islamitas; para negar abrigo e rotas de fuga aos rebeldes, as autoridades tinham desmatado as encostas acima de Bab el-Oued e fechado a rede de esgotos. "Os bueiros fechados", escreve o cientista social Azzedine Layachi, "fizeram que as águas pluviais não tivessem para onde ir. As autoridades corruptas também permitiram habitações precárias e outras construções no leito do rio, enriquecendo empreiteiras individuais à custa da segurança pública"[18].

Muito mais que deslizamentos e cheias, os terremotos realizam uma auditoria bem precisa da crise habitacional urbana. Embora alguns terremotos de grande comprimento de onda, como o desastre de 1985 na Cidade do México, causem mais danos aos prédios altos, em geral a destruição sísmica mapeia com estranha exatidão as habitações de tijolo, barro ou concreto de má qualidade, principalmente se associadas a desmoronamento de encostas e liquefação do solo. O risco sísmico é a letrinha minúscula do acordo diabólico da habitação informal. "A atitude relaxada para com os regulamentos e padrões de planejamento", enfatiza Geoffrey Payne,

---

[16] Azzedine Layachi, "Algeria: Flooding and Muddled State-Society Relations", *The Middle East Research and Information Project (MERIP) Online*, 11/12/2001.

[17] "Flood and Mudslides in Algeria", *Geotimes*, jan. 2002.

[18] Layachi, "Algeria".

Planeta Favela

permitiu aos pobres urbanos da Turquia obter acesso relativamente fácil a terrenos e serviços durante muitas décadas, mas atitude semelhante diante do cumprimento das normas de construção causou um custo elevado em mortes e destruição em grande escala quando ocorreram os terremotos em 1999.[19]

Os terremotos, afirma Kenneth Hewitt, geógrafo especialista em riscos, destruíram mais de 100 milhões de lares durante o século XX, em sua maioria em favelas, bairros de cortiços ou aldeias rurais pobres. O risco sísmico é distribuído com tanta heterogeneidade na maioria das cidades, explica Hewitt, que foi cunhada a palavra "classemoto" para caracterizar o padrão tendencioso de destruição.

O problema, talvez, tenha ficado mais evidente na catástrofe de fevereiro de 1978 na Guatemala, na qual quase 1,2 milhão de pessoas perderam o lar. Na Cidade de Guatemala, quase todas as 59 mil casas destruídas ficavam em favelas urbanas construídas em ravinas, acima e abaixo de despenhadeiros instáveis ou em sedimentos tectônico-fluviais jovens e mal consolidados. As perdas no restante da cidade e nas casas mais caras foram desprezíveis, já que ocupavam terrenos muito mais estáveis.[20]

Com a maioria da população urbana do mundo agora concentrada nas margens de placas tectônicas ativas ou próxima delas, principalmente ao longo do litoral indiano e pacífico, vários bilhões de pessoas correm riscos devidos a terremotos, vulcões e tsunamis, sem falar de tempestades súbitas e tufões. Embora o megaterremoto e o tsunami ocorridos em Sumatra em dezembro de 2004 tenham sido acontecimentos um tanto raros, outros serão praticamente inevitáveis no próximo século. Os *gecekondus* de Istambul, por exemplo, são o maior alvo dos terremotos que avançam inexoravelmente para oeste ao longo do "fecho ecler" do sistema de falhas transformantes do norte da Anatólia. Do mesmo modo, as autoridades de Lima preveem que pelo menos 100 mil estruturas, principalmente nos *turgurios* e *barriadas*, desmoronarão durante o grande terremoto esperado em algum momento da próxima geração[21].

Mas os pobres urbanos não perdem o sono durante a noite preocupando-se com terremotos nem mesmo com cheias. Sua principal causa de angústia é uma ameaça mais comum e onipresente: o fogo. As favelas e não a vegetação rasteira mediterrânea nem os eucaliptos australianos, como afirmam alguns livros didáticos, são a maior ecologia mundial do fogo. A sua mistura de moradias inflamáveis, den-

---

[19] Geoffrey Payne, "Lowering the Ladder: Regulatory Frameworks for Sustainable Development", em Westendorff e Eade, *Development and Cities*, p. 259.

[20] Kenneth Hewitt, *Regions of Risk: A Geographical Introduction to Disasters* (Harlow, Longman, 1997), p. 217-8.

[21] Leonard, "Lima", p. 439.

Ecologia de favela

133

sidade extraordinária e dependência de fogueiras para aquecimento e preparo de alimentos é a receita perfeita para a combustão espontânea. Um simples acidente com gás de cozinha ou querosene pode se transformar com rapidez num megaincêndio que destrói centenas ou até milhares de moradias. O fogo se espalha pelos barracos numa velocidade extraordinária, e os veículos de combate ao fogo, quando vêm, em geral não conseguem passar pelos caminhos estreitos da favela.

No entanto, os incêndios em favelas costumam ser tudo, menos acidentes: em vez de arcar com o custo dos processos judiciais ou suportar a espera por uma ordem oficial de demolição, é frequente que proprietários e incorporadores prefiram a simplicidade do incêndio criminoso. Manila tem fama especial devida aos incêndios suspeitos em favelas. "Entre fevereiro e abril de 1993", explica Jeremy Seabrook, "houve oito grandes incêndios em favelas, inclusive alguns criminosos em Smoky Mountain, Aroma Beach e Navotas. A área mais ameaçada fica perto do porto, onde o terminal de contêineres está para ser ampliado"[22]. Erhard Berner acrescenta que o método favorito da chamada "demolição a quente", como dizem os proprietários filipinos, é jogar um "gato ou rato vivo encharcado de querosene em chamas – os cachorros morrem muito depressa – num assentamento incômodo [...] um incêndio assim iniciado é difícil de combater, já que o pobre animal pode pôr fogo em muitos barracos antes de morrer"[23].

Na cidade-cinderela* de Bangalore, na Índia, onde o valor dos terrenos vem disparando e os pobres costumam estar sempre no lugar errado, os incêndios

Tabela 6.1
Pobreza combustível

	Cidade	Casas destruídas	População desabrigada
2004			
Janeiro	Manila (Tondo)	2.500	22 mil
Fevereiro	Nairóbi		30 mil
Março	Lagos		5 mil
Abril	Bangcoc	5 mil	30 mil
Novembro	Daca	150	
2005			
Janeiro	Khulna City (Bangladesh)		7 mil
	Nairóbi	414	1.500
Fevereiro	Délhi		3 mil
	Hyderabad	4 mil	30 mil

---

[22] Seabrook, *In the Cities of the South*, p. 271.

[23] Berner, *Defending a Place*, p. 144.

* O adjetivo "cinderela" tem nesse caso um duplo sentido: refere-se à Cinderella Law, lei que obriga bares, restaurantes etc. a fechar às 23h30, e ao caráter "cinderela", evocando a bela que surge das cinzas, a criada feia e suja que se transforma em princesa. (N.T.)

Planeta Favela

134

criminosos também são usados, quando necessário, na renovação urbana. "Dizem que alguns desses incêndios", escreve Hans Schenk,

> são organizados por líderes das favelas que podem embolsar (parte da) indenização paga pelo governo; outros, por algumas gangues filiadas a partidos políticos para limpar categorias "malvistas" de pobres urbanos; outros ainda por proprietários particulares que querem seus terrenos limpos de invasores (ilegais) de maneira fácil para a construção de novos prédios no local.[24]

As patologias da forma urbana

Enquanto os riscos naturais são ampliados pela pobreza urbana, riscos novos e totalmente artificiais são criados pela interação entre pobreza e indústrias poluentes, trânsito anárquico e infraestrutura em colapso. A forma caótica de tantas cidades do Terceiro Mundo – "mandelbrots urbanos", segundo o teórico urbanista Matthew Gandy – anula boa parte da eficiência ambiental da vida na cidade e gera os pequenos desastres que aterrorizam constantemente metrópoles como Cidade do México, Cairo, Daca e Lagos. ("Lagos", explica Gandy, "não existe realmente como cidade no sentido convencional: seus limites não são claros; muitos de seus elementos constitutivos parecem funcionar de modo independente entre si. [...]"[25].) Todos os princípios clássicos do planejamento urbano, como preservação do espaço aberto e separação entre residências e usos nocivos da terra, estão de cabeça para baixo nas cidades pobres. Um tipo de norma infernal de zoneamento parece cercar as atividades industriais perigosas e as infraestruturas de transporte com densos matagais de barracos. Quase toda grande cidade do Terceiro Mundo (ou pelo menos aquelas com alguma base industrial) tem um setor dantesco de favelas envoltas em poluição e localizadas junto a oleodutos, fábricas de produtos químicos e refinarias: Iztapalapa na Cidade do México, Cubatão em São Paulo, Belford Roxo no Rio, Cibubur em Jacarta, a franja sul de Túnis, o sudoeste de Alexandria e assim por diante.

Em seu livro sobre as cidades pobres do hemisfério sul, Jeremy Seabrook descreve o incansável calendário de desastres de Klong Toey, favela portuária de Bangcoc ensanduichada entre docas, fábricas de produtos químicos e vias expressas. Em 1989, a explosão de uma indústria química envenenou centenas de moradores; dois anos depois, um armazém de produtos químicos explodiu e deixou desabrigados 5.500 moradores, muitos dos quais morreram mais tarde de doenças misteriosas. O fogo destruiu 63 lares em 1992, 460 em 1993 (ano

---

[24] Hans Schenk, "Living in Bangalore's Slums", em *Living in India Slums: A Case Study of Bangalore* (Délhi, IDPAD/Manohar, 2001), p. 34.

[25] Matthew Gandy, "Amorphous Urbanism: Chaos and Complexity in Metropolitan Lagos", manuscrito, nov. 2004 (publicado em *New Left Review*, n. 33, maio-jun. 2005), p. 1-2.

Ecologia de favela

135

também de outra explosão de produtos químicos) e mais várias centenas em 1994[26]. Milhares de outras favelas, inclusive algumas em países ricos, têm história semelhante à de Klong Toey; elas sofrem do que Gita Verma chama de "síndrome do depósito de lixo": concentração de atividades industriais venenosas, como tratamento galvanoplástico de superfícies, tingimento, reprocessamento de sub-produtos animais, curtumes, reciclagem de pilhas e baterias, moldagem, oficinas de conserto de veículos, indústrias químicas, entre outros, que a classe média jamais toleraria em seus próprios bairros[27]. Pouquíssima pesquisa foi feita sobre a saúde ambiental nessas situações, principalmente sobre os riscos advindos da sinergia de várias toxinas e poluentes no mesmo local.

O mundo costuma dar atenção a essas misturas fatais de pobreza e indústrias poluentes apenas quando eclodem com muitas baixas – 1984 foi o *annus horribilis*. Em fevereiro, um oleoduto explodiu em Cubatão, o "Vale da Poluição" de São Paulo, provocando numa favela adjacente um incêndio onde mais de quinhentas pessoas morreram. Oito meses depois, uma fábrica Pemex de gás natural lique-feito explodiu como uma bomba atômica no bairro de San Juanico, na Cidade do México, e cerca de 2 mil moradores pobres morreram (nunca se determinou o número exato de mortos).

> Centenas nunca acordaram. Foram mortos antes mesmo de perceber o que aconte-cera. Chamas enormes saltaram do depósito de gás da fábrica vizinha e lançaram-se a mais de 1 quilômetro no ar. Os corpos simplesmente desapareceram na bola de fogo, varridos da terra sem deixar vestígios. As pessoas corriam pela rua, algumas com roupas e cabelos em fogo, todas gritando aterrorizadas. O sol ainda não nascera, mas a luz das chamas iluminou a cena como se fosse meio-dia.[28]

Menos de três semanas depois, a fábrica da Union Carbide em Bhopal, capital de Madhya Pradesh, liberou a sua famosa nuvem letal de isocianato de metila. Segundo um estudo de 2004 da Anistia Internacional, entre 7 mil e 10 mil pessoas pereceram imediatamente e mais 15 mil morreram nos anos subsequentes de doenças e cânceres relacionados. As vítimas eram os mais pobres dentre os pobres, principalmente muçulmanos. A fábrica embaladora de inseticidas – "atividade relativamente simples e segura" – fora construída numa área havia muito ocupada por invasores. Enquanto a fábrica se expandia e migrava para a mais perigosa produção de inseticidas, os *bustees* floresceram em torno de sua periferia. Até o momento em que encontraram seus filhos agonizando nas ruas, os invasores pobres não tinham ideia do que era produzido

---

[26]   Seabrook, *In the Cities of the South*, p. 192.

[27]   Verma, *Slumming India*, p. 16.

[28]   Joel Simon, *Endangered Mexico: An Environment on the Edge* (São Francisco, Sierra Club Books, 1997), p. 157.

Planeta Favela

na fábrica nem do risco apocalíptico representado pela quantidade enorme de isocianato de metila[29].

Os moradores das favelas, por sua vez, têm aguda consciência do perigo que é o trânsito selvagem que engarrafa as ruas da maioria das cidades do Terceiro Mundo. O crescimento urbano desordenado sem o correspondente investimento social em transporte de massa ou vias expressas com trevos e viadutos transformou o trânsito numa catástrofe para a saúde pública. Apesar do pesadelo do engarrafamento, o uso de veículos motorizados nas cidades em desenvolvimento disparou (ver Tabela 6.2). Em 1980, o Terceiro Mundo respondia por apenas 18% da propriedade global de veículos; em 2020, cerca de metade dos previstos 1,3 milhão de carros, caminhões e ônibus, além de várias centenas de milhões de motocicletas e motonetas, entupirão as ruas e os becos dos países mais pobres[30].

Tabela 6.2
Motorização do Terceiro Mundo[31]

(milhões de veículos)			
Cairo	1978	0,5	
	1991	2,6	
	2006	7,0	
Bangcoc	1984	0,54	(carros particulares)
	1992	10,5	
Indonésia	1995	12,0	(veículos motorizados de todos os tipos)
	2001	21,0	

A explosão populacional automotiva é incentivada pelas forças poderosas da desigualdade. Como explicam Daniel Sperling e Eileen Clausen, a política de transportes na maior parte das cidades é um círculo vicioso em que a queda da qualidade do transporte público reforça o uso particular do automóvel e vice-versa.

---

[29] Amnesty International, *Clouds of Injustice: The Bhopal Disaster 20 Years On* (Londres, Amnesty International, 2004), p. 12, 19; Gordon Walker, "Industrial Hazards, Vulnerability and Planning", em Main e Williams, *Environment and Housing in Third World Cities*, p. 50-3.

[30] M. Pemberton, *Managing the Future: World Vehicle Forecasts and Strategies to 2020*, v. 1: *Changing Patterns of Demand*, Londres, Autointelligence, 2000; e Daniel Sperling e Eileen Clausen, "The Developing World's Motorization Challenge", Issues in Science and Technology Online, outono (terceiro trimestre) de 2002, p. 2.

[31] M. El Arabi, "Urban Growth and Environment Degradation: The Case of Cairo", *Cities*, v. 19, n. 6, 2002, p. 294; Expressway and Rapid Transit Authority of Bangkok, *Statistical Report*, 1992 (Bangcoc, 1993); US Department of Energy, Energy Information Administration, "Indonesia: Environmental Issues", folha de dados, fev. 2004.

Ecologia de favela

137

O transporte público é altamente subsidiado em quase todas as cidades devido à sua grande externalidade positiva (necessidade reduzida de vias públicas e menos engarrafamento), mas também para garantir o acesso aos pobres. Ainda assim, muitos pobres ainda não podem pagar pelo serviço de transporte. Desse modo, as cidades enfrentam pressão para manter as tarifas baixíssimas. Mas, ao fazê-lo, sacrificam a qualidade e o conforto dos ônibus. Os passageiros de classe média reagem comprando carros assim que possível. Com motonetas e motocicletas de baixo custo, a fuga da classe média é acelerada, a receita do transporte diminui e as empresas operadoras reduzem ainda mais a qualidade, já que servem a uma clientela mais pobre. Embora a qualidade do serviço seja a primeira a sofrer, é comum seguir-se a redução da quantidade do serviço.[32]

As agências internacionais de desenvolvimento encorajam políticas de transporte destrutivas, com sua preferência pelo financiamento de estradas em vez de trilhos, além de estimularem a privatização dos meios de transporte local. Na China, que já foi o reino da igualitária bicicleta, os planejadores dão hoje prioridade irracional aos automóveis. Pequim destruiu grandes áreas de vilas tradicionais, com seus pátios e casas pobres, assim como a pitoresca rede de *hutongs* (becos), para abrir espaço a avenidas e vias expressas. Ao mesmo tempo, os ciclistas foram penalizados com novas taxas de licenciamento, restrições ao uso de ruas principais e o fim dos subsídios às bicicletas antes pagos pelas unidades de trabalho[33].

O resultado dessa colisão entre a pobreza urbana e o trânsito congestionado é pura carnificina. Mais de 1 milhão de pessoas – dois terços delas pedestres, ciclistas e passageiros – morrem todos os anos em acidentes de trânsito no Terceiro Mundo. "Pessoas que nunca terão um carro na vida", explica um pesquisador da Organização Mundial da Saúde (OMS), "correm o maior risco"[34]. Micro-ônibus e vans, muitas vezes sem licença e mal conservados, são os mais perigosos: em Lagos, por exemplo, os ônibus são conhecidos como *danfos* e *mulues* – "caixões voadores" e "necrotérios ambulantes"[35]. E a velocidade lenta do trânsito na maioria das cidades pobres não reduz a sua letalidade. Embora carros e ônibus se arrastem em Cairo numa velocidade média de menos de 10 quilômetros por hora, a capital egípcia ainda consegue uma taxa de oito mortos e sessenta feridos em acidentes a cada mil automóveis por ano[36]. Em Lagos, onde o morador médio

---

[32] Sperling e Clausen, "The Developing World's Motorization Challenge", p. 3.

[33] Exemplo de Pequim em Sit, *Beijing*, p. 288-9.

[34] Estudo da Road Traffic Injuries Research Network, financiado pela OMS, citado em *Detroit Free Press*, 24/9/2002.

[35] Vinand Nantulya e Michael Reich, "The Neglected Epidemic: Road Traffic Injuries in Developing Countries", *British Journal of Medicine*, v. 324, 11/5/2002, p. 1.139-41.

[36] El Arabi, "Urban Growth and Environmental Degradation", p. 392-4; e Oberai, *Population Growth, Employment and Poverty in Third World Mega-Cities*, p. 16 (taxa de acidentes).

Planeta Favela

passa incríveis três horas por dia retido em um engarrafamento medonho, os motoristas de carros particulares e micro-ônibus literalmente enlouquecem – na verdade, tantos motoristas sobem no meio-fio ou dirigem na mão contrária da rua que o Ministério do Trânsito impôs recentemente exames psiquiátricos obrigatórios aos infratores[37]. Enquanto isso, em Délhi, o *Hindustan Times* queixou-se recentemente de que os motoristas de classe média raramente se dão ao trabalho de parar depois de atropelar catadores sem-teto ou crianças pobres[38].

O custo econômico geral das mortes e dos ferimentos em estradas, segundo a OMS, é estimado em "quase o dobro do auxílio total para desenvolvimento recebido pelos países em desenvolvimento do mundo todo". Na verdade, a OMS considera o trânsito um dos piores riscos para a saúde enfrentados pelos pobres urbanos e prevê que em 2020 os acidentes serão a terceira maior causa de morte[39]. A China, onde os carros disputam com bicicletas e pedestres o controle das ruas urbanas, infelizmente liderará: quase 250 mil chineses foram mortos ou gravemente feridos em acidentes de trânsito somente nos primeiros cinco meses de 2003[40].

É claro que a motorização cada vez maior também exacerba o pesadelo da poluição do ar nas cidades do Terceiro Mundo. A miríade de carros velhos, ônibus maltratados e caminhões com muitos anos de estrada asfixia as áreas urbanas com as suas emanações mortais, enquanto os motores de dois tempos que movem os veículos menores emitem dez vezes mais partículas finas que os carros modernos. Segundo um estudo recente, o ar poluído é mais mortal nas crescentes megacidades do México (trezentos dias de alto nível de névoa de ozônio prejudicial por ano), São Paulo, Délhi e Pequim[41]. Em Mumbai, respirar equivale a fumar dois maços e meio de cigarros por dia, e o Centro de Ciência e Meio Ambiente de Délhi advertiu recentemente que as cidades indianas estão se tornando "câmaras de gás letal"[42].

---

[37] Glenn McKenzie, "Psychiatric Tests Required for Traffic Offenders", *RedNova*, 20/6/2003; e Peil, "Urban Housing and Services in Anglophone West Africa", p. 178.

[38] *Hindustan Times*, 1/2/2004.

[39] OMS, "Road Safety Is No Accident!", nov. 2003; e Road Traffic Injuries Research Network, citado em *Detroit Free Press*, 24/9/2002.

[40] *People's Daily* (em inglês), 24/6/2003.

[41] Asim Khan, "Urban Air Pollution in Megacities of the World", *Green Times*, primavera (segundo trimestre) de 1997; publicado pelo Penn Environmental Group. Ver também: "Commentary. Urban Air Pollution", em *Current Science*, v. 77, n. 3, 10/8/1999, p. 334; "World Bank Group Meets to Clean Up Asia's Deadly Air", Associated Press, 22/7/2003.

[42] Suketu Mehta, *Maximum City: Bombay Lost and Found* (Nova York, Knopf, 2004), p. 29; Karina Constantino-David, "Unsustainable Development: The Philippine Experience", em Westendorff e Eade, *Development and Cities*, p. 163.

Apropriação de reservas ambientais

Em termos abstratos, as cidades são a solução para a crise ambiental global: a densidade urbana pode traduzir-se em maior eficiência do uso da terra, da energia e dos recursos naturais, enquanto os espaços públicos democráticos e as instituições culturais também oferecem padrões de diversão de qualidade superior ao do consumo individualizado e do lazer mercadorizado. No entanto, como há muito tempo os urbanistas teóricos, a começar com Patrick Geddes (o verdadeiro pai do biorregionalismo), reconheceram, tanto a eficiência ambiental quanto a riqueza pública exigem a conservação de uma matriz verde de ecossistemas intactos, espaços abertos e serviços naturais: as cidades precisam da aliança com a natureza para reciclar seus dejetos e transformá-los em matéria-prima utilizável na agricultura, na jardinagem e na produção de energia. O urbanismo sustentável pressupõe a preservação da agricultura e dos alagados circundantes. Infelizmente, as cidades do Terceiro Mundo, com poucas exceções, poluem, urbanizam e destroem sistematicamente os seus sistemas fundamentais de apoio ambiental.

O espaço urbano aberto, por exemplo, costuma estar enterrado sob lixo não coletado, criando pequenas utopias para ratos e vetores de doenças, como os mosquitos. A diferença crônica entre o nível de geração de lixo e de seu tratamento costuma ser chocante: a taxa média de coleta em Dar es Salaam é de meros 25%; em Karachi, 40%; e em Jacarta, 60%[43]. Do mesmo modo, o diretor de planejamento urbano de Cabul (Afeganistão) queixa-se de que

> a cidade está se transformando num grande reservatório de resíduos sólidos [...] a cada 24 horas, 2 milhões de pessoas produzem 800 metros cúbicos de resíduos sólidos. Ainda que todos os nossos quarenta caminhões fizessem três viagens por dia, só conseguiriam transportar 200 ou 300 metros cúbicos para fora da cidade.[44]

Por vezes, o conteúdo dos resíduos é terrível: em Acra (Gana), o *Daily Graphic* noticiou recentemente que os "depósitos de lixo cada vez maiores, cheios de sacos de plástico preto contendo fetos abortados de *kayayee* [carregadoras de mercados] e adolescentes em Acra. Segundo o chefe do Executivo metropolitano, '75% do lixo em sacos de polietileno preto da metrópole contêm fetos humanos abortados'"[45].

---

[43] Vincent Ifeanyi Ogu, "Private Sector Participation and Municipal Waste Management in Benin City", *Environment and Urbanization*, v. 12, n. 2, out. 2000, p. 103, 105.

[44] *Washington Post*, 26/8/2002.

[45] *Daily Graphic* (Acra), 12/8/2000, citado em H. Wellington, "Kelewle, Kpokpoi, Kpanlogo", em Ralph Mills-Tettey e Korantema Adi-Dako (orgs.), *Visions of the City: Accra in the Twenty-First Century* (Acra, Woeli, 2002), p. 46.

Planeta Favela

Enquanto isso, os cinturões verdes periféricos vêm sendo convertidos em terras ecologicamente devastadas. A segurança alimentar está sendo colocada em perigo em toda a Ásia e África em função da destruição de terras agrícolas pelo transbordamento urbano desnecessário. Na Índia, mais de 50 mil hectares de culturas valiosas perdem-se todo ano devido à urbanização[46]. Na China, no ápice da "inundação camponesa", entre 1987 e 1992, quase 1 milhão de hectares foram convertidos anualmente do uso agrícola para o uso urbano[47]. No Egito, país agrícola mais densamente povoado do mundo, o crescimento urbano chegou claramente a um ponto crítico: em torno de Cairo, o desenvolvimento urbano consome até 30 mil hectares por ano, "uma massa de terra", ressalta Florian Steinberg, "que equivale mais ou menos aos ganhos para uso agrícola dos enormes projetos de irrigação iniciados com a concepção da Represa de Assuã"[48].

Além disso, a agricultura periurbana que sobrevive ao desenvolvimento está contaminada pelos produtos tóxicos encontrados no esterco humano e animal. As cidades asiáticas, observadas de cima, eram tradicionalmente cercadas por uma coroa verde-vivo de hortas comerciais de elevada produtividade, estendendo-se pelo raio do transporte econômico do esterco humano. Mas o esgoto industrial moderno foi envenenado por metais pesados e patógenos perigosos. Ao redor de Hanói, onde fazendeiros e pescadores são constantemente desenraizados pelo desenvolvimento urbano, os efluentes urbanos e industriais são hoje empregados rotineiramente como substituto gratuito dos fertilizantes artificiais. Quando os pesquisadores questionaram essa prática nociva, descobriram o "cinismo dos produtores de peixe e hortaliças" com relação aos "ricos da cidade". "Eles não se importam conosco e nos enrolam com indenizações inúteis [pela terra agrícola], então por que não dar um jeito de nos vingarmos?"[49]. Do mesmo modo, em Colombo, onde as favelas espalham-se pelos campos, "surgiu um novo tipo de cultivo conhecido como *keera kotu*, no qual os resíduos urbanos, inclusive os higienicamente inadequados, são usados para cultivar hortaliças o mais depressa possível e onde for possível"[50].

---

[46] Shahab Fazal, "Urban Expansion and Loss of Agricultural Land – a GIS-Based Study of Saharanpur City, India", *Environmental and Urbanization*, v. 12, n. 2, out. 2000, p. 124.

[47] Ver "Loss of Agricultural Land to Urbanization", disponível em: <www.infoforhealth.org/pr/m13/m13chap3_3.shtm1#top>; e "Farmland Fenced off as Industry Makes Inroads", *China Daily*, 18/8/2003.

[48] Florian Steinberg, "Cairo: Informal Land Development and the Challenge for the Future", em Baken e van der Linden, *Land Delivery for Low Income Groups in Third World Cities*, p. 131.

[49] Van den Berg, van Wijk e Van Hoi, "The Transformation of Agriculture and Rural Life Downsteam of Hanoi", p. 52.

[50] Dayaratne e Samarawickrama, "Empowering Communities", p. 102.

Ecologia de favela

Conforme piora a crise habitacional da maioria das cidades, as favelas também invadem diretamente santuários ecológicos e bacias hidrográficas vitais. Em Mumbai, os favelados penetraram tão profundamente no Parque Nacional Sanjay Gandhi que hoje é rotina alguns serem comidos por leopardos (dez somente em junho de 2004): um felino irritado chegou a atacar um ônibus urbano. Em Istambul, os *gecekondus* invadem a importantíssima bacia hidrográfica da floresta de Omerli; em Quito, os cortiços circundam o reservatório de Antisana; e, em São Paulo, as favelas ameaçam contaminar ainda mais a água da represa de Guarapiranga, já famosa pelo gosto desagradável de sua água e responsável por 21% do abastecimento da cidade. Na verdade, São Paulo está travando uma luta morro acima, já que é obrigada a usar todo ano 170 mil toneladas (ou a carga de 17 mil caminhões!) de substâncias químicas de tratamento para manter potável a água fornecida. Os especialistas avisam que esses expedientes são uma solução insustentável.

> Metade das favelas de São Paulo fica às margens dos reservatórios que fornecem água à cidade. Isso põe em risco a saúde pública, já que os invasores lançam os seus resíduos diretamente no reservatório ou nos riachos que lhe fornecem água. Os sistemas de controle de qualidade da rede de água municipal têm sofrido problemas numerosos nos últimos anos. Além de aumentar a cloração da água para impedir doenças entéricas, mal conseguem controlar a proliferação de algas, já que elas crescem demasiado com o acúmulo de material orgânico.[51]

Em toda parte o esgoto envenena as fontes de água potável. Em Kampala (Uganda), os dejetos das favelas contaminam o lago Vitória, enquanto em Monróvia (Libéria) – inchada para 1,3 milhão de moradores depois de anos de guerra civil, mas com infraestrutura projetada para menos de 250 mil habitantes – os excrementos poluem toda a paisagem: praias, ruas, pátios e rios[52]. Nas áreas mais pobres de Nairóbi, a água encanada não é mais potável devido à contaminação fecal na fonte[53]. Enquanto isso, a área de recarga de Ajusco, zona-tampão ecológica essencial da Cidade do México, está hoje perigosamente poluída pelos esgotos das *colonias* circundantes[54]. De fato, os especialistas estimam que 90% dos esgotos da América Latina são lançados sem tratamento em rios e cursos d'água[55]. Do ponto de vista sanitário, as cidades pobres de todos os continentes são pouco mais que esgotos entupidos e transbordantes.

---

[51] Taschner, "Squatter Settlements and Slums in Brazil", p. 193; Luis Galvão, "A Water Pollution Crisis in the Americas", *Habitat Debate*, set. 2003, p. 10.

[52] *The News* (Monrovia), 23/1/2004.

[53] Peter Mutevu, "Project Proposal on Health and Hygiene Education to Promote Safe Handling of Drinking Water and Appropriate Use of Sanitation Facilities in Informal Settlements", resumo, Nairóbi, abr. 2001.

[54] Imparato e Ruster, *Slum Upgrading and Participation*, p. 61; Pezzoli, *Human Settlements*, p. 20.

[55] Stillwaggon, *Stunted Lives, Stagnant Economies*, p. 97.

Planeta Favela

Viver na merda

O excesso de excrementos é, realmente, a contradição urbana primordial. Na década de 1830 e início da de 1840, com a cólera e a febre tifoide avançando em Londres e nas cidades industriais da Europa, a ansiosa classe média britânica foi obrigada a enfrentar um tópico que não se costumava mencionar na sala de visitas. A "consciência" burguesa, explica Steven Marcus, especialista na época vitoriana, "foi repentinamente perturbada pela percepção de que milhões de homens, mulheres e crianças inglesas estavam praticamente vivendo na merda. Parece que a questão imediata seria se não estavam se afogando nela"[56]. Como se acreditava que as epidemias nasciam dos "miasmas" fecais malcheirosos dos bairros favelados, houve súbito interesse da elite por condições de vida como aquelas catalogadas por Friedrich Engels em Manchester, onde em algumas ruas "mais de duzentas pessoas dividem a mesma privada" e o ex-bucólico rio Irk era "um rio fétido e preto como carvão, cheio de imundície e lixo". Marcus, numa glosa freudiana de Engels, pondera a ironia de que "gerações de seres humanos, com cujas vidas se produzia a riqueza da Inglaterra, eram obrigadas a viver na contrapartida simbólica e negativa da riqueza"[57].

Oito gerações depois de Engels, a merda ainda recobre doentiamente a vida dos pobres urbanos, como (para citar Marcus outra vez) "objetificação na prática de sua condição social, de seu lugar na sociedade"[58]. Efetivamente, pode-se colocar *A situação da classe trabalhadora na Inglaterra em 1844* lado a lado com um romance urbano africano moderno como *Going Down River Road* [Descendo a estrada do rio], de Meja Mwangi (1976), e ponderar sobre a continuidade excrementícia e existencial. "Num desses pátios", escreve Engels sobre Manchester, "logo na entrada, onde termina a passagem coberta, há uma privada com porta. Essa privada está tão suja que os moradores só podem entrar ou sair do pátio patinhando em poças de excrementos e urina estagnada"[59]. Do mesmo modo, Mwangi escreve sobre Nairóbi em 1974:

> A maioria dos caminhos que cruzam a pradaria orvalhada estava salpicada de excrementos humanos. [...] O vento úmido e frio que nela soprava levava consigo, no mesmo meio de transporte que o cheiro da merda e da urina, o murmúrio ocasional, a rara expressão de sofrimento, incerteza e resignação.[60]

---

[56] Stephen Marcus, *Engels, Manchester and the Working Class* (Nova York, W. W. Norton, 1974), p. 184.

[57] Ibidem.

[58] Ibidem, p. 185.

[59] Friedrich Engels, *The Condition of the Working-Class in England in 1844*, Marx-Engels Collected Works, v. 4 (Moscou, Progresso, 1975), p. 351. [A Boitempo prepara uma edição desta obra, com apresentação e notas de José Paulo Netto, para 2007. (N. E.)]

[60] Meja Mwangi, *Going Down River Road* (Nairóbi, Heinemann, 1976), p. 6.

Ecologia de favela

Certamente, o assunto é indelicado, mas um problema fundamental da vida da cidade do qual surpreendentemente há pouca escapatória. Durante 10 mil anos as sociedades urbanas lutaram contra o acúmulo mortal de seus próprios dejetos; até as cidades mais ricas simplesmente atiram seus excrementos nos cursos d'água ou lançam-nos em algum oceano próximo. As megacidades pobres de hoje – Nairóbi, Lagos, Mumbai, Daca e outras – são montanhas fétidas de merda que assustariam até os vitorianos mais insensíveis. (Exceto, talvez, Rudyard Kipling, um *connoisseur*, que em *The City of Dreadful Night* [A cidade da noite pavorosa] distinguia o "fedor da grande Calcutá" da pungência sem igual de Bombaim, Peshawar e Benares[61].) Além disso, a intimidade constante com os dejetos alheios é um dos mais profundos divisores sociais. Assim como a ocorrência universal de parasitas no corpo dos pobres, viver na merda, como sabiam os vitorianos, demarca verdadeiramente duas humanidades existenciais.

A crise sanitária global desafia a hipérbole. Sua origem, como no caso de tantos problemas urbanos do Terceiro Mundo, tem raízes no colonialismo. Em geral, os impérios europeus recusavam-se a oferecer infraestrutura moderna de água e rede de esgoto aos bairros nativos, preferindo usar, em vez disso, o zoneamento racial e os cordões sanitários para isolar as guarnições e os bairros brancos das doenças epidêmicas. Os regimes pós-coloniais, de Acra a Hanói, herdaram, assim, imensos déficits sanitários que poucos regimes tiveram condições de remediar agressivamente. (As cidades latino-americanas têm problemas sanitários graves, mas nada que se compare à magnitude dos da África ou do sul da Ásia.)

A megacidade de Kinshasa, cuja população se aproxima rapidamente dos 10 milhões de habitantes, não tem nenhum sistema de esgotamento de efluentes. Do outro lado do continente, em Nairóbi, na favela de Laini Saba, em Kibera, havia em 1998 exatamente dez latrinas tipo fossa para 40 mil pessoas, enquanto em Mathare 4A eram dois banheiros públicos para 28 mil pessoas. Como resultado, os favelados usam os "banheiros voadores" ou "mísseis scud", como são também conhecidos: "Colocam os dejetos num saco plástico e jogam-no no telhado ou no caminho mais próximo"[62]. A onipresença dos excrementos, entretanto, gera alguns meios de vida urbanos inovadores: em Nairóbi, aqueles que vão e voltam do trabalho enfrentam "garotos de dez anos com garrafas plásticas de solvente presas nos dentes, brandindo bolas de excrementos humanos, prontos a lançá-las pela janela aberta de algum carro para obrigar o motorista a lhes dar dinheiro"[63].

---

[61] Kipling, *The City of Dreadful Night*, p. 10-1.

[62] Katy Salmon, "Nairobi's 'Flying Toilets': Tip of an Iceburg", *Terra Viva* (Joanesburgo), 26/8/2002; Mutevu, "Project Proposal on Health and Hygiene Education".

[63] Andrew Harding, "Nairobi Slum Life" (série), *The Guardian*, 4, 8, 10 e 15/10/2002.

Planeta Favela

A situação sanitária do sul e do sudeste da Ásia é apenas levemente melhor do que na África subsaariana. Daca, há uma década, tinha uma rede de água encanada que servia apenas a 67 mil casas e um sistema de esgoto com apenas 8.500 conexões. Do mesmo modo, menos de 10% dos lares da área metropolitana de Manila estão ligados à rede de esgoto[64]. Jacarta, apesar de seus vistosos arranha-céus, ainda depende de fossas a céu aberto para lançar a maior parte de suas águas servidas. Na Índia contemporânea, onde estimados 700 milhões de pessoas são obrigados a defecar ao ar livre, apenas 17 de 3.700 cidades médias e grandes têm algum tipo de tratamento primário de esgoto antes da disposição final. Um estudo de 22 favelas da Índia encontrou 9 delas sem nenhuma instalação sanitária; em outras 10, havia apenas 19 latrinas para 102 mil pessoas[65]. O cineasta Prahlad Kakkar, autor do documentário *Bumbay*, sobre banheiros, disse a um espantado entrevistador que, em Bombaim, "metade da população não tem um vaso sanitário para cagar, então cagam ao ar livre. São cinco milhões de pessoas. Se cada uma cagar meio quilo, serão dois milhões e meio de quilos de merda toda manhã"[66]. Do mesmo modo, "uma pesquisa de 1990, em Délhi", conta Susan Chaplin,

> mostrou que as 480 mil famílias de 1.100 favelas tinham acesso a apenas 160 vasos sanitários e 110 banheiros móveis em vans. A falta de instalações sanitárias em áreas de favela obrigou os favelados a usar qualquer espaço aberto, como os parques públicos, e assim criou tensões entre eles e os moradores de classe média quanto ao direito de defecar.[67]

De fato, Arundhati Roy fala de três favelados de Délhi que, em 1998, foram "alvejados por defecar em lugar público"[68].

Enquanto isso, na China, onde os cortiços urbanos reapareceram depois das reformas de mercado, muitos imigrantes vivem sem esgoto sanitário nem água corrente. "Há relatos de pessoas", escreve Dorothy Solinger,

> espremidas em barracos de Pequim, onde um banheiro serve a mais de 6 mil pessoas; de uma favela em Shenzhen com cinquenta moradias na qual centenas de pessoas

---

[64] Berner, *Defending a Place*, p. XIV.

[65] UN-Habitat, *Debate*, v. 8, n. 2, jun. 2002, p. 12.

[66] Citado em Mehra, *Maximum City*, p. 127.

[67] Susan Chaplin, "Cities, Sewers and Poverty: India's Politics of Sanitation", *Environment and Urbanization*, v. 11, n. 1, abr. 1999, p. 152. Essas lutas de classe sobre o "direito de defecar" são continuação de um conflito crônico das cidades coloniais. Gooptu, por exemplo, cita o caso, em 1932, de invasores de terrenos de Kanpur (Índia) que, depois de o Conselho Municipal ter-lhes negado as reivindicações de água potável e latrinas sanitárias, invadiram um campo próximo aos bangalôs do serviço público e usaram-no (em protesto) como sua latrina comunitária. A polícia foi prontamente chamada e seguiu-se um quebra-quebra. (Gooptu, *The Politics of the Urban Poor in Early Twentieth-Century India*, p. 87.)

[68] Arundhati Roy, "The Cost of Living", *Frontline*, v. 17, n. 3, 5-8/2/2000.

Ecologia de favela

145

subsistiam sem água corrente; [...] [e] uma pesquisa de 1995 em Xangai revelou que meros 11% de quase 4.500 famílias migrantes tinham realmente um banheiro.[69]

Ser obrigado a atender a uma necessidade orgânica em público, com toda a certeza, é humilhante para qualquer um, mas acima de tudo esse é um problema feminista. As mulheres urbanas pobres vivem aterrorizadas pelo beco sem saída de ter de obedecer a padrões estritos de recato sem acesso a nenhum meio privativo de higiene. "A ausência de banheiros", escreve a jornalista Asha Krishnakumar, "é devastadora para as mulheres. Afeta gravemente a sua dignidade, saúde, segurança e sensação de privacidade e, de forma indireta, o seu nível de instrução e a sua produtividade. Para defecar, mulheres e meninas têm de esperar até o escurecer, o que as expõe a assédio e até ataque sexual.[70]"

Nas favelas de Bangalore – a cidade-vitrine de alta tecnologia da "Índia Brilhante" –, mulheres pobres, que não podem pagar para usar os banheiros públicos, precisam esperar a noite para lavar-se ou aliviar-se. A pesquisadora Loes Schenk-Sandbergen escreve:

> Os homens podem urinar a qualquer momento, em qualquer lugar, enquanto as mulheres só são vistas obedecendo ao chamado da natureza antes do amanhecer e depois que anoitece. Para evitar riscos, as mulheres têm de ir em grupos às cinco da manhã [...] muitas vezes a locais pantanosos onde pode haver serpentes ocultas ou algum depósito de lixo deserto com ratos e outros roedores. É comum as mulheres dizerem que não comem durante o dia só para evitar ter de sair em campo aberto à noite.[71]

Do mesmo modo, em Mumbai, as mulheres têm de se aliviar "entre as duas e as cinco da madrugada, porque é a única hora em que têm privacidade". Os banheiros públicos, explica o escritor Suketu Mehra, raramente são solução para as mulheres, pois quase nunca funcionam: "As pessoas defecam em torno dos sanitários porque estão entupidos há meses ou anos"[72].

A solução para a crise sanitária, pelo menos como concebida por alguns professores de economia sentados em poltronas confortáveis em Chicago e Boston, foi transformar a defecação urbana em um negócio global. Com efeito, uma das grandes realizações do neoliberalismo patrocinado por Washington foi transformar os banheiros públicos em pontos de arrecadação para pagar a dívida externa; os banheiros pagos são um setor em crescimento em todas as favelas do Terceiro Mundo. Em Gana, a tarifa pelo uso de banheiros públicos foi instituída

---

[69] Solinger, *Contesting Citizenship in Urban China*, p. 121.

[70] Asha Krishnakumar, "A Sanitation Emergency", *Focus*, 20:24, 22/11 a 5/12/2003.

[71] Loes Schenk-Sandbergen, "Women, Water and Sanitation in the Slums of Bangalore: A Case Study of Action Research", em Schenk, *Living in India's Slums*, p. 198.

[72] Mehra, *Maximum City*, p. 128.

Planeta Favela

pelo governo militar em 1981; no final da década de 1990, os banheiros foram privatizados e, hoje, são descritos como "mina de ouro" de lucratividade[73]. Em Kumasi, por exemplo, onde membros da Assembleia ganense venceram as lucrativas concorrências, o uso privativo do banheiro por uma família custa, por dia, cerca de 10% do salário básico[74]. Do mesmo modo, em favelas quenianas como Mathare, cada visita a um banheiro privatizado custa seis centavos de dólar: caro demais para a maioria dos pobres, que preferem defecar a céu aberto e gastar o seu dinheiro em água e comida[75]. Esse também é o caso em favelas de Kampala, como Soweto e Kamwokya, onde os banheiros públicos custam espantosos cem xelins por visita[76].

Assassinos de bebês

"Em Cité-Soleil", diz Lovly Josaphat, que mora na maior favela de Porto Príncipe, "sofri muito".

> Quando chove, a parte da Cité onde moro inunda, e a água entra em casa. Sempre tem água no chão, água verde e fedorenta, e não há ruas. Os mosquitos nos picam. Meu filho de quatro anos tem bronquite, malária e agora até febre tifoide. [...] O médico disse para dar-lhe água fervida, para não lhe dar comida com gordura nem deixar que ande na água. Mas a água está por toda parte; ele não pode sair de casa sem pôr os pés nela. O médico disse que se eu não cuidar dele vou perdê-lo.[77]

Água verde e fétida por toda parte. "Diariamente, em todo o mundo", segundo a especialista em saúde pública Eileen Stillwaggon, "as doenças relacionadas a água, esgoto e lixo matam 30 mil pessoas e representam 75% das moléstias que afligem a humanidade"[78]. Com efeito, as doenças do trato digestivo oriundas das más condições sanitárias e da poluição da água potável, como diarreia, enterite, colite, febre tifoide e febres paratifoides, são a principal causa de morte do mundo e afetam principalmente bebês e crianças pequenas[79]. Os esgotos a céu

---

[73] Deborah Pellow, "And a Toilet for Everyone!", em Mills-Tetley e Adi-Dako, *Visions of the City*, p. 140.

[74] Nick Devas e David Korboe, "City Governance and Poverty: The Case of Kumasi", *Environment and Urbanization*, v. 12, n. 1, abr. 2000, p. 128-30.

[75] Salmon, "Nairobi's 'Flying Toilets' ".

[76] Halima Abdallah, "Kampala's Soweto", *The Monitor* (Kampala), 19-25/11/2003.

[77] Beverly Bell, *Walking on Fire: Haitian Women's Stories of Survival and Resistance* (Ithaca, Cornell University Press, 2001), p. 45.

[78] Stillwaggon, *Stunted Lives, Stagnant Economies*, p. 95.

[79] Ver Pellow, "And a Toilet for Everyone!"; Nikhil Thapar e Ian Sanderson, "Diarrhoea in Children: an Interface Between Developing and Developed Countries", *The Lancet*, 363, 21/2/2004, p. 641-50; e Mills-Tettey e Adi-Dako, *Visions of the City*, p. 138.

Ecologia de favela

147

aberto e a água contaminada estão igualmente infestados de parasitas intestinais como tricuros, nematódeos e ancilóstomos e outros que contaminam dezenas de milhares de crianças nas cidades pobres. A cólera, flagelo da cidade vitoriana, também continua a vicejar com a contaminação fecal dos reservatórios de água urbana, principalmente em cidades africanas como Antananarivo, Maputo e Lusaka, onde a Unicef estima que até 80% das mortes por doenças evitáveis (exceto a aids) derivam das más condições sanitárias. A diarreia associada à aids é um acréscimo cruel ao problema[80].

A contaminação onipresente da água potável e da comida pelo lixo e pelo esgoto sabota as iniciativas mais desesperadas dos favelados de praticar a higiene preventiva. Na enorme favela de Kibera, em Nairóbi, Rasna Warah, da UN-Habitat, estudou a vida cotidiana de uma vendedora ambulante de hortaliças chamada Mberita Katela, que caminha 400 metros toda manhã para comprar água. Ela usa uma latrina comunitária tipo fossa ao lado de sua casa, que é partilhada por cem vizinhos; sua casa fede a esgoto transbordado. Mberita vive preocupada com a contaminação da água para cozinhar e lavar – Kibera foi devastada nos últimos anos pela cólera e outras doenças ligadas a excrementos[81]. Do mesmo modo, em Kolkata, há pouca coisa que as mães possam fazer quanto às terríveis privadas que são obrigadas a usar. Esses pequenos abrigos de tijolo ficam acima de cavidades de barro que quase nunca são limpas, assegurando assim que "a sujeira fedorenta em torno da privada do *bustee* seja arrastada pelas chuvas diretamente para os poços e tanques de água nos quais as pessoas se limpam e lavam as roupas e os utensílios de cozinha"[82].

Os exemplos da impotência dos pobres diante da crise sanitária são incontáveis. Os moradores da Cidade do México, por exemplo, inalam merda: a poeira fecal que sopra do lago Texcoco durante a estação seca e quente provoca febre tifoide e hepatite. Nos Campos Novos, em torno de Yangon, para onde o regime militar removeu violentamente centenas de milhares de moradores dos bairros pobres do centro da cidade, Monique Skidmore descreve famílias que moram no equivalente sanitário do inferno de lama da guerra de trincheiras da Primeira Guerra Mundial: cozinham e defecam na lama bem em frente aos minúsculos pedaços de plástico sob os quais dormem. Não espanta que os Campos Novos sejam devastados por cólera, disenteria, dengue e malária[83]. Na favela gigante de Cidade Sadr, em Bagdá, as epidemias de hepatite e febre

---

[80] UN Integrated Regional Information Networks, informações à imprensa, 19/2/2003.

[81] Rasna Warah, "Nairobi's Slums: Where Life for Women is Nasty, Brutish and Short", UN-Habitat, *Debate*, v. 8, n. 3, 2002.

[82] Chaplin, "Cities Sewers, and Poverty", p. 151.

[83] Skidmore, *Karaoke Fascism*, p. 156.

Planeta Favela

tifoide fogem ao controle. O bombardeio norte-americano destruiu a infra-estrutura – já sobrecarregada – de água e esgoto, e em consequência o esgoto *in natura* escorre para o suprimento de água domiciliar. Dois anos depois da invasão dos Estados Unidos, o sistema continua arruinado e podem-se perceber a olho nu filamentos de excrementos humanos na água das torneiras. No calor de 45 graus do verão não há outra fonte de água disponível pela qual os pobres possam pagar[84].

Enquanto isso, as cruzadas sanitárias vêm e vão com o passar dos anos. Os anos 1980 foram a Década Internacional de Água Potável e Saneamento Básico da ONU, mas, como enfatiza Anqing Shi, pesquisador do Banco Mundial, "no final da década de 1980, a situação não havia melhorado muito"[85]. Com efeito, a OMS admite que "ainda haverá cerca de 5 milhões de mortes [evitáveis] de crianças com menos de cinco anos em 2025 [...] causadas principalmente por doenças infecciosas, dentre as quais a diarreia continuará a ter papel importante"[86]. "Em qualquer momento dado", acrescenta um relatório de 1996 da OMS, "quase metade da população urbana do hemisfério sul sofre de uma ou mais dentre as principais doenças associadas ao fornecimento inadequado de serviço de água e esgoto"[87]. Embora a água potável seja o remédio mais barato e isoladamente o mais importante do mundo, o fornecimento público de água, assim como os banheiros gratuitos, costumam competir com poderosos grupos privados de interesse.

A venda de água é um comércio lucrativo em cidades pobres. Nairóbi, como sempre, é um exemplo notório, onde empresários com boas relações políticas revendem nas favelas a água municipal (que custa pouquíssimo para famílias suficientemente ricas para ter torneiras) por preços exorbitantes. Como se queixou recentemente o prefeito Joe Aketch, "um estudo mostra que a população da favela Kibera paga até cinco vezes mais por litro d'água do que o cidadão norte-americano médio. É uma vergonha que os ricos de Nairóbi possam usar a sua riqueza para desviar em proveito próprio serviços destinados aos pobres"[88]. Sem possibilidade ou não querendo pagar aos vendedores o preço extorsivo da água, alguns habitantes de Nairóbi recorrem a expedientes desesperados, até mesmo – como escrevem dois pesquisadores locais – "usar água

---

[84] *Los Angeles Times*, 4/8/2004.

[85] Shi, "How Access to Urban Potable Water and Sewerage Connections Affects Child Mortality", p. 2.

[86] Thapar e Sanderson, "Diarrhoea in Children", p. 650.

[87] Relatório de 1996 da OMS parafraseado por David Satterthwaite, "The Links Between Poverty and the Environment in Urban Areas of Africa, Asia, and Latin America", *The Annals of the American Academy of Political and Social Science*, 590, 1993, p. 80.

[88] Intermediate Technology Development Group (ITDG) *East Africa Newsletter*, ago. 2002.

Ecologia de favela

149

residual, deixar de tomar banho e lavar roupas e utensílios, usar água de poço e de chuva e tirar água de canos quebrados"[89].

A situação em Luanda é ainda pior: as famílias mais pobres são obrigadas a gastar 15% de sua renda com água, que empresas privadas simplesmente bombeiam do vizinho rio Bengo, poluído pelo esgoto[90]. "A água é tão rara em

Tabela 6.3
Água: os pobres pagam mais[91]
Água dos vendedores em relação à água encanada
(percentual de ágio)

	%
Faisalabad (Paquistão)	6.800
Bundun (Nigéria)	5.000
Manila	4.200
Mumbai	4.000
Phnom Penh	1.800
Hanói	1.300
Karachi	600
Daca	500

Kinshasa" – situada às margens do segundo maior rio do mundo – "quanto no Saara". Embora a água encanada seja relativamente barata, como relatam a geógrafa Angeline Mwacan e o antropólogo Theodore Trefon, as torneiras costumam ficar secas e, assim, os pobres precisam andar quilômetros para tirar água de rios poluídos. O carvão é caro demais para desperdiçar na fervura da água e, consequentemente, 30% das consultas médicas devem-se a doenças ligadas à água, como cólera, febre tifoide e shigelose[92]. Enquanto isso, em Dar es Salaam, as autoridades municipais foram pressionadas pelo Banco Mundial a entregar o fornecimento de água à empresa privada britânica Biwater; o resultado, segundo os órgãos de auxílio, foi o aumento acentuado dos preços apesar do pequeno aumento dos serviços; as famílias pobres tiveram de recorrer a fontes de água pouco seguras. "Num poço particular em Tabata", conta o *Guardian*, "uma botija de 20 litros é vendida por oito pence, quantia substancial numa cidade onde muita gente vive com menos de cinquenta pence por dia. Famílias pobres

---

[89] Mary Amuyunzu-Nyamongo e Negussie Taffa, "The Triad of Poverty, Environment and Child Health in Nairobi Informal Settlements", *Journal of Health and Population in Developing Countries*, 8/1/2004, p. 7.

[90] Hodges, *Angola*, p. 30.

[91] Números da UN Economic and Social Commission for Asia and the Pacific, 1997.

[92] Angeline Mwacan e Theodore Trefon, "The Tap Is on Strike", em Trefon (org.), *Reinventing Order in the Congo: How People Respond to State Failure in Kinshasa* (Kampala, Zed, 2004), p. 33, 39, 42.

Planeta Favela

demais para comprar essa água cavam poços rasos". No entanto, as autoridades governamentais receberam aplausos de Washington por seu apoio à privatização[93].

Duplo fardo

Os maiores diferenciais de saúde não são mais entre cidade e campo, mas entre a classe média urbana e os pobres urbanos. A taxa de mortalidade de crianças com menos de cinco anos nas favelas de Nairóbi (151 por mil) é duas ou três vezes maior do que na cidade como um todo e 50% mais alta do que nas áreas rurais pobres[94]. Do mesmo modo, a mortalidade infantil de Quito é trinta vezes maior nas favelas do que nos bairros mais ricos, enquanto na Cidade do Cabo a tuberculose é cinquenta vezes mais comum entre os negros pobres do que entre os brancos ricos[95]. Mumbai, como antigamente, continua a ser um necrotério, com a taxa de mortalidade das favelas 50% mais alta do que nos distritos rurais adjacentes; além disso, espantosos 40% da mortalidade total são atribuídos a infecções e doenças parasitárias causadas pela contaminação da água e pelas péssimas condições sanitárias[96]. Segundo estatísticas médicas, em Daca e Chitagongue (Bangladesh), "acredita-se que cerca de um terço das comunidades faveladas esteja doente em qualquer dado momento" – o equivalente a uma pandemia em qualquer outro contexto urbano[97].

Os favelados, enfatizam os pesquisadores de saúde, carregam um fardo duplo de doenças. "Os pobres urbanos", escreve uma equipe de pesquisa, "são a interface entre o subdesenvolvimento e a industrialização, e os seus padrões epidemiológicos refletem os problemas de ambos. Do primeiro recebem o fardo pesado das doenças infecciosas e da desnutrição enquanto da segunda sofrem a gama típica de doenças crônicas e sociais"[98]. "De mãos dadas com a urbanização", acrescenta Richard Horton, editor da revista médica *Lancet*, "vieram epidemias de doenças que até então costumavam estar confinadas a áreas rurais, como teníase, nematodíase, esquistossomose, tripanossomíase e dengue"[99]. Porém, diabetes, câncer e

---

[93] Jeevan Vasagar, "Pipes Run Dry in Tanzania", *The Guardian*, 27/9/2004.

[94] Herr e Karl, *Estimating Global Slum Dwellers*, p. 14.

[95] Carolyn Stephens, "Healthy Cities or Unhealthy Islands? The Health and Social Implications of Urban Inequality", *Environment and Urbanization*, v. 8, n. 2, out. 1996, p. 16, 22.

[96] Jacquemin, *Urban Development and New Towns in the Third World*, p. 90-1.

[97] Abul Barkat, Mati Ur Rahman e Manik Bose, "Family Planning Choice Behavior in Urban Slums of Bangladesh: An Econometric Approach", *Asia-Pacific Population Journal*, v. 12, n. 1, mar. 1997, excerto, p. 1.

[98] Edmundo Werna, Ilona Blue e Trudy Harpham, "The Changing Agenda for Urban Health", em Cohen et al., *Preparing for the Urban Future*, p. 201.

[99] Richard Horton, *Health Wars: On the Global Front Lines of Modern Medicine* (Nova York, The New York Review of Books, 2003), p. 79.

Ecologia de favela

problemas cardíacos também cobram seu maior tributo entre os pobres urbanos[100]. Esse fardo duplo, ademais, costuma ser mais pesado, segundo pesquisadores da ONU, nas "cidades menores e menos prósperas de países de renda mais baixa ou nas regiões de renda mais baixa de países de renda mediana". Parece que as megacidades politicamente dominantes consideram relativamente fácil exportar parte dos seus problemas ambientais e sanitários rio abaixo, usando outras regiões como fossas para os dejetos e a poluição[101].

A reestruturação neoliberal das economias urbanas do Terceiro Mundo, ocorrida a partir do final da década de 1970, teve impacto devastador sobre a prestação pública de assistência médica, principalmente no caso de mulheres e crianças. Como destaca a Women's Global Network for Reproductive Rights, os planos de ajuste estrutural (PAEs), por cujos protocolos os países endividados cedem ao FMI e ao Banco Mundial a sua independência econômica, "costumam exigir cortes dos gastos públicos, inclusive os gastos com a saúde (mas não os gastos militares)"[102]. Na América Latina e nas Antilhas, a austeridade imposta pelo PAE durante a década de 1980 reduziu o investimento público em redes de esgoto e água potável, eliminando assim a melhora da sobrevivência infantil gozada anteriormente pelos moradores pobres. No México, depois da adoção de um segundo PAE em 1986, o percentual de partos auxiliados por pessoal médico caiu de 94% em 1983 para 45% em 1988, enquanto a mortalidade materna disparou de 82 por 100 mil, em 1980, para 150 por 100 mil, em 1988[103].

Em Gana, o "ajuste" levou não só a uma redução de 80% dos gastos com saúde e educação entre 1975 e 1983 como também provocou o êxodo de metade dos médicos do país. De modo parecido, nas Filipinas, no início da década de 1980, a despesa com saúde *per capita* caiu pela metade[104]. Na Nigéria, rica em petróleo mas totalmente "desajustada", um quinto das crianças do país morre hoje antes de completar cinco anos de idade[105]. O economista Michel Chossudovsky atribui o famoso surto de peste de 1994 em Surate à "piora da infraestrutura urbana sanitária e de saúde pública que acompanhou a compressão dos orçamentos

---

[100] Assim, 11 dos 17 milhões de mortes por acidente vascular cerebral e infarto do miocárdio acontecem em países em desenvolvimento. Ver D. Yach et al., "Global Chronic Diseases", *Science*, 21/1/2005, p. 317, e também a troca de cartas (15/7/2005), p. 380.

[101] David Satterthwaite, "Environmental Transformations in Cities as They Get Larger, Wealthier and Better Managed", *The Geographical Journal*, v. 163, n. 2, jul. 1997, p. 217.

[102] Women's Global Network for Reproductive Rights, *A Decade After Cairo. Women's Health in a Free Market Economy*, Corner House Briefing 30, Sturminister Newton, 2004, p. 8.

[103] Shi, "How Access to Urban Portable Water and Sewerage Connections Affects Child Mortality", p. 4-5.

[104] Frances Stewart, *Adjustment and Poverty: Options and Choices* (Londres, Routledge, 1995), p. 196, 203, 205.

[105] Estatística do Banco Mundial citada em *Financial Times*, 10/9/2004.

Planeta Favela

nacional e municipal durante o Plano de Ajuste Estrutural patrocinado em 1991 pelo FMI e pelo Banco Mundial"[106].

Os exemplos podem ser facilmente multiplicados: em toda parte, a obediência aos credores internacionais ditou cortes da assistência médica, a emigração de médicos e enfermeiras, o fim dos subsídios alimentares e a troca da produção agrícola de subsistência pelas culturas de exportação. Como enfatiza Fantu Cheru, importante especialista em dívida da ONU, o tributo forçado que o Terceiro Mundo paga ao Primeiro tem sido literalmente uma diferença de vida ou morte para milhões de pobres.

> Mais de 36 milhões de pessoas no mundo hoje estão infectadas por HIV/aids. Delas, cerca de 95% moram no hemisfério sul. Especificamente, a África subsaariana é o lar de mais de 25 milhões de pessoas que sofrem com o HIV e a aids. [...] Todos os dias, na África, mais de 5 mil pessoas morrem de aids. Os especialistas estimaram que a comunidade mundial precisa investir 7-10 bilhões de dólares anualmente para combater o HIV e a aids, assim como outras doenças como tuberculose e malária. No entanto, diante dessa crise humanitária, os países africanos continuam a pagar 13,5 bilhões de dólares por ano de serviço da dívida externa a países e instituições credoras, quantia muito maior do que o fundo fiduciário global proposto pelas Nações Unidas para o HIV e a aids. Essa transferência maciça de recursos dos países africanos pobres para os credores ricos do hemisfério norte é um dos fatores que enfraqueceram perigosamente a assistência médica e a educação nos países hoje mais afetados pela pandemia.[107]

Mais recentemente, o Banco Mundial combinou a retórica feminista sobre os direitos reprodutivos das mulheres e a igualdade de sexos na medicina com uma pressão incansável (em nome das "reformas") sobre os destinatários da ajuda, para que se abram à competição global de prestadores privados de assistência médica e empresas farmacêuticas do Primeiro Mundo. O documento *Investing in Health*, publicado pelo Banco em 1993, delineou o novo paradigma da assistência médica baseada no mercado: "Gastos públicos limitados num pacote de serviços estritamente definido; cobrança dos usuários pelos serviços públicos; e assistência médica e financiamento privatizados"[108]. Um exemplo genuíno da nova abordagem foi o Zimbábue, onde a adoção de taxas cobradas do usuário no início da década de 1990 levou à duplicação da mortalidade infantil[109].

---

[106] Citado em *A Decade After Cairo*, p. 12.

[107] Fantu Cheru, "Debt, Adjustment and the Politics of Effective Response to HIV/aids in Africa", *Third World Quarterly*, v. 23, n. 2, 2002, p. 300.

[108] Ibidem, p. 9.

[109] Deborah Potts e Chris Mutambirwa, "Basics Are Now a Luxury: Perceptions of Structural Adjustment's Impact on Rural and Urban Areas in Zimbabwe", *Environment and Urbanization*, 10:1, abril de 1998, p. 75.

Ecologia de favela

Mas a crise da saúde urbana no Terceiro Mundo dificilmente seria culpa apenas dos credores externos. Quando as elites mudam-se para condomínios fechados nas periferias, preocupam-se menos com a ameaça das doenças das favelas e mais com a segurança doméstica e a construção de vias expressas. Na Índia, por exemplo, Susan Chaplin vê a reforma do sistema de esgoto sabotada por funcionários corruptos e uma classe média indiferente:

> As condições ambientais das cidades indianas continuam a deteriorar-se porque a classe média participa ativamente da exclusão de grandes setores da população do acesso a serviços urbanos básicos. A consequência dessa monopolização dos recursos e benefícios do Estado é que, embora a consciência dos problemas ambientais cresça na classe média, até hoje ela esteve mais preocupada com a inconveniência que sofre nas ruas congestionadas e a resultante poluição do ar do que com o risco de epidemias e doenças endêmicas.[110]

Mas diante de pestes como o HIV e a aids, que "abalam a terra e sacodem os céus"[111], a segregação urbana só permite uma ilusão de proteção biológica. Na verdade, as megafavelas de hoje são incubadoras singulares de novas e ressurgentes doenças, que podem agora viajar pelo mundo com a velocidade de um avião a jato. Como afirmo em meu recente livro sobre o perigo iminente da gripe aviária, *O monstro bate à nossa porta: a ameaça global da gripe aviária*, a globalização econômica sem o concomitante investimento em infraestrutura global de saúde pública é uma fórmula certeira da catástrofe[112].

---

[110] Chaplin, "Cities, Sewers and Poverty", p. 156.

[111] Meja Mwangi, *The Last Plague* (Nairóbi, Michigan State University Press, 2000), p. 4.

[112] Mike Davis, *The Monster at Our Door: The Global Threat of Avian Flu* (Nova York, The New Press, 2005). [Ed. bras.: Rio de Janeiro, Record, 2006.]

7

"Desajustando" o Terceiro Mundo

> Depois de uma risada misteriosa, eles mudaram
> rapidamente de assunto. Como as pessoas lá
> em casa vinham sobrevivendo ao PAE?
>
> Fidelis Balogun[1]

As favelas, apesar de serem funestas e inseguras, têm um esplêndido futuro. Por um breve período o campo ainda conterá a maioria dos pobres do mundo, mas essa honraria às avessas será transmitida para as favelas urbanas por volta de 2035. Pelo menos metade da próxima explosão populacional urbana do Terceiro Mundo será creditada às comunidades informais[2]. Dois bilhões de favelados em 2030 ou 2040 é uma possibilidade monstruosa, quase inconcebível, mas a pobreza humana por si só superpõe-se às favelas e excede-as. Os pesquisadores do projeto Observatório Urbano da ONU advertem que, em 2020, "a pobreza urbana do mundo chegará a 45% ou 50% do total de moradores das cidades"[3].

A evolução dessa nova pobreza urbana, como já vimos, foi um processo histórico não linear. O acréscimo lento de favelas ao invólucro da cidade tem sido marcado por tempestades de pobreza e explosões súbitas de construção de barracos. Em sua coletânea de histórias intitulada *Adjusted Lives* [Vidas ajustadas], o escritor nigeriano Fidelis Balogun descreve a chegada do Plano de Ajuste Estrutural (PAE) do FMI, em meados da década de 1980, como equivalente a uma grande catástrofe natural, a destruir para sempre a antiga alma de Lagos e "reescravizar" os nigerianos urbanos.

A lógica fatídica desse plano econômico parecia ser que, para devolver a vida à economia moribunda, primeiro todo o suco tinha de ser espremido da maioria desprivi-

---

[1] Fidelis Odun Balogun, *Adjusted Lives: Stories of Structural Adjustments* (Trenton, Nova Jersey, Africa World Press, 1995), p. 75.

[2] Martin Ravallion, *On the Urbanization of Poverty*, documento do Banco Mundial, 2001.

[3] Eduardo López Moreno, *Slums of the World: The Face of Urban Poverty in the New Millenium?* (Nairóbi, Global Urban Observatory, 2003), p. 12.

Planeta Favela

legiada dos cidadãos. A classe média logo desapareceu e os montes de lixo dos poucos cada vez mais ricos tornaram-se a mesa da multiplicada população dos abjetamente pobres. O escoamento dos cérebros para os países árabes ricos em petróleo e para o mundo ocidental transformou-se numa torrente.[4]

O lamento de Balogun sobre "privatizar a todo o vapor e ficar mais faminto a cada dia" assim como sua enumeração das consequências malévolas dos PAEs soariam instantaneamente familiares não só aos sobreviventes dos outros trinta PAEs africanos como também a centenas de milhões de asiáticos e latino-americanos. Os anos 1980, em que o FMI e o Banco Mundial usaram a alavancagem da dívida para reestruturar a economia da maior parte do Terceiro Mundo, foi a época em que as favelas tornaram-se o futuro implacável não somente dos migrantes rurais pobres como também de milhões de habitantes urbanos tradicionais, desalojados ou atirados à miséria pela violência do "ajuste".

O *big bang* da pobreza urbana

Entre 1974 e 1975, o Fundo Monetário Internacional, seguido pelo Banco Mundial, mudou o seu enfoque dos países industriais desenvolvidos para o Terceiro Mundo, que cambaleava sob o impacto dos preços cada vez mais altos do petróleo. Ao aumentar passo a passo os seus empréstimos, o FMI ampliou aos poucos o alcance das "condicionalidades" coercitivas e "ajustes estruturais" que impunha aos países seus clientes. Como enfatiza a economista Frances Stewart em importante estudo, os "fatos exógenos que precisavam de ajuste não foram atacados por essas instituições, os maiores deles sendo a queda dos preços das *commodities* e os juros exorbitantes da dívida", mas todas as políticas nacionais e todos os programas públicos foram alvo de excisão[5]. Em agosto de 1982, quando o México ameaçou deixar de pagar as parcelas da dívida, tanto o FMI quanto o Banco Mundial, em sincronia com os maiores bancos comerciais, tornaram-se instrumentos explícitos da revolução capitalista internacional promovida pelos governos Reagan, Thatcher e Kohl. O Plano Baker de 1985 (batizado com o nome do então secretário do Tesouro James Baker, mas redigido por seu vice-secretário Richard Darman) exigiu sem rodeios que os quinze maiores devedores do Terceiro Mundo abandonassem as estratégias de desenvolvimento conduzidas pelo Estado em troca de novas facilidades para empréstimos e de continuar participando da economia mundial. O Plano também empurrou para a ribalta o Banco Mundial, como gerente a longo prazo das dúzias de planos de ajuste estrutural que davam forma ao admirável mundo novo do chamado Consenso de Washington.

---

[4] Balogun, ibidem, p. 80.

[5] Stewart, *Adjustment and Poverty*, p. 213.

"Desajustando" o Terceiro Mundo

É claro que este é um mundo no qual as reivindicações dos bancos e credores estrangeiros sempre têm precedência sobre as necessidades de sobrevivência dos pobres rurais e urbanos; é um mundo no qual é considerado "normal" que um país pobre como Uganda gaste *per capita* doze vezes mais com o pagamento da dívida todo ano do que com assistência médica em meio à crise do HIV e da aids[6]. Como enfatiza *The Challenge of Slums*, os PAEs tiveram "natureza deliberadamente antiurbana" e foram projetados para reverter qualquer "viés urbano" que existisse nas políticas de bem-estar social, na estrutura fiscal ou nos investimentos governamentais. Por toda parte o FMI e o Banco Mundial, agindo como delegados dos grandes bancos e apoiados pelos governos de Reagan e George H. W. Bush, ofereceram aos países pobres o mesmo cálice envenenado de desvalorização, privatização, remoção dos controles da importação e dos subsídios alimentares, obrigação de repor os gastos com saúde e educação e enxugamento impiedoso do setor público. (Um famoso telegrama do secretário do Tesouro George Shultz a funcionários da United States Agency for International Development – Usaid) no exterior ordenava: "na maioria dos casos, as empresas do setor público têm de ser privatizadas"[7].) Ao mesmo tempo, os PAEs devastaram os pequenos proprietários rurais ao eliminar subsídios e obrigá-los a entrar no vai-ou-racha do mercado global de *commodities* dominado pelo subsidiadíssimo agronegócio do Primeiro Mundo.

A dívida, como relembra William Tabb em sua recente história da governança econômica global, foi o viveiro de uma transferência de poder sem paralelo dos países do Terceiro Mundo para as instituições de Bretton Woods, controladas pelos Estados Unidos e por outros países capitalistas centrais. Segundo Tabb, a equipe profissional do Banco é o equivalente pós-moderno do serviço público colonial e, "como os administradores coloniais, nunca parece ir embora a não ser para ser substituída por uma nova equipe de conselheiros com a mesma aparência e os mesmos poderes sobre a economia e a sociedade locais"[8].

Embora os cobradores da dívida afirmem estar interessados no desenvolvimento econômico, raramente permitem que os países pobres joguem pelas mesmas regras que os países mais ricos usaram para promover o crescimento no final do século XIX ou no início do século XX. Com toda a hipocrisia, o ajuste estrutural, como ressalta o economista Ha-Joon Chang em um importante artigo, "chutou o balde" das tarifas e dos subsídios protecionistas que as nações da Organização para a Cooperação e Desenvolvimento Econômicos (OCDE)

---

[6]   Mallaby, *The World's Banker*, p. 110.

[7]   Citado em Tony Killick, "Twenty-five Years in Development: The Rise and Impending Decline of Market Solutions", *Development Policy Review*, n. 4, 1986, p. 101.

[8]   William Tabb, *Economic Governance in the Age of Globalization* (Nova York, Columbia University Press, 2004), p. 193.

Planeta Favela

historicamente empregaram em sua própria promoção de economias com base na agricultura para economias baseadas em bens e serviços urbanos de alto valor[9]. Stefan Andreasson, examinando os resultados sinistros dos PAEs no Zimbábue e as políticas neoliberais adotadas por vontade própria pela África do Sul, pergunta-se se o Terceiro Mundo pode ter esperanças de algo além da "democracia virtual" enquanto as suas políticas macroeconômicas forem ditadas por Washington: "A democracia virtual vem à custa da democracia inclusiva e participativa e de qualquer possibilidade de extensão das providências de bem-estar público que os projetos socialdemocratas no restante do mundo trouxeram consigo"[10].

The Challenge of Slums afirma a mesma coisa quando argumenta que "a principal causa do aumento da pobreza e da desigualdade nas décadas de 1980 e 1990 foi a retirada do Estado". Além das reduções diretas impostas pelos PAEs aos gastos e à propriedade do setor público, os autores da ONU destacam a diminuição mais sutil da capacidade do Estado que resultou da "subsidiaridade", definida como a descentralização do poder soberano pelos escalões mais baixos do governo e, principalmente, entre ONGs ligadas diretamente às principais entidades de auxílio internacional.

> Toda estrutura aparentemente descentralizada é estranha à noção de governo representativo nacional que tão bem serviu ao mundo desenvolvido e, ao mesmo tempo, bastante submissa ao funcionamento de uma hegemonia global. O ponto de vista internacional dominante [ou seja, o de Washington] torna-se de fato o paradigma do desenvolvimento, de modo a unificar rapidamente o mundo todo no sentido geral daquilo que os financiadores e as organizações internacionais apoiam.[11]

A África e a América Latina urbanas é que sofreram o maior golpe com a depressão artificial engendrada pelo FMI e pela Casa Branca; com efeito, em muitos países o impacto econômico dos PAEs durante os anos 1980, em conjunto com as secas prolongadas, o aumento do preço do petróleo, a disparada dos juros e a queda do preço das *commodities*, foi mais grave e duradouro que a Grande Depressão. As cidades do Terceiro Mundo, principalmente, ficaram presas num círculo vicioso de aumento da imigração, redução do emprego formal, queda dos salários e desmoronamento da renda. O FMI e o Banco Mundial, como vimos, promoveram a tributação regressiva por meio de tarifas de serviços públicos cobradas dos pobres, mas, em contrapartida, não houve nenhum esforço para reduzir os gastos militares nem tributar a renda ou a propriedade dos ricos.

---

[9] Ha-Joon Chang, "Kicking Away the Ladder: Infant Industry Promotion in Historical Perspective", *Oxford Development Studies*, v. 31, n. 1, 2003, p. 21.

[10] Stefan Andreasson, "Economic Reforms and 'Virtual Democracy' in South Africa", *Journal of Contemporary African Studies*, v. 21, n. 3, set. 2003, p. 385.

[11] *Challenge*, p. 48.

"**Desajustando" o Terceiro Mundo**

Como resultado, por toda parte a infraestrutura e a saúde pública perderam a corrida para o aumento populacional. Em Kinshasa, escreve Theodore Trefon, "a população refere-se aos serviços públicos básicos como 'recordações'"[12].

O resultado do ajuste estrutural na África, examinado por Carole Rakodi, inclui fuga de capitais, colapso da indústria, aumento marginal ou negativo da receita de exportação, cortes drásticos dos serviços públicos urbanos, disparada de preços e declínio acentuado do salário real[13]. Em todo o continente, todos aprenderam a dizer "estou em crise" do mesmo modo como se diz "estou resfriado"[14]. Em Dar es Salaam, os gastos por pessoa com serviços públicos caíram 10% ao ano durante a década de 1980, uma demolição prática do Estado local[15]. Em Cartum, a liberalização e o ajuste estrutural, de acordo com pesquisadores locais, fabricaram 1,1 milhão de "novos pobres", a maioria vinda das fileiras dizimadas do setor público[16]. Em Abidjã, uma das poucas cidades tropicais africanas com um setor fabril importante e serviços urbanos modernos, a submissão ao regime do PAE levou prontamente à desindustrialização, ao colapso da construção civil e a uma rápida deterioração do transporte público e do saneamento básico; como resultado, a pobreza urbana da Costa do Marfim – o suposto "tigre econômico" da África ocidental – dobrou entre 1987 e 1988[17]. Na Nigéria de Balogun, a extrema pobreza, cada vez mais urbanizada em Lagos, Ibadan e outras cidades, entrou em metástase e passou de 28% em 1980 para 66% em 1996. "O PNB *per capita*, hoje de cerca de US$ 260", relata o Banco Mundial, "está abaixo do nível da independência há quarenta anos e abaixo do nível de US$ 370 atingido em 1985"[18]. No geral, destaca a geógrafa Deborah Potts, os salários caíram tanto nas cidades africanas que os pesquisadores não entendem como os pobres conseguem sobreviver; é o chamado "enigma dos salários"[19].

---

[12] Theodore Trefon, "Introduction: Reinventing Order", em Trefon, *Reinventing Order in the Congo*, p. 1.

[13] Rakodi, "Global Forces, Urban Change, and Urban Management in Africa", em Rakodi, *Urban Challenge*, p. 50, 60-1.

[14] Achille Mbembe e Janet Roitman, "Figures of the Subject in Times of Crisis", em Enwezor et al., *Under Siege*, p. 112.

[15] Michael Mattingly, "The Role of the Government of Urban Areas in the Creation of Urban Poverty", em Sue Jones e Nici Nelson (orgs.), *Urban Poverty in Africa: From Understanding to Alleviation* (Londres, Intermediate Technology, 1999), p. 21.

[16] Adil Mustafa Ahmad e Atta El-Hassan El-Batthani, "Poverty in Khartoum", *Environment and Urbanization*, v. 7, n. 2, out. 1995, p. 205.

[17] Sethuraman, "Urban Poverty and the Informal Sector", p. 3

[18] Banco Mundial, *Nigeria: Country Brief*, set. 2003.

[19] Potts, "Urban Lives", p. 459.

Planeta Favela

Na América Latina, a partir do golpe neoliberal do general Pinochet, em 1973, o ajuste estrutural esteve intimamente associado à ditadura militar e à repressão da esquerda popular. Um dos resultados mais espantosos dessa contrarrevolução hemisférica foi a rápida urbanização da pobreza. Em 1970, as teorias guevaristas do "foco" de rebelião rural ainda se adequavam a uma realidade continental em que a pobreza do campo (75 milhões de pobres) ofuscava a das cidades (44 milhões). No entanto, no final da década de 1980, a imensa maioria dos pobres (115 milhões) morava em *colonias*, *barriadas* e *villas miserias* urbanas, em vez de fazendas ou aldeias rurais (80 milhões)[20].

Segundo uma pesquisa da OIT, a pobreza urbana na América Latina cresceu extraordinários 50% somente na primeira metade da década, de 1980 a 1986[21]. A renda média da população economicamente ativa caiu 40% na Venezuela, 30% na Argentina e 21% no Brasil e na Costa Rica[22]. No México o emprego informal quase dobrou entre 1980 e 1987, enquanto os gastos sociais caíram para metade do nível de 1980[23]. No Peru, a década de 1980 terminou com uma "hiper-recessão" induzida pelo PAE que, em três anos, reduziu o emprego formal de 60% para 11% da força de trabalho urbana e abriu as portas das favelas de Lima para a revolução oculta do Sendero Luminoso[24].

Enquanto isso, grandes setores da classe média instruída, acostumados a ter empregados que moram no emprego e a férias na Europa, viram-se, de repente, nas fileiras dos novos pobres. Em alguns casos, a mobilidade ladeira abaixo foi quase tão repentina quanto na África: o percentual da população urbana que vive na pobreza, por exemplo, aumentou 5% em um único ano (1980-1981) tanto no Chile quanto no Brasil[25]. Mas os mesmos ajustes que esmagaram os pobres e a classe média do setor público abriram oportunidades lucrativas para privatizadores, importadores estrangeiros, narcotraficantes, oficiais militares e políticos. O consumo ostentatório chegou a níveis alucinantes na América Latina e na África durante a década de 1980, com os *nouveaux riches* entregando-se a orgias de compras em Miami e em Paris, enquanto seus compatriotas favelados morriam de fome.

---

[20] ONU, *World Urbanization Prospects*, p. 12.

[21] Potts, ibidem, p. 459.

[22] Alberto Minujin, "Squeezed: The Middle Class in Latin America", *Environment and Urbanization*, v. 7, n. 2, out. 1995, p. 155.

[23] Agustin Escobar e Mercedes González de la Rocha, "Crisis, Restructuring and Urban Poverty in Mexico", *Environment and Urbanization*, v. 7, n. 1, abr. 1995, p. 63-4.

[24] Henry Dietz, *Urban Poverty, Political Participation, and the State: Lima, 1970-1990* (Pittsburgh, University of Pittsburgh Press, 1998), p. 58, 65.

[25] Oberai, *Population Growth, Employment and Poverty in Third World Mega-Cities*, p. 85.

"Desajustando" o Terceiro Mundo

O índice de desigualdade atingiu seu ápice na década de 1980. Em Buenos Aires, a participação do decil mais rico na renda total passou de dez vezes a do decil mais pobre em 1984 para 23 vezes em 1989. No Rio de Janeiro, a desigualdade, medida pelos clássicos coeficientes de Gini, disparou de 0,58 em 1981 para 0,67 em 1989[26]. Na verdade, em toda a América Latina, a década de 1980 aprofundou os vales e elevou os picos da topografia social mais contrastada do mundo. Segundo um relatório de 2003 do Banco Mundial, os coeficientes de Gini são dez pontos mais altos na América Latina do que na Ásia, 17,5 pontos mais altos do que na OCDE e 20,4 pontos mais altos que na Europa oriental. Até o país mais igualitário da América Latina, o Uruguai, tem uma distribuição de renda mais desigual que todos os países europeus[27].

Ajuste a partir de baixo

Em todo o Terceiro Mundo, os choques econômicos dos anos 1980 obrigaram os indivíduos a se reagrupar em torno da soma dos recursos da família e, principalmente, da capacidade de sobrevivência e da engenhosidade desesperada das mulheres. Quando as oportunidades de emprego formais dos homens desapareceram, mães, irmãs e esposas, em geral, foram obrigadas a aguentar bem mais que metade do peso do ajuste estrutural urbano: "Embora seja enorme o fardo da sobrevivência [para a família]", escreve um estudioso indiano, "o das mulheres é ainda maior"[28]. Como enfatiza a geógrafa Sylvia Chant, sob os PAEs as mulheres urbanas pobres tiveram de trabalhar mais, tanto dentro quanto fora de casa, para compensar o corte dos gastos com serviços públicos e da renda masculina; ao mesmo tempo, o aumento ou a criação de tarifas cobradas dos usuários limitaram ainda mais o seu acesso à educação e à assistência médica[29]. Esperava-se, de algum modo, que suportassem. Na verdade, alguns pesquisadores afirmam que os PAEs exploram cinicamente a crença de que a força de trabalho das mulheres tem elasticidade quase infinita diante da necessidade de sobrevivência da família[30]. Essa é a variável secreta e culpada da maioria das

---

[26] Luis Ainstein, "Buenos Aires: A Case of Deepening Social Polarization", em Gilbert, *The Mega-City in Latin America*, p. 139.

[27] Banco Mundial, *Inequality in Latin America and the Caribbean: Breaking with History?* (Washington, Banco Mundial, 2003), sem número de página.

[28] U. Kalpagam, "Coping with Urban Poverty in India", *Bulletin of Concerned Asian Scholars*, v. 17, n. 1, 1985, p. 18.

[29] Sylvia Chant, "Urban Livelihoods, Employment and Gender", em Robert Gwynne e Cristóbal Kay (orgs.), *Latin America Transformed: Globalization and Modernity* (Londres, Arnold, 2004), p. 214.

[30] Caroline Moser e Linda Peake, "Seeing the Invisible: Women, Gender and Urban Development", em Richard Stren (org.), *Urban Research in Developing Countries Volume 4: Thematic Issues* (Toronto, University of Toronto, 1996), p. 309.

Planeta Favela

equações neoclássicas de ajuste econômico: espera-se que as mulheres pobres e seus filhos levem nos ombros o peso da dívida do Terceiro Mundo.

Assim, na China e nas cidades em industrialização do Sudeste Asiático, milhões de moças escravizaram-se nas linhas de montagem e na miséria fabril. Segundo uma pesquisa recente, "as mulheres constituem 90% dos cerca de 27 milhões de trabalhadores das Zonas de Livre Comércio"[31]. Na África e na maior parte da América Latina (com exceção das cidades da fronteira norte do México) essa opção não existiu. Em vez disso, a desindustrialização e a dizimação dos empregos masculinos no setor formal, seguidas muitas vezes pela emigração dos homens, obrigaram as mulheres a improvisar novos meios de vida como montadoras pagas por peça, vendedoras de bebidas, vendedoras ambulantes, vendedoras de bilhetes de loteria, cabeleireiras, costureiras, faxineiras, lavadeiras, catadoras de papel, babás e prostitutas. Numa região onde a participação das mulheres urbanas na força de trabalho sempre foi menor do que em outros continentes, o surto de mulheres latino-americanas nas atividades informais terciárias durante a década de 1980 foi especialmente dramático.

Em seu estudo detalhado do "ajuste a partir de baixo", a antropóloga social Caroline Moser descreve o impacto de oito PAEs sucessivos entre 1982 e 1988 em uma favela da orla pantanosa de Guayaquil (Equador), que antes apresentava mobilidade social ascendente. Embora o desemprego aberto tenha dobrado no Equador, o maior impacto da crise dos anos 1980 foi a explosão do subemprego, estimado em metade da força de trabalho tanto em Guayaquil quanto em Quito. No *barrio* Indio Guayas, maridos que antes tinham trabalho em horário integral viram-se demitidos e ociosos por até mais de meio ano; consequentemente, as famílias foram forçadas a mandar mais integrantes para o mercado de trabalho, tanto mulheres quanto crianças. A taxa de participação feminina aumentou de 40% para 52% depois do início dos PAEs mas, com o declínio do emprego fabril, elas foram obrigadas a competir entre si pelos empregos como domésticas ou vendedoras ambulantes. Apesar dessa mobilização integral de todos os recursos familiares, as condições de vida, sobretudo a nutrição das crianças, pioraram drasticamente. Moser descobriu que quase 80% das crianças do *barrio* apresentavam algum sintoma de desnutrição. A assistência médica, agora em boa parte privatizada e mais cara, não estava mais ao alcance das famílias antes otimistas de Indio Guayas[32].

A experiência de Guayaquil refletiu-se em Guadalajara durante o período neoliberal, posterior à crise da dívida de 1982. Em uma cidade que, por tradição,

---

[31] Women's Global Network for Reproductive Rights, *A Decade After Cairo*, p. 12.

[32] Caroline Moser, "Adjustment from Below: Low-income Women, Time, and the Triple Role in Guayaquil, Ecuador", em Sarah Radcliffe e Sallie Westwood (orgs.), *"Viva": Women and Popular Protest in Latin America* (Londres, Routledge, 1993), p. 178-85.

"Desajustando" o Terceiro Mundo

era a capital mexicana das pequenas fábricas e oficinas familiares, a queda livre dos salários e o colapso dos gastos sociais no início dos anos 1980 seguiram-se, depois do acordo do General Agreement on Tariffs and Trade (Gatt) em 1986, pela impiedosa competição estrangeira. O nicho especializado de Guadalajara – a produção em pequenas oficinas de bens de consumo de massa – não poderia sobreviver ao ataque total e feroz das importações da Ásia oriental. O resultado, segundo a pesquisa de Augustin Escobar e Mercedes González, foi ao mesmo tempo o tremendo aumento do emprego informal (de pelo menos 80% entre 1980 e 1987), a emigração para a Califórnia e o Texas e, o mais importante, a reestruturação dos empregos formais

> com o emprego precário tornando-se a norma. Os empregos não são mais seguros, o emprego de meio expediente fica mais comum, a subcontratação de empresas menores passa a ser prática generalizada e exige-se de trabalhadores e empregados que realizem mais tarefas para permanecer no trabalho.

A reação familiar, como em Guayaquil, foi enviar mais mulheres ao serviço doméstico e também tirar os filhos da escola para trabalhar. Essas estratégias de sobrevivência a curto prazo, alertaram Escobar e González, acabariam prejudicando a mobilidade econômica a longo prazo. "A piora das condições econômicas limita a capacidade das famílias trabalhadoras urbanas de implantar estratégias de mobilidade social a longo prazo, já que as obriga a mobilizar os seus recursos internos e a fazer amplo uso de sua força de trabalho para a sobrevivência básica."[33]

Como na África e na Ásia, muitas famílias urbanas latino-americanas também "ajustaram-se ao ajuste", enviando seus dependentes de volta ao campo, onde a subsistência era mais barata. "Na Costa Rica", escreve Cedric Pugh,

> homens e mulheres dividiram as famílias, com as mulheres e filhos sendo muitas vezes obrigados a migrar para regiões mais pobres onde se poderia economizar despesas com moradia. Às vezes, isso aumentava as separações e divórcios, com consequências a longo prazo para o padrão de vida e a demanda de moradias das famílias divididas.[34]

A experiência urbana africana foi ainda mais angustiante, já que mulheres e crianças tiveram de lidar com o holocausto da aids (também parcialmente devido à prostituição de mulheres pobres imposta pela miséria) e, com frequência, com a seca e a guerra civil além do ajuste estrutural. Em Harare, o PAE de 1991 elevou 45% o custo de vida num só ano, e 100 mil pessoas acabaram em enfermarias de hospitais sofrendo dos efeitos da desnutrição. Como

---

[33] Escobar e González, "Crisis, Restructuring and Urban Poverty in Mexico", p. 63-73.

[34] Pugh, "The Role of the World Bank in Housing", p. 55.

Planeta Favela

descreveram Nazneen Kanji e Christian Rogerson, em estudos separados, a competição impiedosa tornou-se norma da economia do mercado informal, principalmente entre vendedoras de feira e ambulantes, enquanto as mulheres lutam para alimentar a família:

> Em termos gerais, a renda gerada por esses empreendimentos, cuja maioria tende a ser gerenciada por mulheres, costuma ficar abaixo até do padrão de vida mínimo e envolve pouco investimento de capital, praticamente nenhuma habilidade especializada e oportunidades apenas restritas de crescer e se transformar num negócio viável.[35]

Nesse ínterim, enquanto a mortalidade infantil dobrava, a aids disseminava-se e a má nutrição infantil piorava; as mães desesperadas de Harare mandavam os filhos pequenos de volta ao campo ou reagrupavam familiares antes independentes em famílias extensas para economizar aluguel e luz[36]. Dezenas de milhares de crianças maiores foram forçadas a abandonar a escola para trabalhar ou procurar comida, com pouca esperança de algum dia retomar a educação. Muitas vezes, a miríade de pressões foi excessiva, e a própria solidariedade familiar desmoronou. Segundo um grupo de pesquisadores, "o que antes pode ter sido uma unidade que apoiava e sustentava os seus membros tornou-se hoje uma unidade cujos membros competem pela sobrevivência"[37].

No entanto, em vez de ver as suas famílias destruídas, os favelados do final dos anos 1970 e da década de 1980, em geral com as mulheres na primeira fila, ressuscitaram e recriaram aquele protesto clássico dos pobres urbanos, o saque de alimentos. As favelas da África, da América Latina e do sul da Ásia não aceitaram gentilmente o boa-noite do FMI; em vez disso, explodiram. Em seu estudo pioneiro da resistência comunitária ao ajuste estrutural (*Free Markets and Food Riots* [Livre mercado e saques de alimentos], 2004), John Walton e David Seddon catalogaram 146 "distúrbios ligados ao FMI" em 39 países endividados entre 1976 e 1992[38]. Qualquer elemento de "expressão humana" – as chamadas "dimensões sociais do ajuste" – que se possa atribuir aos PAEs do início da década de 1990 foi aplicado, em grande parte, como reação a essa erupção extraordinária de protesto global.

---

[35] Rogerson, "Globalization or Informalization?", p. 347.

[36] Nazneen Kanji, "Gender, Poverty and Structural Adjustment in Harare, Zimbabwe", *Environment and Urbanization*, v. 7, n. 1, abr. 1995, p. 39, 48-50; Drakakis-Smith, *Third World Cities*, p. 148 (desnutrição). Ver também Potts e Mutambirwa, "Basics Are Now a Luxury", p. 73-5.

[37] B. Rwezaura et al., citado em Miriam Grant, "Difficult Debut: Social and Economic Identities of Urban Youth in Bulawayo, Zimbabwe", *Canadian Journal of African Studies*, v. 37, n. 2/3, 2003, p. 416-7.

[38] John Walton e David Seddon, *Free Markets and Food Riots: The Politics of Structural Adjustment* (Oxford, Blackwell, 1994), p. 39-45.

"Desajustando" o Terceiro Mundo

As dimensões internacionais de austeridade são simbolicamente reconhecidas nos ataques a agências de viagens, automóveis estrangeiros, hotéis de luxo e escritórios de entidades internacionais. Os protestos assumiram formas variadas, muitas vezes surgindo como saques clássicos de alimentos (Marrocos, Brasil, Haiti) e outras vezes como manifestações pacíficas de protesto que se tornaram violentas (Sudão, Turquia, Chile) ou como greves gerais (Peru, Bolívia, Índia). No entanto, com frequência, o protesto iniciado por uma dessas táticas transforma-se em outro – manifestações viram quebra-quebras, a violência espontânea é canalizada para a organização política.

O saque de alimentos como meio de protesto popular é uma característica comum, talvez até universal, das sociedades de mercado – menos um vestígio da evolução político-industrial do que uma estratégia de fortalecimento com a qual grupos pobres e despossuídos afirmam a sua reivindicação de justiça social. No sistema moderno de Estados e integração econômica internacional, o ponto explosivo do protesto popular transferiu-se, com a maior parte da população do mundo, para as cidades, onde se cruzam os processos de acumulação global, desenvolvimento nacional e justiça popular.[39]

A primeira onda de protestos contra o FMI atingiu seu ápice entre 1983 e 1985, para ser seguida por uma segunda onda depois de 1989. Em Caracas, em fevereiro de 1989, o aumento do preço dos combustíveis e das tarifas de transporte público, ditado pelo FMI e extremamente impopular, deflagrou um quebra-quebra de passageiros irritados e estudantes universitários radicais, e os cassetetes da polícia logo quase transformaram o confronto numa insurreição. Durante a semana do *Caracazo*, dezenas de milhares de pobres desceram de seus *barrios* nos morros para saquear shopping centers, queimar carros de luxo e construir barricadas. Pelo menos quatrocentas pessoas foram mortas. Um mês depois, Lagos irrompeu depois de protestos estudantis contra o FMI: cinquenta pessoas morreram em três dias de saques e brigas de rua em uma cidade onde a maioria dos pobres provavelmente tinha a mesma raiva fervente do "Rei" do romance *Graceland*, de Chris Abani:

> A maioria do nosso povo é de gente honesta, trabalhadora. Mas estão à mercê desses canalhas do Exército e desses ladrões do FMI, do Banco Mundial e dos Estados Unidos. [...] Agora, a gente, você e eu e toda essa gente pobre, devemos ao Banco Mundial dez milhões de dólares por nada. Eles são todos ladrões, e desprezo eles – o nosso povo e o povo do Banco Mundial![40]

A década utópica?

De acordo com a teoria neoclássica e com as projeções do Banco Mundial, a década de 1990 deveria ter corrigido os erros dos anos 1980 e permitido às

---

[39] Ibidem, p. 43.

[40] Abani, *Graceland*, p. 280. [O original inglês comporta marcas textuais que caracterizam a fala da personagem, tais como erros de concordância, de grafia etc., próprias da linguagem literária.

Planeta Favela

cidades do Terceiro Mundo recuperar o terreno perdido e fechar os abismos de desigualdade criados pelos PAEs – à dor do ajuste deveria seguir-se o analgésico da globalização. De fato, a década de 1990, como observa ironicamente *The Challenge of Slums*, foi a primeira em que o desenvolvimento urbano global aconteceu segundo parâmetros quase utópicos de liberdade de mercado neoclássica.

> Durante a década de 1990, o comércio continuou a se expandir num ritmo quase sem precedentes, abriram-se áreas antes vedadas, e as despesas militares diminuíram. [...] Todos os insumos básicos da produção ficaram mais baratos com a queda rápida dos juros junto com o preço das *commodities* básicas. Os fluxos de capital foram cada vez menos atrapalhados por controles nacionais e puderam encaminhar-se velozmente para as áreas mais produtivas. Sob condições econômicas quase perfeitas, de acordo com a doutrina econômica neoliberal dominante, seria possível imaginar que a década teria prosperidade e justiça social sem paralelo.[41]

No entanto, segundo o *Human Development Report 2004* da ONU, "um número sem precedentes de países viu o desenvolvimento recuar na década de 1990. Em 46 países o povo está mais pobre hoje do que em 1990. Em 25 países há mais gente faminta hoje do que há uma década"[42]. Em todo o Terceiro Mundo, uma nova onda de PAEs e programas neoliberais voluntários aceleraram a demolição do emprego estatal, da indústria local e da agricultura para o mercado doméstico. As grandes metrópoles industriais da América Latina – Cidade do México, São Paulo, Belo Horizonte e Buenos Aires – sofreram enormes perdas de vagas na indústria. Em São Paulo, a participação da indústria na oferta de empregos caiu de 40% em 1980 para 15% em 2004[43]. O custo do serviço da dívida (que em um país como a Jamaica representava 60% do orçamento no final dos anos 1990) absorveu recursos dos programas sociais e da assistência habitacional: é o "abandono social" dos pobres urbanos, nas palavras de Don Robotham[44].

O Banco Mundial, de sua parte, aplaudiu o desaparecimento do papel do Estado local em *Urban Policy and Economic Development: An Agenda for the 1990s* [Política urbana e desenvolvimento econômico: uma pauta para a década de

---

Como este não é nosso propósito, optamos por uma tradução mais linear, privilegiando apenas o conteúdo do discurso. (N. T.)]

[41] *Challenge*, p. 34.

[42] United Nations Development Programme, *Human Development Report 2004* (Nova York, UNDP, 2004), p. 132.

[43] Henry Chu, "Jobless in São Paulo", *Los Angeles Times*, 30/5/2004.

[44] Don Robotham, "How Kingston Was Wounded", em Jane Schneider e Ida Susser (orgs.), *Wounded Cities: Destruction and Reconstruction in a Globalized World* (Oxford, Berg, 2003), p. 111-24.

"**Desajustando**" **o Terceiro Mundo**

167

1990] (1991), documento que reconceituou o setor público como simples "capacitador" do mercado. "Com o foco central na revalorização dos mecanismos de mercado", explica a geógrafa Cecilia Zanetta numa resenha dos programas urbanos do Banco no México e na Argentina, "as políticas urbanas sólidas são definidas hoje como aquelas que visam eliminar as barreiras que restringiam a produtividade dos agentes econômicos urbanos, formais e informais, de modo a maximizar a sua contribuição à economia nacional"[45]. Na verdade, essa fetichização da "produtividade urbana" provocou pressões maciças a fim de privatizar serviços urbanos, qualquer que fosse o impacto no nível de emprego ou na distribuição equitativa. No que dizia respeito ao Banco Mundial, não havia a menor possibilidade de o emprego do setor público recuperar na década de 1990 o terreno perdido.

A expansão das exportações muito frequentemente beneficiou apenas um minúsculo estrato – um dos casos mais extremos foi Angola, importante produtor de petróleo e diamantes. Em Luanda, onde em 1993 espantosos 84% da população estavam sem trabalho ou subempregados, a desigualdade entre os decis de renda superior e inferior "aumentou de um fator de dez para um fator de 37 somente entre 1995 e 1998"[46]. No México o percentual da população que vive em extrema pobreza aumentou de 16% em 1992 para 28% em 1999, apesar das tão louvadas "histórias de sucesso" das empresas *maquiladoras* da fronteira e do North American Free Trade Agreement (Nafta)[47]. Do mesmo modo, na Colômbia, onde os salários urbanos caíram mas a área plantada com coca triplicou durante o regime de César Gaviria (eleito em 1990), os cartéis das drogas, segundo um relatório da OCDE, "estavam entre os mais constantemente favoráveis à sua política neoliberal"[48]. A desigualdade global, medida pelos economistas do Banco Mundial na população do mundo todo, atingiu um inacreditável coeficiente de Gini de 0,67 no final do século – o equivalente matemático de uma situação em que os dois terços mais pobres do mundo recebem renda zero e o terço mais alto recebe tudo[49].

Ademais, o torvelinho global no final da década poderia ser mapeado com estranha precisão nas cidades e nas regiões que sofreram os maiores aumentos da desigualdade. Em todo o Oriente Médio e no sul muçulmano da Ásia, o fosso cada vez mais profundo entre os ricos e os pobres urbanos corroborou os argumentos

---

[45] Zanetta, *The Influence of the World Bank on National Housing Policies*, p. 25.

[46] Paul Jenkins, Paul Robson e Allan Cain, "Luanda", *Cities*, v. 19, n. 2, 2002, p. 144.

[47] Zanetta, ibidem, p. 64.

[48] Forrest Hylton, "An Evil Hour: Uribe's Colombia in Historical Perspective", *New Left Review*, n. 23, set.–out. 2003, p. 84

[49] Shaohua Chen e Martin Ravallion, "How Did the World's Poorest Fare in the 1990s?", documento para discussão do Banco Mundial, Washington, 2000, p. 18.

Planeta Favela

dos islamitas e até dos salafistas mais radicais quanto à corrupção incorrigível dos regimes governantes. O ataque final aos remanescentes "socialistas" do estado da Frente de Libertação Nacional (FLN) na Argélia começou em 1995, com a privatização de 230 empresas e a demissão de 130 mil funcionários estatais. A pobreza disparou de 15% em 1988 para 23% em 1995[50]. Igualmente, em Teerã, quando a Revolução Islâmica recuou de sua política original favorável aos pobres, a pobreza cresceu vertiginosamente de 26% para 31% entre 1993 e 1995[51]. No Egito, apesar de cinco anos de crescimento econômico, os dados do Banco Mundial de 1999 não mostraram declínio da pobreza familiar (definida como renda de US$ 610 ou menos por ano), mas registraram a queda do consumo *per capita*[52]. O Paquistão também enfrentou uma dupla crise, com a queda da competitividade industrial, com suas exportações de produtos têxteis ameaçadas pela China e o declínio da produtividade agrícola devido ao subinvestimento crônico em irrigação. Portanto, o salário da mão de obra ocasional e informal caiu, a pobreza disparou num ritmo que o *National Human Development Report* [Relatório Nacional de Desenvolvimento Humano] caracterizou como "sem precedentes na história do Paquistão", e a desigualdade de renda urbana, medida pelo coeficiente de Gini, subiu de 31,7% em 1992 para 36% em 1998[53].

No entanto, o maior acontecimento da década de 1990 foi a conversão de boa parte do antigo "Segundo Mundo" – o socialismo de Estado europeu e asiático – em um novo Terceiro Mundo. No início dos anos 1990, aqueles considerados em extrema pobreza nos antigos "países de transição", como diz a ONU, dispararam de 14 milhões para 168 milhões de pessoas: uma pauperização em massa quase instantânea e sem precedentes na História[54]. É claro que existia pobreza na União Soviética de forma não reconhecida, mas segundo os pesquisadores do Banco Mundial a taxa não excedia de 6% a 10%[55]. Agora, segundo Alexey Krasheninnokov em seu relatório para o UN-Habitat, 60% das famílias russas vivem na pobreza e o restante da população "só pode ser classificada como classe média com critérios bastante elásticos". (Os russos de "classe média", por

---

[50] Laabas Belkacem, "Poverty Dynamics in Algeria", Arab Planning Institute, documento para discussão, Kwait, jun. 2001, p. 3, 9.

[51] Djavad Salehi-Isfahani, "Mobility and the Dynamics of Poverty in Iran: What Can We Learn from the 1992-95 Panel Data?", documento do Banco Mundial para discussão, nov. 2003, p. 17.

[52] Soliman, *A Possible Way Out*, p. 9.

[53] Akmal Hussain, *Pakistan National Human Development Report 2003: Poverty, Growth and Governance* (Karachi, Oxford University Press, 2003), p. 1, 5, 7, 15, 23.

[54] *Challenge*, p. 2.

[55] Braithwaite, Grootaert e Milanovic, *Poverty and Social Assistance in Transition Countries*, p. 47.

"Desajustando" o Terceiro Mundo

exemplo, gastam 40% do que ganham com comida, contra o padrão global de menos de um terço para a renda média[56].)

Embora a pior "pobreza de transição" esteja oculta em regiões abandonadas do antigo campo soviético, as cidades exibem novos e chocantes extremos de riqueza instantânea e miséria igualmente súbita. Em São Petersburgo, por exemplo, a desigualdade de renda entre o decil mais rico e o mais pobre disparou de 4,1 em 1989 para 13,2 em 1996[57]. Hoje Moscou pode ter mais bilionários que Nova York, mas também tem mais de 1 milhão de favelados, muitos deles imigrantes ilegais da Ucrânia (200 mil), da China (150 mil), do Vietnã e da Moldávia; essas pessoas vivem em condições primitivas em prédios abandonados, dormitórios dilapidados e antigos quartéis. As fábricas exploradoras de mão de obra, tantas vezes louvadas no Ocidente como vanguarda do capitalismo, "preferem empregar [esses] ilegais, pagar-lhes salários miseráveis e abrigar dez a quinze deles em apartamentos conjugados", sonegando os tributos que incidem sobre a folha de pagamento[58]. Pesquisadores russos estimam que a economia informal ou submersa provavelmente corresponde a 40% do giro da economia formal[59].

Na antiga União Soviética, a moradia urbana era racionada, mas praticamente gratuita – gastava-se normalmente 2% a 3% da renda familiar com aluguel e serviços –, e dependia de uma infraestrutura social própria de aquecimento coletivo a distância, metrô e atividades culturais e de recreação com base no local de trabalho. No entanto, a partir do final da década de 1990, o governo de Vladimir Putin aceitou as determinações do FMI de elevar para o nível de mercado o pagamento pela moradia e pelo aquecimento, apesar da queda da renda[60]. Ao mesmo tempo, houve negligência, desinvestimento e até abandono maciço da importantíssima infraestrutura coletiva distrital e dos serviços sociais com base na fábrica e, assim, os prédios de apartamentos mais antigos – na verdade, bairros inteiros e, por vezes, cidades inteiras – regrediram à condição de favelas. Muitas áreas residenciais operárias caracterizam-se por canos quebrados, esgotos transbordantes, iluminação deficiente e, o que é mais perigoso, falta de aquecimento no inverno. Como resultado, milhões de pobres urbanos russos sofrem condições de frio, fome e isolamento que lembram estranhamente o cerco de Leningrado durante a Segunda Guerra Mundial.

---

56 Alexey Krasheninnokov, "Moscow", Estudo de Caso do UN-Habitat, Londres, 2003, p. 9-10.

57 Tatyana Protasenko, "Dynamics of the Standard of Living During Five Years of Economic Reform", *International Journal of Urban and Regional Research*, v. 21, n. 3, 1997, p. 449.

58 Krasheninnokov, ibidem, p. 10.

59 Protasenko, "Dynamics of the Standard of Living During Five Years of Economic Reform", p. 449.

60 Idem.

Planeta Favela

A pobreza de transição à moda russa também existe na Europa oriental urbana, mais especialmente na Bulgária e na Albânia. Em Sófia (capital da Bulgária), massacrada pela desindustrialização e pelo fechamento das fábricas, a pobreza e a desigualdade irromperam em 1995-6, principalmente nas minorias turca e romani, entre mulheres idosas e famílias grandes: hoje 43% dos búlgaros vivem abaixo da linha da pobreza, e Sófia, provavelmente, tem a maior população favelada, além da favela mais miserável da Europa, Cambodia, em Fakulteta, onde 35 mil romanis (90% dos quais desempregados) vivem em condições dignas de gueto que relembram a miséria dos párias na Índia[61]. No entanto, a cidade mais pobre da Europa é Elbasan (110 mil habitantes), ex-centro da indústria pesada da Albânia que hoje apenas sobrevive graças às remessas de divisas de seus muitos emigrantes na Itália e na Grécia. Enquanto isso, Tirana está cercada de favelas periurbanas cada vez maiores, com alguns pobres invadindo as onipresentes *pillboxes*, pequenos redutos de concreto que abrigavam metralhadoras e canhões antiaéreos, construídos pela paranoica ditadura de Enver Hoxha[62].

Histórias de sucesso?

As duas maiores histórias de sucesso da globalização nos anos 1990 foram a expansão constante dos empregos e da renda nas cidades litorâneas da China e o surgimento de uma "Índia Brilhante" com enclaves de alta tecnologia e conjuntos de prédios de escritórios. Em ambos os casos, o desenvolvimento não foi ilusório: a floresta de guindastes em torno de Xangai, assim como os novos shopping centers e cafés Starbuck em Bangalore, atestam o dinamismo econômico, mas esses milagres do mercado foram comprados com o alto custo do aumento da desigualdade econômica.

Desde o final da década de 1970, a distribuição de renda e riqueza nas cidades da China passou da mais igualitária da Ásia para uma das mais visivelmente desiguais. Com efeito, como destacam Azizur Khan e Carl Riskin num estudo inspirador, "o aumento da desigualdade urbana foi proporcionalmente maior do que o aumento da desigualdade rural"[63]. Justapostos aos *nouveaux riches* estão os novos pobres urbanos: de um lado, operários tradicionais desindustrializados e,

---

[61] Banco Mundial, "Bulgaria: Poverty During the Transition", citado por *Social Rights Bulgaria*, 29/6/2003, disponível em: <www.sociahights.org>.

[62] Banco Mundial, "Albania: Growing Out of Poverty", documento para discussão, 20/5/1997, p. 41.

[63] Azizur Rahman Khan e Carl Riskin, *Inequality and Poverty in China in the Age of Globalization* (Oxford, Oxford University Press, 2001), p. 36. Como enfatizam os autores, as estatísticas chinesas sobre a renda urbana não incluem a enorme população flutuante de migrantes rurais, criando assim uma tendência à subestimação da desigualdade.

"**Desajustando**" o Terceiro Mundo

do outro, mão de obra migrante não registrada vinda do campo. O povo chinês urbano não come mais "da mesma grande panela", como na austera mas segura época maoista. Em setembro de 1997 o presidente Jiang Zemin disse, numa conferência do Partido Comunista, que "os trabalhadores precisam mudar as suas ideias sobre emprego". Numa sociedade de mercado dinâmica, argumentou, a segurança social do berço ao túmulo não era mais factível[64]. Isso significou redução e até perda da rede de segurança social para dezenas de milhões de operários da indústria e funcionários públicos que, com a reestruturação, perderam o emprego nos últimos anos.

Entre 1996 e 2001, o número de indústrias pertencentes ao Estado reduziu-se 40% e espantosos 36 milhões de operários foram demitidos. Oficialmente, houve pouco aumento do desemprego, mas essa foi uma jogada estatística, pois os operários estatais demitidos foram colocados numa categoria especial de "inativos" que não os contabilizou como desempregados, já que ainda recebiam alguns benefícios da previdência social por meio de sua unidade de trabalho. Na verdade, estima-se que o desemprego urbano esteja entre 8% e 13%. Uma porcentagem fora do normal de trabalhadores excedentes são mulheres, porque, de acordo com a jornalista Pamela Yatsko, chefe da sucursal da *Far Eastern Economic Review*, "o governo estimou que as desempregadas seriam ameaça menor para a segurança do que os desempregados". As ex-operárias – soldadoras, torneiras mecânicas e construtoras de navios – são agora obrigadas a procurar empregos mal remunerados no setor de serviços, como empregadas domésticas, garçonetes, babás ou vendedoras ambulantes[65].

Mas os ex-heróis da história maoistas mantêm, em sua maior parte, os privilégios do *status* urbano oficial e, em geral, alguma garantia de posse. No entanto, a "inundação camponesa" goza apenas de direitos sociais oficiais nas aldeias empobrecidas das quais fugiram. Faltam aos estimados 3 milhões de trabalhadores migrantes de Xangai, por exemplo, assistência médica, previdência social e qualquer tipo de benefício. Os migrantes também se tornaram os bodes expiatórios das contradições da nova economia de mercado urbana. Alguns observadores compararam a discriminação quase de casta contra os migrantes rurais da China urbana contemporânea com a dos "negros da África do Sul antes da década de 1990 ou dos negros e asiáticos nos Estados Unidos durante a primeira metade do século XX"[66]. Com efeito, Yatsko encontrou em Xangai várias cenas recorrentes durante o final dos anos 1990 que relembravam de modo perturbador a "cidade má" da década de 1930.

---

[64] Pamela Yatsko, *New Shanghai: The Rocky Rebirth of China's Legendary City* (Singapura, John Wiley & Sons, 2003), p. 113.

[65] Ibidem, p. 113-5.

[66] Solinger, *Contesting Citizenship in Urban China*, p. 5.

Planeta Favela

A cidade, como outras da China, só permite aos migrantes alguns empregos de baixa condição, barrando-lhes os melhores empregos e expulsando-os da cidade caso não consigam provar que estão empregados. Os migrantes misturam-se pouco com os xangaieses, que desprezam os seus primos da roça e culpam-nos automática e imediatamente quando há algum crime na cidade. A maioria dos trabalhadores migrantes é formada por homens que encontram emprego nos onipresentes canteiros de obras de Xangai. Dormem à noite em barracos improvisados no local de trabalho, alugam acomodações baratas nos arredores da cidade ou ocupam um pedaço da calçada caso não tenham ainda encontrado emprego. As mulheres migrantes às vezes trabalham como empregadas para famílias de Xangai ou em barbearias decrépitas nas piores zonas da cidade, lavando cabelo por 10 iuanes (US$ 1,20) por cabeça e, em alguns casos, prestando serviços sexuais por pouco mais que isso. Crianças de rua, migrantes, com o rosto sujo e em farrapos, com ou sem as mães, pedem trocados perto de bares e restaurantes, principalmente aqueles frequentados por estrangeiros.[67]

As autoridades chinesas, não sem razão, louvam os índices de progresso econômico nacional, especialmente o aumento incrível de 10% ao ano do PIB desde 1980; são menos acessíveis quando se trata da pobreza e da carestia. Por reconhecimento oficial, os indicadores sociais chineses são pouquíssimo confiáveis. Em 2002, o Centro de Pesquisas de Desenvolvimento do Conselho de Estado, principal centro de estudos do governo, alertou que a pobreza urbana fora radicalmente subestimada. Propôs elevar o número oficial de 14,7 milhões de pobres para pelo menos 37,1 milhões, embora admitisse que esse valor revisto ainda deixava de incluir dezenas de milhões de empregados demitidos e os 100 milhões de "trabalhadores flutuantes" ainda contados como agricultores[68].

A pobreza urbana na Índia é admitida com mais honestidade e é mais debatida em público do que na China, mas os cientistas sociais locais e os ativistas pela justiça social que tentam atrair a atenção pública para o outro lado do recente crescimento econômico também tiveram de nadar contra a corrente da retórica festiva oficial. Como sabe qualquer leitor da imprensa econômica, a drástica reestruturação neoliberal da economia indiana desde 1991 produziu a explosão da alta tecnologia e uma bolha do mercado de ações cujos epicentros frenéticos foram um punhado de cidades-cinderela: Bangalore, Pune, Hyderabad e Chennai. O PIB cresceu 6% ao ano na década de 1990 enquanto a capitalização da Bolsa de Valores de Bombaim quase dobrou a cada ano – e um dos resultados foi 1 milhão de novos milionários, muitos dos quais engenheiros e especialistas em computadores indianos que voltaram de Sunnyvale e Redmond, nos Estados Unidos. No entanto, foi menos divulgado o crescimento acessório da pobreza: a

---

[67] Yatsko, *New Shanghai*, p. 120-1.

[68] *People's Daily* (versão em inglês), 30/10/2002; Athar Hussain, "Urban Poverty in China: Measurement, Patterns and Policies", documento da OIT para discussão, Genebra, 2003.

"**Desajustando" o Terceiro Mundo**

Índia ganhou mais 56 milhões de pobres durante o *boom*. De fato, como destaca Jeremy Seabrook, o início da década de 1990 pode ter sido "a pior época para os pobres desde a Independência", já que a desregulamentação do preço dos cereais e dos grãos fez que subisse 58% entre 1991 e 1994[69].

O crescimento foi assombrosamente desequilibrado, com enorme investimento especulativo no setor de informática, deixando a agricultura estagnar e a infraestrutura decair. Em vez de tributar os novos milionários, o neoliberal governo Janata financiou-se com a privatização em grande escala do setor estatal e, graças a isso, a Enron hoje vende eletricidade perto de Mumbai a um preço três vezes maior do que a tarifa do serviço público. As políticas neoliberais, como na China, provocaram o caos no esquecido campo indiano, onde três quartos das famílias não têm acesso a rede de esgoto e água potável não poluída, e os pobres clamam inutilmente por "bijli, sadaak, paani" ("luz, estradas e água"). Como descreveu Praful Bidwai no *Asia Times*, em 2000:

> As taxas de mortalidade infantil estão subindo até em estados como Kerala e Maharashtra, que têm indicadores sociais relativamente bons. [...] O governo vem cortando gastos com desenvolvimento rural, até mesmo com os programas agrícolas, de emprego rural e contra a pobreza, além dos gastos com saúde, fornecimento de água potável, educação e saneamento. O crescimento da renda nas áreas rurais, onde moram 70% dos indianos, foi de 3,1% em média na década de 1980. Caiu vertiginosamente para 1,8%. O salário real dos trabalhadores rurais reduziu-se mais de 2% no ano passado.[70]

Enquanto a classe média urbana entrega-se ao novo gosto pelos condomínios e academias de ginástica à moda californiana, os pobres rurais, derrotados, matam-se aos magotes. Somente em Andhra Pradesh, escreveu o jornalista Edward Luce, em julho de 2004, "quinhentos agricultores suicidaram-se apenas este ano, em geral tomando o pesticida comprado com os empréstimos que não puderam pagar"[71]. O aumento do desespero no campo, por sua vez, desalojou um número imenso de agricultores e trabalhadores pobres cuja única alternativa foi migrar para os arredores favelados das cidades em expansão tecnológica, como Bangalore.

Como quartel-general do setor de software e informática da Índia, assim como grande centro da indústria aeronáutica militar, Bangalore (6 milhões de habitantes) orgulha-se de seus shopping centers, campos de golfe, restaurantes de *nouvelle cuisine*, hotéis cinco estrelas e cinemas em língua inglesa, tudo à moda californiana. Dúzias de *campi* tecnológicos exibem logotipos de Oracle, Intel, Dell e Macromedia, e as universidades e os institutos técnicos formam anualmente

---

[69] Seabrook, *In the Cities of the South*, p. 63.

[70] Praful Bidwai, "India's Bubble Economy Booms as Poverty Grows", *Asia Times*, 17/3/2000.

[71] *Financial Times*, 24-25/7/2004.

Planeta Favela

40 mil trabalhadores e engenheiros especializados. Bangalore anuncia-se como "próspera cidade-jardim" e os seus subúrbios da zona sul são realmente o xangri-lá da classe média. Enquanto isso, programas draconianos de renovação urbana expulsaram os moradores desprivilegiados do centro para a periferia favelada, onde moram ao lado de migrantes pobres vindos do campo. Estimados 2 milhões de pobres, muitos deles membros desdenhados de castas demarcadas, alojam-se em cerca de mil favelas fétidas, em sua maior parte em terras pertencentes ao governo. As favelas cresceram duas vezes mais depressa que a população geral, e os pesquisadores descreveram a periferia de Bangalore como "depósito de lixo daqueles moradores da cidade cuja mão de obra é necessária na economia urbana, mas cuja presença visual precisa ser reduzida o máximo possível"[72].

Metade da população de Bangalore não tem água encanada, muito menos *capuccino*, e há mais catadores de papel e crianças de rua (90 mil) do que gênios do software (cerca de 60 mil). Num arquipélago de dez favelas, os pesquisadores só encontraram dezenove latrinas para 102 mil moradores[73]. Solomon Benjamin, consultor da ONU e do Banco Mundial sediado em Bangalore, conta que "as crianças sofriam muito de diarreia e verminoses, proporção elevada delas estava desnutrida e a taxa de mortalidade infantil das favelas era muito mais alta que a média estadual". Além disso, na virada do milênio, a bolha neoliberal da Índia e de Bangalore explodiu: embora o setor de software continuasse a crescer,

> a possibilidade de emprego em quase todos os outros setores, principalmente o setor público, encolheu rapidamente ou tornou-se instável. Assim, os escritórios de aço, granito e vidro fumê de Bangalore, a maioria pertencente a empresas de software, contrastam com as fábricas mal conservadas que enfrentam processos de falência e condições de crédito mais difíceis.[74]

Infelizmente, um importante consultor econômico ocidental foi forçado a admitir que "[o *boom*] tecnológico de Bangalore é uma gota d'água num mar de pobreza"[75].

---

[72] Hans Schenk e Michael Dewitt, "The Fringe Habitat of Bangalore", em *Living in India's Slums*, p. 131.

[73] Schenk, "Living in Bangalore's Slums" e "Bangalore: An Outline", em ibidem, p. 23, 30-2, 44, 46; H. Ramachandran e G. S. Sastry, "An Inventory and Typology of Slums in Bangalore", em ibidem, p. 54; Benjamin, "Governance, Economic Settings and Poverty in Bangalore", p. 39; sobre catadores de papel e crianças de rua, disponível em: <www.agapeindia.com/street-children.htm>.

[74] Benjamin, ibidem, p. 36-9.

[75] William Lewis, citado em Bernard Wysocki, "Symbol Over Substance", *Wall Street Journal*, 25/9/2000.

8
Humanidade excedente?

> Um proletariado sem fábricas, oficinas nem trabalho,
> e sem chefes, na confusão dos empregos ocasionais,
> afogando-se na sobrevivência e levando a vida
> como uma trilha em meio às brasas.
>
> Patrick Chamoiseau[1]

O tectonismo violento da globalização neoliberal desde 1978 é análogo aos processos catastróficos que, no princípio, deram forma ao "Terceiro Mundo" durante a época final do imperialismo vitoriano (1870-1900). Em fins do século XIX, a incorporação forçada ao mercado mundial dos grandes campesinatos de subsistência da Ásia e da África provocou a morte de milhões pela fome e o desenraizamento de outras dezenas de milhões de suas posses tradicionais. O resultado final (também na América Latina) foi uma "semiproletarização" rural, a criação de uma enorme classe global de semicamponeses e trabalhadores agrícolas miseráveis, desprovidos da segurança existencial da subsistência. Assim, o século XX não se tornou uma época de revoluções urbanas, como imaginou o marxismo clássico, mas de levantes rurais e guerras camponesas de libertação nacional sem precedentes[2].

Parece que o recente ajuste estrutural provocou uma reconfiguração igualmente fundamental do futuro da humanidade. Como concluem os autores de *The Challenge of Slums*: "Em vez de serem um foco de crescimento e prosperidade, as cidades tornaram-se o depósito de lixo de uma população excedente que trabalha nos setores informais de comércio e serviços, sem especialização, desprotegida e com baixos salários". "O crescimento d[esse] setor informal", declaram sem rodeios, "é [...] resultado direto da liberalização". Alguns sociólogos brasileiros chamam esse processo, análogo à semiproletarização dos camponeses sem terra, de *proletarização passiva*, que envolve a "dissolução das formas tradicionais de

---

[1] Patrick Chamoiseau, *Texaco* (Nova York, Pantheon, 1997), p. 314.

[2] Ver meu *Late Victorian Holocausts: El Niño Famines and the Making of the Third World* (Londres, Verso, 2001), principalmente as p. 206-9.

Planeta Favela

(re)produção, que para a grande maioria de produtores diretos não se traduz num emprego assalariado no mercado de trabalho formal"[3].

Essa classe trabalhadora informal, desprovida de reconhecimento e de direitos legais, tem importantes antecedentes históricos. Na história europeia moderna, Nápoles, mais do que Dublin ou o East End de Londres, era o exemplo da economia urbana informal. Nessa "cidade mais chocante do século XIX", como diz Frank Snowden em seu notável estudo, uma "superabundância crônica de mão de obra" sobrevivia por um milagre do improviso econômico e com a subdivisão constante dos nichos de subsistência. A escassez estrutural de empregos formais – o desemprego permanente foi estimado em 40% – transformou-se um espetáculo avassalador de competição informal. A cena de rua de Nápoles durante o *Risorgimiento* (descrita a seguir por Snowden) foi uma antecipação animada, porém trágica, da Lima ou da Kinshasa contemporâneas.

> Era característico da enferma economia local que dezenas de milhares de pessoas subsistissem mercadejando seus artigos em meio à imundície das ruas e dos becos da cidade. Eram esses empresários empobrecidos que davam a Nápoles a sua atividade febril como grande empório. Esses homens e mulheres não eram trabalhadores, mas "capitalistas de calças rasgadas", que cumpriam uma variedade enlouquecedora de papéis, capaz de frustar qualquer tentativa de classificação. Uma autoridade local chamou-os de "microindustriais". A elite das ruas eram os vendedores de jornais, que praticavam um só comércio o ano todo e tinham remuneração estável. Os outros mascates eram "mercadores ciganos", verdadeiros nômades do mercado que passavam de atividade a atividade conforme ditavam as oportunidades. Eram vendedores de hortaliças, castanhas e cadarços de sapato; fornecedores de pizzas, mexilhões e roupas recicladas; comerciantes de água mineral, espigas de milho e doces. Alguns homens completavam a sua atividade atuando como mensageiros, distribuidores de folhetos comerciais ou lixeiros particulares que esvaziavam fossas ou removiam o lixo doméstico por alguns *centesimi* por semana. Outros atuavam como carpideiros profissionais, pagos para seguir o féretro que levava o corpo de cidadãos importantes até o cemitério de Poggioreale. Com a sua presença, os pobres contratados inchavam o público, permitindo à gente fina confirmar a sua popularidade e a sua sensação de poder.[4]

Hoje há centenas e até milhares de Nápoles. É verdade que, na década de 1970, Manuel Castells e outros críticos radicais censurariam de modo convincente o "mito da marginalidade", que relacionava a moradia na favela com a informalidade econômica, mostrando o grande número de operários e funcionários públicos

---

[3]   *Challenge*, p. 40, 46; Thomas Mitschein, Henrique Miranda e Mariceli Paraense, *Urbanização selvagem e proletarização passiva na Amazônia: o caso de Belém* (Belém, Cejup/Naea/UFPA, 1989), citado em Browder e Godfrey, *Rainforest Cities*, p. 132.

[4]   Snowden, *Naples in the Time of Cholera*, p. 35-6.

Humanidade excedente?

forçados a viver em moradias abaixo do padrão em cidades como Caracas e Santiago[5]. Além disso, pelo menos na América Latina, a tendência dominante do mercado de trabalho urbano durante a época anterior de industrialização e substituição de importações foi a *redução* relativa do emprego informal – de 29% em 1940 para 21% em 1970 na região como um todo[6].

No entanto, a partir de 1980 a informalidade econômica voltou com força total, e a equação que iguala marginalidade urbana a marginalidade ocupacional tornou-se irrefutável e avassaladora: os trabalhadores informais, de acordo com as Nações Unidas, constituem cerca de dois quintos da população economicamente ativa do mundo em desenvolvimento[7]. Na América Latina, acrescenta o Banco Interamericano de Desenvolvimento (BID), a economia informal emprega atualmente 57% da força de trabalho e oferece quatro de cada cinco novos "empregos"[8]. (De fato, os *únicos* empregos criados no México entre 2000 e 2004 foram no setor informal.) Outras fontes afirmam que mais da metade dos indonésios urbanos e 60% a 75% dos centro-americanos, 65% da população de Daca e Cartum e 75% dos moradores de Karachi subsistem no setor informal[9].

Cidades menores como Huancayo, no Peru, ou Allahabad e Jaipur, na Índia, tendem a ser ainda mais informalizadas, com três quartos ou mais de sua força de trabalho vivendo nas sombras da economia caixa dois[10]. Do mesmo modo, na China, milhões de migrantes rurais agarram-se à vida urbana pela alça mais precária (e geralmente ilegal). Segundo Aprodicio Laquian,

> a maioria dos empregos existentes nas médias e pequenas cidades está no setor informal: barraquinhas de comida e restaurantes, salões de beleza e barbearias, ateliês de costura ou lojinhas. Embora esses empregos no setor informal tendam a fazer uso intensivo de mão de obra e possam absorver número significativo de trabalhadores, questionam-se a sua eficiência econômica e o seu potencial produtivo.[11]

---

[5] Castells, *The City and the Grassroots*, p. 181-3.

[6] Orlandina de Oliveira e Bryan Roberts, "The Many Roles of the Informal Sector in Development: Evidence from Urban Labor Market Research, 1940-1989", em Cathy Rakowski (org.), *Contrapunto: The Informal Sector Debate in Latin America* (Albany, State University of New York Press, 1994), p. 56.

[7] *Challenge*, p. 40, 46.

[8] Citado em *The Economist*, 21/3/1998, p. 37.

[9] *Challenge*, p. 103; Rondinelli e Kasarda, "Job Creation Needs in Third World Cities", em Kasarda e Parnell, *Third World Cities*; Hasan, "Introduction", em Khan, *Orangi Pilot Project*, p. XL (cita o Plano Diretor de Karachi de 1989); Ubaidur Rob, M. Kabir e M. Mutahara, "Urbanization in Bangladesh", em Gayl Ness e Prem Talwar (orgs.), *Asian Urbanization in the New Millennium* (Singapura, Asian Urban Information Center, 2005), p. 36.

[10] Rondinelli e Kasarda, ibidem, p. 107.

[11] Laquian, "The Effects of National Urban Strategy and Regional Development Policy on Patterns of Urban Growth in China", p. 66.

Planeta Favela

Na maioria das cidades subsaarianas, a criação de empregos formais pratica-mente deixou de existir. Durante o ajuste estrutural, um estudo da OIT sobre o mercado de trabalho urbano do Zimbábue "estagflacionário" do início dos anos 1990 revelou que o setor formal só criava 10 mil empregos por ano, diante de uma força de trabalho urbana que crescia em mais de 300 mil indivíduos anual-mente[12]. Igualmente, um estudo da OCDE sobre a África ocidental prevê que o setor formal em processo de encolhimento empregará um quarto ou menos da força de trabalho em 2020[13]. Isso corresponde às sinistras projeções da ONU de que o emprego informal terá de absorver, sabe-se lá como, 90% dos novos trabalhadores urbanos da África na próxima década[14].

Os mitos da informalidade

Em termos gerais, a classe trabalhadora informal global (que se sobrepõe, mas não é idêntica à população favelada) tem quase 1 bilhão de pessoas, e constitui a classe social de crescimento mais rápido e mais sem precedentes da Terra. Desde que o antropólogo Keith Hart, que trabalhava em Acra, criou o conceito de "setor informal", em 1973, imensa literatura atacou os formidáveis problemas teóricos e empíricos envolvidos no estudo das estratégias de sobrevivência dos novos pobres urbanos. Embora, com toda a certeza, existissem grandes setores informais nas cidades vitorianas, assim como na Xangai dos *compradores* e intermediários e na Índia colonial urbana ("uma realidade avassaladora e duradoura", escreve Nandini Gooptu), o papel macroeconômico atual da infor-malidade é revolucionário[15].

Entre os pesquisadores, há um consenso básico de que a crise da década de 1980, durante a qual o emprego no setor informal cresceu duas a cinco vezes mais depressa que os empregos no setor formal, inverteu suas posições estruturais relativas, promovendo a busca informal da sobrevivência como novo meio de vida primário da maioria das cidades do Terceiro Mundo. Até na China urbana, em rápida industrialização, "tem havido uma proliferação de atividades informais rudimentares que oferecem meios de sobrevivência aos pobres urbanos"[16]. Parte do proletariado informal, na verdade, é uma força de trabalho invisível para a economia formal, e numerosos estudos já apontaram como as redes de terceiriza-ção da Wal-Mart e de outras megaempresas penetram profundamente na miséria

---

[12] Guy Mhone, "The Impact of Structural Adjustment on the Urban Informal Sector in Zimbabwe", "Issues in Development", artigo para discussão n. 2, Genebra, s. d., p. 19.

[13] Cour e Snrech, *Preparing for the Future*, p. 64.

[14] *Challenge*, p. 104.

[15] Gooptu, *The Politics of the Urban Poor in Early Twentieth-Century India*, p. 2.

[16] Khan e Riskin, *Inequality and Poverty in China in the Age of Globalization*, p. 40.

Humanidade excedente?

das *colonias* e dos *chawls*. Ademais, é provável que haja mais uma linha contínua do que uma divisão abrupta entre o mundo do emprego formal, com cada vez mais baixas, e o abismo do setor informal. Mas, no final das contas, a maior parte dos favelados urbanos pobres e trabalhadores está, radical e verdadeiramente, sem abrigo na economia internacional contemporânea. Os pesquisadores foram obrigados a também rejeitar o otimista "modelo Todaro" adotado pelos teóricos da modernização e pelos ideólogos da Aliança para o Progresso na década de 1960, para o qual o setor informal é simplesmente uma escola de talentos urbanos em que a maioria dos imigrantes rurais acabam se preparando para os empregos no setor formal[17]. Em vez da mobilidade ascendente, parece que só existe uma escada de descida pela qual os trabalhadores supérfluos do setor formal e os funcionários públicos demitidos seguem para a economia oculta.

Ainda assim, tem havido muita resistência à conclusão óbvia de que o crescimento da informalidade é uma explosão do desemprego "ativo", que Oberai, da OIT, caracteriza como "substituição do desemprego aberto pelo subemprego e pelo desemprego disfarçado"[18]. Os apóstolos da autoajuda e dos programas no nível das ONGs na verdade ficam pálidos quando pesquisadores veteranos como Jan Breman (que passou quarenta anos estudando a pobreza na Índia e na Indonésia) concluem que a mobilidade ascendente na economia informal é em grande parte um "mito inspirado pelo mero excesso de otimismo"[19]. Em vez disso, inúmeros estudos, muitas vezes patrocinados pelo Banco Mundial e por outros pilares do chamado Consenso de Washington, buscaram consolo na crença de que o setor informal é, potencialmente, o *deus ex machina* do Terceiro Mundo urbano.

Hernando de Soto, é claro, tornou-se internacionalmente conhecido ao defender que essa enorme população de ex-camponeses e trabalhadores marginalizados é uma colmeia frenética de protocapitalistas cobiçosos de direitos formais de propriedades e pelo espaço competitivo não regulamentado: "Marx provavelmente ficaria chocado se descobrisse como, nos países em desenvolvimento, parte tão grande da massa transbordante não consiste de proletários legais oprimidos, mas de pequenos *empresários* extralegais oprimidos"[20]. Como vimos, o modelo de desenvolvimento *bootstrap* (que se promove a si mesmo, sem auxílio externo)

---

[17] Ver a formulação clássica: M. Todaro, "A Model of Labor Migration and Urban Unemployment in Less Developed Countries", *American Economic Review*, v. 59, n. 1, 1969, p. 138-45.

[18] Oberai, *Population Growth, Employment and Poverty in Third-World Mega-Cities*, p. 64.

[19] Jan Breman, *The Labouring Poor in India: Patterns of Exploitation, Subordination, and Exclusion* (Nova Délhi, Oxford University Press, 2002), p. 174.

[20] Citado em Donald Krueckeberg, "The Lessons of John Locke or Hernando de Soto: What if Your Dreams Come True?", *Housing Policy Debate*, v. 15, n. 1, 2004, p. 2.

Planeta Favela

de Hernando de Soto é muito popular devido à simplicidade da receita: tirem do caminho o Estado (e os sindicatos do setor formal), acrescentem microcrédito para microempresários e títulos de posse da terra para invasores, depois deixem o mercado seguir seu curso para produzir a transubstanciação da pobreza em capital. (O otimismo inspirado em De Soto, em sua versão mais absurda, levou alguns burocratas de instituições de fomento a redefinir as favelas como "sistemas de gerenciamento urbano estratégico de baixa renda"[21].) Entretanto, essa visão semiutópica do setor informal brota de um conjunto concêntrico de falácias epistemológicas.

Em primeiro lugar, os populistas neoliberais deixaram de dar ouvidos ao aviso de 1978 do antropólogo William House, em seus estudos das favelas de Nairóbi, sobre a necessidade de distinguir microacumulação de subsubsistência:

> A dicotomia simples da economia urbana dos países menos desenvolvidos entre setor formal e setor informal é claramente inadequada. O setor informal pode ser dividido em pelo menos dois subsetores: um intermediário, que surge como reservatório de empreendedores dinâmicos, e a comunidade dos pobres, que contém grande corpo de mão de obra residual e subempregada.[22]

Alejandro Portes e Kelly Hoffman, na esteira de House, avaliaram recentemente o impacto geral dos PAEs e da neoliberalização na estrutura urbana de classes da América Latina, a partir da década de 1970. Fizeram uma distinção cuidadosa entre a *pequena burguesia informal* ("soma dos donos de microempresas que empregam menos de cinco trabalhadores com os profissionais e técnicos que trabalham por conta própria") e o *proletariado informal* ("soma dos trabalhadores autônomos, menos profissionais liberais e técnicos, com empregados domésticos e trabalhadores pagos e não pagos de microempresas"). Em praticamente todos os países, encontraram forte correlação entre a expansão do setor informal e o encolhimento do emprego no setor público e do proletariado formal: os "microempresários" heroicos de Hernando de Soto costumam ser profissionais desalojados do setor público e trabalhadores especializados demitidos. Desde a década de 1980, cresceram de cerca de 5% para mais de 10% da população urbana economicamente ativa, tendência que reflete "o *empreendedorismo* forçado [destaque deles] imposto aos ex-assalariados pelo declínio do emprego no setor formal"[23].

---

[21] Michael Mutter, UK Department for International Development, citado em *Environment and Urbanization*, v. 15, n. 1, abr. 2003, p. 12.

[22] Ver William House, "Nairobi's Informal Sector: Dynamic Entrepreneurs or Surplus Labor?", *Economic Development and Cultural Change*, n. 32, jan. 1984, p. 298-9; e também "Priorities for Urban Labour Market Research in Anglophone Africa", *The Journal of Developing Areas*, n. 27, out. 1992.

[23] Alejandro Portes e Kelly Hoffman, "Latin American Class Structures: Their Composition and Change during the Neoliberal Era", *Latin American Research Review*, v. 38, n. 1, 2003, p. 55.

Humanidade excedente?

Em segundo lugar, os empregados pagos e não pagos do setor informal têm sido quase tão invisíveis nos estudos do mercado de trabalho do Terceiro Mundo quanto os locatários favelados na maioria das pesquisas habitacionais[24]. No entanto, apesar do estereótipo do autônomo heroico, a maioria dos participantes da economia informal trabalha direta ou indiretamente para outrem (por meio da consignação de mercadorias ou do aluguel de um burro-sem-rabo ou riquixá, por exemplo).

Em terceiro lugar, o "emprego informal", por sua própria definição, como lembra Jan Breman, é ausência de poder de barganha, de regulamentos, direitos e contratos formais. A pequena exploração (infinitamente franqueada) é a sua essência e há desigualdade crescente tanto *dentro* do setor informal quanto entre ele e o setor formal[25]. A "Revolução Invisível" do capital informal de Hernando de Soto na verdade refere-se a uma miríade de redes invisíveis de exploração. Assim descrevem Breman e Arvind Das o incansável micro-capitalismo de Surate:

> Além da flagrante exploração da mão de obra, o que caracteriza o setor informal é a tecnologia antiquada, o baixo investimento de capital, a natureza excessivamente manual da sua produção. Ao mesmo tempo, o setor também é marcado por elevada taxa de lucro e pela enorme acumulação de capital, auxiliada pelo fato de o setor informal [...] não ser registrado, muito menos tributado. Um dos quadros mais representativos desse setor é a imagem do proprietário "senhorial" de uma empresa recicladora de lixo, sentado com suas roupas bem passadas ao lado de sua faiscante motocicleta em meio às pilhas de lixo que os catadores laboriosamente separaram para ele lucrar. Dos farrapos à riqueza, de fato![26]

Em quarto lugar – e este é um corolário dos dois pontos anteriores –, a informalidade garante o abuso extremado de mulheres e crianças. Mais uma vez é Breman, em seu estudo magistral sobre os trabalhadores pobres da Índia, que tira o esqueleto do armário:

> Fora das vistas do público, costumam ser os ombros menores e mais fracos que têm de carregar os fardos mais pesados da informalização. A imagem da pobreza compartilhada não faz justiça à desigualdade com a qual esta forma de vida também penetra na esfera da família.[27]

---

[24]   Oberai, *Population Growth, Employment and Poverty in Third-World Mega-Cities,* p. 109.

[25]   Breman, *The Labouring Poor,* p. 4, 9, 154, 196.

[26]   Jan Breman e Arvind Das, *Down and out: Labouring Under Global Capitalism* (Nova Délhi, Oxford University Press, 2000), p. 56.

[27]   Breman, *The Labouring Poor,* p. 231.

Planeta Favela

Em quinto lugar, ao contrário do pensamento positivo dos ideólogos do capitalismo *bootstrap* que se autopromove, o setor informal, como observado por Frederic Thomas em Kolkata, não gera emprego criando novas divisões de trabalho, mas sim fragmentando o trabalho existente e, desse modo, subdividindo a renda:

> [...] três ou quatro pessoas dividindo uma tarefa que podia muito bem ser realizada por uma só, vendedoras sentadas durante horas diante de montículos de frutas ou hortaliças, barbeiros e engraxates agachados nas calçadas o dia todo para atender apenas a um punhado de fregueses, garotos entrando e saindo do tráfego para vender lenços de papel, lavar para-brisas, oferecer revistas ou cigarros, operários da construção à espera a manhã toda, muitas vezes em vão, na esperança de arranjar serviço.[28]

O excedente de mão de obra, transformado em "empreendedores" informais, costuma ser espantoso. Uma pesquisa de 1992 em Dar es Salaam estimou que a maioria dos mais de 200 mil pequenos comerciantes da cidade não eram as famosas *Mama Lishe* (vendedoras de comida) do folclore etnográfico, mas, simplesmente, jovens desempregados. Os pesquisadores observaram: "Em geral, os pequenos negócios informais são o último recurso de emprego dos moradores mais economicamente vulneráveis da cidade"[29]. Além disso, as empresas informais e as pequenas empresas formais guerreiam entre si o tempo todo pelo espaço econômico: vendedores ambulantes contra pequenos lojistas, motoristas de vans contra o transporte público e assim sucessivamente[30]. Como afirma Bryan Roberts a respeito da América Latina no início do século XXI, "o 'setor informal' cresce, mas a renda dentro dele cai"[31].

A competição nos setores urbanos informais tornou-se tão intensa que recorda a famosa analogia de Darwin sobre a luta ecológica na natureza tropical: "Dez mil cunhas afiadas [isto é, estratégias de sobrevivência urbana] colocadas bem juntas e fincadas com golpes incessantes, que por vezes atingem uma cunha, depois outra com força maior". O espaço para novos integrantes somente se abre com a diminuição da capacidade de rendimento *per capita* e/ou com a intensificação do trabalho apesar da queda do lucro marginal. Esse esforço para "dar a todos algum nicho, por menor que seja, no sistema geral" acontece com o mesmo tipo de superpopulação e "complicação gótica" dos nichos que Clifford Geertz, tomando emprestado um termo da história da arte, ficou famoso ao caracterizar como "involução" da economia agrícola da Java colonial.

---

[28] Thomas, *Calcutta Poor*, p. 114.

[29] William Kombe, "Institutionalising the Concept of Environmental Planning and Management", em Westendorff e Eade, *Development and Cities*, p. 69.

[30] Sethuraman, "Urban Poverty and the Informal Sector", p. 8.

[31] Bryan Roberts, "From Marginality to Social Exclusion: From Laissez Faire to Pervasive Engagement", *Latin American Research Review*, v. 39, n. 1, fev. 2004, p. 196.

Humanidade excedente?

Assim, *involução urbana* parece uma boa descrição da evolução das estruturas de emprego informal na maioria das cidades do Terceiro Mundo[32].

É claro que existiam tendências à involução urbana durante o século XIX. As revoluções urbano-industriais europeias foram incapazes de absorver toda a oferta de mão de obra rural desalojada, principalmente depois que a agricultura continental sofreu a competição devastadora das pradarias norte-americanas e dos pampas argentinos a partir da década de 1870. Mas a emigração em massa para as sociedades coloniais das Américas e da Australásia, assim como para a Sibéria, constituiu uma válvula de segurança dinâmica que impediu tanto o surgimento de mega-Dublins quanto a disseminação do tipo de anarquismo da classe baixa que se enraizara nas partes mais empobrecidas do sul da Europa. Hoje, pelo contrário, a mão de obra excedente enfrenta barreiras jamais vistas à emigração para países ricos.

Em sexto lugar, por enfrentar condições tão desesperadoras, talvez não surpreenda que os pobres apelem com esperança fanática a uma "terceira economia" de subsistência urbana, que inclui o jogo, as pirâmides financeiras, as loterias e outras formas semimágicas de apropriação da riqueza. Por exemplo, em seu estudo da economia familiar da favela Klong Thoey no porto de Bangcoc, Hans-Dieter Evers e Rüdiger Korff descobriram que pelo menos 20% da renda do bairro era redistribuída através de jogos de azar e "bolões" com coleta periódica de contribuições e sorteio do montante obtido[33]. Ademais, em todo o Terceiro Mundo a devoção religiosa gira em torno de tentativas de influenciar o destino ou atrair a boa sorte.

Em sétimo lugar, nessas condições não surpreende que iniciativas como o microcrédito e o empréstimo cooperativo, embora úteis para aquelas empresas informais que com dificuldade são capazes de manter-se à tona, tiveram pouco impacto substancial na redução da pobreza, até mesmo em Daca, berço do mundialmente famoso Grameen Bank[34]. Com efeito, a teimosa crença em "alavancar a microempresa", escreve Jaime Joseph, líder comunitário veterano de Lima, tornou-se quase um "culto do cargueiro" urbano entre ONGs bem intencionadas:

> Tem havido muita ênfase nas micro e pequenas empresas como solução mágica a fim de oferecer aos pobres urbanos o desenvolvimento econômico. O nosso trabalho dos

---

[32] Clifford Geertz, *Agricultural Involution: The Processes of Ecological Change in Indonesia* (Berkeley, University of California Press, 1963), p. 80-2. T. McGhee usa a metáfora da "involução urbana" em "Beachheads and Enclaves: The Urban Debate and the Urbanization Process in Southeast Asia since 1945", em Y. M. Yeung e C. P. Lo (orgs.), *Changing South-East Asian Cities: Readings on Urbanization* (Singapura, Oxford University Press, 1976).

[33] Evers e Korff, *Southeast Asian Urbanism*, p. 143.

[34] Serajul Hoque, "Micro-credit and the Reduction of Poverty in Bangladesh", *Journal of Contemporary Asia*, v. 34, n. 1, 2004, p. 21, 27.

Planeta Favela

últimos vinte anos com pequenos negócios, que se multiplicam na megacidade, revela que em sua maioria são simples táticas de sobrevivência com pouca ou nenhuma possibilidade de acumulação.[35]

Em oitavo lugar, o aumento da competição no setor informal desgasta o capital social e dissolve as redes de auxílio e de solidariedade mútua, essenciais à sobrevivência dos mais pobres – mais uma vez, principalmente mulheres e crianças. Yolette Etienne, que trabalha em uma ONG do Haiti, descreve a lógica final do individualismo neoliberal em um contexto de miséria absoluta:

> Agora tudo está à venda A mulher costumava nos receber com hospitalidade, servir café, dividir tudo o que tinha em casa. Eu podia arranjar um prato de comida na casa de um vizinho; uma criança podia ganhar um coco na casa da avó, duas mangas na de outra tia. Mas esses atos de solidariedade estão desaparecendo com o crescimento da pobreza. Agora, quando a gente chega nalgum lugar, ou a mulher se oferece para vender-lhe uma xícara de café ou não há café. A tradição da doação mútua que nos permitia ajudar uns aos outros e sobreviver, tudo isso está se perdendo.[36]

Do mesmo modo, no México, Mercedes de la Rocha "alerta que a pobreza persistente durante duas décadas efetivamente derreou os pobres". Sylvia Chant continua:

> Embora a mobilização da solidariedade da comunidade, da família, do lar servisse de recurso vital no passado, há um limite de quantos favores se pode pedir aos outros e até que ponto essas trocas são eficazes diante de enormes impedimentos estruturais ao bem-estar. Especificamente, há temores de que o fardo desproporcional que coube às mulheres tenha forçado as suas reservas pessoais até o limite e que não haja mais "folga" a aproveitar.[37]

Em nono e último lugar, em condições de competição tão extremada, a receita neoliberal (conforme determinada pelo *World Development Report* de 1995 do Banco Mundial) de tornar a mão de obra ainda mais flexível é simplesmente catastrófica[38]. Os *slogans* ao estilo De Soto simplesmente lubrificam a rampa que leva ao inferno hobbesiano. Em geral os envolvidos na competição do setor informal sob condições de oferta infinita de mão de obra chegam quase a uma guerra total de todos contra todos; em vez disso, o conflito costuma transmudar-se em violência racial ou étnico-religiosa. Os chefões e proprietá-

---

[35] Jaime Joseph, "Sustainable Development and Democracy in Megacities", em Westendorff e Eade, *Development and Cities,* p. 115.

[36] Citado em Bell, *Walking on Fire,* p. 120.

[37] Parafraseado em Sylvia Chant, "Urban Livelihoods, Employment and Gender", em Gwynne e Kay, p. 212-4.

[38] Breman, *The Labouring Poor,* p. 5, 201.

Humanidade excedente?

rios do setor informal (invisíveis na maior parte da literatura) usam a coerção e até a violência crônica com inteligência para regulamentar a competição e proteger o seu investimento. Como enfatiza Philip Amis: "Há barreiras à entrada em termos de capital, e muitas vezes em termos políticos, o que cria uma tendência ao monopólio nas áreas bem-sucedidas do setor informal; é difícil entrar nelas"[39].

Politicamente, o setor informal, na falta do respeito aos direitos trabalhistas, é um reino semifeudal de comissões, propinas, lealdades tribais e exclusão étnica. O espaço urbano jamais é gratuito. Um lugar na calçada, o aluguel de um riquixá, um dia de trabalho num canteiro de obras ou o encaminhamento de uma empregada doméstica para um novo patrão: tudo isso requer clientelismo ou filiação a alguma rede fechada, muitas vezes uma milícia étnica ou gangue de rua. Embora os setores formais tradicionais, como a indústria têxtil da Índia ou o petróleo do Oriente Médio, tendessem a patrocinar a solidariedade interétnica por meio dos sindicatos e dos partidos políticos radicais, muito frequentemente o crescimento do setor informal desprotegido ocorreu de mãos dadas com a exacerbação das diferenças étnico-religiosas e da violência sectária[40].

Um museu da exploração humana

Se o setor informal não é, então, o admirável mundo novo visualizado por seus entusiastas neoliberais, quase com certeza é um museu vivo da exploração humana. Não há nada no catálogo da miséria vitoriana narrada por Dickens, Zola ou Gorki que não exista em algum lugar das atuais cidades do Terceiro Mundo. Falo não somente de resquícios e atavismos cruéis, mas, principalmente, de formas primitivas de exploração que ganharam vida nova com a globalização pós-moderna – e o trabalho infantil é um exemplo importante disso.

---

[39] Philip Amis, "Making Sense of Urban Poverty", *Environment and Urbanization*, v. 7, n. 1, abr. 1995, p. 151.

[40] Acho, entretanto, que Manuel Castells e Alejandro Portes foram longe demais num ensaio de 1989 que sugere que o proletariado está "desaparecendo" diante da "heterogeneidade crescente das situações de trabalho e, assim, das condições sociais" (Castells e Portes, "World Underneath: The Origins, Dynamics and Effects of the Informal Economy", em Portes, Castells e Lauren Benton (orgs.), *The Informal Economy: Studies in Advanced and Less Developed Countries* [Baltimore, Johns Hopkins University Press, 1989], p. 31). Os trabalhadores informais, de fato, tendem a se acumular maciçamente em alguns nichos principais, onde a organização efetiva e a "consciência de classe" podem se tornar possíveis caso existam autênticas restrições e regulamentações do trabalho. É a falta de cidadania econômica, mais que a heterogeneidade por si só do meio de vida, que torna a mão de obra informal tão sujeita à subordinação clientelista e à fragmentação étnica. Repito assim Jan Breman quando afirma que a principal questão do setor informal é a formalização dos direitos e da proteção da mão de obra, não da propriedade (p. 201).

Planeta Favela

Embora os ideólogos do capitalismo *bootstrap* raramente discutam sobre crianças, o seu trabalho extralegal, muitas vezes em benefício de exportadores globais, constitui setor importante da maioria das economias informais urbanas. A Convenção dos Direitos da Criança, ratificada por todos os países com exceção dos Estados Unidos e da Somália, proíbe os abusos mais ostensivos, mas, como descobriram a Human Rights Watch e o Unicef, raramente é cumprida nas cidades mais pobres ou do outro lado da linha divisória do preconceito de raça e de casta. É claro que a extensão total do trabalho infantil contemporâneo é zelosamente oculta das vistas e desafia qualquer medição direta; não obstante, o que já se demonstrou é chocante.

Um estudo recente de crianças faveladas de Daca, por exemplo, verificou que "quase metade dos meninos e meninas entre dez e catorze anos faziam algum trabalho gerador de renda" e "apenas 7% das meninas e meninos entre cinco e dezesseis anos frequentavam a escola". Daca tem o maior número de crianças trabalhadoras da Ásia (cerca de 750 mil), e seus proventos constituem metade da renda das famílias pobres chefiadas por mulheres e quase um terço das famílias chefiadas por homens[41]. Embora Mumbai vanglorie-se do alto nível de frequência escolar, Arjun Appadurai verifica que sua "gigantesca economia de serviços alimentares e restaurantes [é] quase toda dependente de um enorme exército de mão de obra infantil"[42]. No Cairo e em outras cidades egípcias, crianças com menos de doze anos talvez sejam 7% da força de trabalho; isso inclui as milhares de crianças de rua que catam e revendem pontas de cigarro (um maço novo por dia custa metade do salário mensal de um pobre)[43].

No entanto, a capital mundial das crianças exploradas e escravizadas talvez seja a cidade sagrada hinduísta de Varanasi (1,1 milhão de habitantes), em Uttar Pradesh. Famosa por seus tecidos, assim como por seus templos e homens santos, Varanasi (Benares) tece seus tapetes e borda seus sáris com o trabalho servil de mais de 200 mil crianças com menos de catorze anos[44]. Em troca de empréstimos minúsculos e pagamentos em dinheiro, párias e muçulmanos rurais incrivelmente pobres vendem seus filhos, ou toda a família, a predadores empreiteiros têxteis. Segundo o Unicef, na indústria de tapetes, milhares de crianças são "raptadas, atraídas ou penhoradas pelos pais em troca de quantias irrisórias".

---

[41] Jane Pryer, *Poverty and Vulnerability in Dhaka Slums: The Urban Livelihoods Study* (Aldershot, Ashgate, 2003), p. 176; Victoria de la Villa e Matthew S. Westfall (orgs.), *Urban Indicators for Managing Cities: Cities Data Book* (Manila, Asian Development Bank, 2001) (número de crianças trabalhadoras).

[42] Arjun Appadurai, "Deep Democracy: Urban Governmentality and the Horizon of Politics", *Environment and Urbanization*, v. 13, n. 2, out. 2001, p. 27.

[43] Nedoroscik, *The City of the Dead*, p. 64.

[44] Zama Coursen-Neff, *Small Change: Bonded Child Labor in India's Silk Industry* (Human Rights Watch Report, v. 15, n. 2, jan. 2003), p. 30.

Humanidade excedente?

A maioria delas é mantida em cativeiro, torturada e forçada a trabalhar vinte horas por dia sem interrupção. As crianças pequenas são forçadas a ficar de cócoras da manhã à noite todos os dias, comprometendo gravemente o seu crescimento durante os anos de formação. Os ativistas sociais da região acham difícil trabalhar devido ao forte controle mafioso que os proprietários das tecelagens exercem na área.[45]

A indústria de sáris de seda de Varanasi, investigada pela Human Rights Watch, também tem o seu quinhão: "As crianças trabalham doze ou mais horas por dia, seis dias e meio ou sete dias por semana, sob condições de violência física e verbal. Começando até aos cinco anos, ganham de nada a umas 400 rupias (US$ 8,33) por mês". Numa oficina, os pesquisadores descobriram uma criança de nove anos acorrentada ao seu tear; por toda parte viram meninos cobertos de cicatrizes de queimaduras devidas ao perigoso trabalho de ferver os casulos do bicho-da-seda, assim como menininhas com as vistas prejudicadas pelas horas intermináveis que passam bordando com pouca luz[46].

Outro centro famoso de trabalho infantil é a capital do vidro da Índia: Firozabad (350 mil habitantes), também em Uttar Pradesh. É uma amarga ironia que os braceletes de vidro adorados pelas mulheres casadas sejam feitos por 50 mil crianças que trabalham em cerca de quatrocentas fábricas, das mais infernais do subcontinente:

> As crianças trabalham em todo tipo de função, como carregar torrões derretidos de vidro na ponta de varas de ferro, a apenas 60 centímetros de seu corpo; retirar o vidro derretido dos tanques das fornalhas, nos quais a temperatura fica entre 1.500 e 1.800 graus centígrados, e seu braço quase toca a fornalha, pois o braço das crianças é pequeno; unir e temperar os braceletes de vidro, trabalho feito sobre uma pequena chama de querosene numa sala com pouca ou nenhuma ventilação porque qualquer sopro de ar pode apagar o fogo. O chão da fábrica toda está coberto de vidro quebrado, e as crianças correm de um lado para o outro carregando esse material quentíssimo e chamejante sem sapatos para proteger os pés. Podem-se ver fios elétricos desencapados e pendurados por toda parte porque os donos da fábrica não se dão ao trabalho de instalar fiação interna com isolamento.[47]

Entretanto, o maior setor de trabalho infantil urbano do mundo inteiro é, sem dúvida, o serviço doméstico. Um segmento muito grande da classe média urbana do Terceiro Mundo explora diretamente crianças e adolescentes pobres. Por exemplo, "uma pesquisa de famílias de renda média em Colombo mostrou que uma em cada três mantinha uma criança com menos de catorze anos como trabalhadora doméstica" – o mesmo percentual de Jacarta. Em Porto Príncipe e

---

[45] Unicef, *The State of the World's Children 1997* (Oxford, Oxford University Press, 1998), p. 35.

[46] Coursen-Neff, *Small Change*, p. 8, 30.

[47] *State of World's Children*, p. 37.

Planeta Favela

também em São Salvador e Ciudad Guatemala, não é raro encontrar empregadas domésticas de sete ou oito anos com jornadas semanais de noventa horas e um dia de folga por mês. Do mesmo modo, em Kuala Lumpur e em outras cidades da Malásia, onde as empregadas domésticas costumam ser meninas indonésias, a jornada-padrão é de dezesseis horas por dia, sete dias por semana, sem previsão de descanso[48].

Enquanto as crianças urbanas ainda são tratadas como escravos ou servos, alguns de seus pais continuam a ser pouco mais que animais de carga. O riquixá sempre foi um emblema famoso da degradação da mão de obra na Ásia. Inventado no Japão na década de 1860, permitiu que "animais humanos" substituíssem as charretes puxadas a mula e as carruagens com cavalos como principal meio de transporte das grandes cidades do leste e do sul da Ásia. Exceto no Japão, os riquixás sobreviveram até à competição dos bondes depois da Primeira Guerra Mundial, devido à sua conveniência, baixo custo e papel, como "passaportes" de *status* da pequena burguesia. ("Todos tendiam a pensar", escreveu o romancista Xi Ying na Pequim da década de 1920, "que quem não tem sequer um riquixá particular, que raios será? [...]"[49]) Puxar um riquixá foi reconhecido como a forma mais dura de trabalho urbano e, pelo menos em Xangai, a maioria dos condutores (com sorte se ganhassem o equivalente a dez centavos de dólar por dia) morria de enfarte ou tuberculose em poucos anos[50].

É claro que os revolucionários condenaram o riquixá e prometeram o dia da liberdade a centenas de milhares de condutores, mas em algumas regiões da Ásia esse dia vem sendo adiado há muito tempo. Na verdade, é provável que o tráfego informal movido a força humana, inclusive os riquixás à moda antiga e os *pedicabs* puxados por bicicletas (inventados em 1940), empregue e explore mais homens pobres hoje do que em 1930. A OIT estimou que há mais de 3 milhões de condutores de riquixá nas ruas da Ásia[51]. Em Daca ("A Cidade do Próprio Deus", como disse um urbanista a Jeremy Seabrook, porque "funciona automaticamente"), o setor dos riquixás é "o segundo maior gerador de empregos da cidade, atrás apenas do 1 milhão de pessoas mais ou menos empregadas pelo setor de vestuário". Os 200 mil *riquixawalás* – os esquecidos campeões de ciclismo do Terceiro Mundo – ganham cerca de um dólar por dia para pedalar

---

[48] Ibidem, p. 30; Human Rights Watch, "Child Domestics: The World's Invisible Workers", 10/6/2004, p. 3.

[49] David Strand, *Rickshaw Beijing: City People and Politics in the 1920s* (Berkeley, University of California Press, 1989), p. 28. Ver também James Warren, *Rickshaw Coolie: A People's History of Singapore, 1880-1940* (Singapura, Singapore University Press, 2003).

[50] Stella Dong, *Shanghai: The Rise and Fall of a Decadent City* (Nova York, Harper Collins, 2000), p. 162-3.

[51] Sethuraman, "Urban Poverty and the Informal Sector", p. 7.

Humanidade excedente?

189

uma média de 60 quilômetros no pesadelo da poluição e do trânsito de Daca[52]. Como ocupação masculina de último recurso numa cidade de pobreza cada vez maior, há violenta competição entre os condutores de riquixá, tenham ou não licença – estes últimos com ininterrupto medo da polícia, que costuma tomar e queimar os seus "veículos" ilegais[53].

Do mesmo modo, em Kolkata, onde Jan Breman bem descreveu o trabalho de puxar riquixás como "a meação agrícola urbana", 50 mil imigrantes de Bihari formam a coluna vertebral do setor. A maioria deles mora longe da família, por vezes durante décadas, amontoados em barracos ou estábulos, dependentes de grupos muito unidos que regulamentam o emprego. Eles não são, como insiste Bresser, os "pequenos empresários [da lenda] que operam com independência, abrindo ativamente o seu caminho ascendente por meio da acumulação, mas proletários dependentes que vivem na defensiva". A sua pequena compensação simbólica é que não estão nas piores condições. Essa distinção cabe aos *thelas* (carros de vendedores), tão baixos e pesados que precisam ser puxados por um homem e toda a sua família[54].

A parte mais horrenda da economia informal, mais do que a prostituição infantil, é a crescente demanda mundial de órgãos humanos, mercado criado na década de 1980 pelas inovações da cirurgia de transplante de rins. Na Índia, a periferia empobrecida de Chennai (Madras) tornou-se mundialmente famosa por suas "fazendas de rins". De acordo com uma investigação da *Frontline*,

> durante oito anos, de 1987 a 1995, a favela de Bharathi Nagar, em Villivakkam, subúrbio de Chennai, foi o centro do comércio de rins de Tamil Nadu. No ponto máximo da expansão, alimentada em parte por estrangeiros que se dirigiam em massa ao sul da Índia à procura de rins, a favela foi chamada de Kidney Nagar (Nagar dos Rins) ou Kidney-bakkam.

Em sua maioria, os favelados da região eram refugiados da seca que lutavam para sobreviver como condutores de riquixá ou trabalhadores diaristas. Jornalistas estimaram que mais de quinhentas pessoas, ou uma pessoa por família, venderam um rim para transplantes locais ou para ser exportado para a Malásia; a maioria dos doadores era de mulheres, até mesmo "muitas mulheres abandonadas [...] obrigadas a vender o rim para levantar dinheiro e sustentar a si e aos filhos"[55].

---

[52] Seabrook, *In the Cities of the South*, p. 35-7.

[53] Ver o artigo em *Housing by People in Asia*, 15 (publicado pela Asian Coalition for Housing Rights, out. 2003).

[54] Breman, *The Labouring Poor*, p. 149-54.

[55] Outras comunidades pobres, como as cidades gêmeas de Pallipalayam e Kumarapalayam, também envolveram-se no comércio de rins de Tamil Nadu. Muitos doadores eram tecelões pobres,

Planeta Favela

As favelas do Cairo também foram garimpadas nos últimos anos em busca de partes do corpo. "A maior parte dos clientes desses procedimentos", explica Jeffrey Nedoroscik,

> é de árabes ricos do golfo Pérsico. Embora haja outros países do Oriente Médio com centros de transplante, poucos deles têm o enorme número de pobres dispostos a vender os órgãos. No passado, os laboratórios enviavam recrutadores às favelas do Cairo e a áreas pobres como a Cidade dos Mortos para alistar potenciais doadores.[56]

As bruxinhas de Kinshasa

Até onde o tecido elástico da informalização pode ser estirado para dar abrigo e subsistência aos novos pobres urbanos? Uma grande cidade, oficialmente expulsa da economia mundial por seus supervisores de Washington, luta pela mera subsistência em meio aos fantasmas de seus sonhos traídos: Kinshasa é a capital de um país naturalmente rico e artificialmente pobre, onde, como já explicou o próprio presidente Mobutu, "tudo está à venda e tudo pode ser comprado". Das megacidades do mundo, somente Daca é tão pobre, e Kinshasa ultrapassa todas elas em sua dependência desesperada de estratégias informais de sobrevivência. Como observa com certo espanto um antropólogo, é o "milagre e pesadelo" simultâneos de uma enorme cidade onde a economia formal e as instituições do Estado, sem falar da máquina repressora, desmoronaram completamente[57].

Kinshasa é uma cidade universalmente descrita pelos seus próprios habitantes como *cadavre, épave* (cadáver, destroços) ou *Kin-la-poubelle* (Kinshasa, a lata de lixo)[58]. "Hoje", escreve o antropólogo René Devisch, "estima-se que menos de 5% dos seus habitantes ganhem um salário regular"[59]. Os moradores sobrevivem de suas "hortas onipresentes e sua engenhosidade, comprando e vendendo, contrabandeando e pechinchando". O "artigo 15" (roubo, no código penal) tornou-se o estatuto da cidade e *se débrouiller* ("virar-se", dar um jeito apesar de tudo) é o lema cívico não oficial[60]. Na verdade, com a sua inversão de figura e fundo entre formalidade e informalidade, Kinshasa quase reinventa as categorias

---

enfrentando demissões e a competição estrangeira. "One-Kidney Communities" (Investigação), *Frontline*, v. 14, n. 25, 13-26/12/1997.

[56] Nedoroscik, *The City* of *the Dead*, p. 70.

[57] René Devisch, "Frenzy, Violence, and Ethical Renewal in Kinshasa", *Public Culture*, v. 7, n. 3, 1995, p. 603.

[58] Thierry Mayamba Nlandu, "Kinshasa: Beyond Dichotomies", documento para a Conferência sobre Pobreza Urbana, *African News Bulletin – Bulletin d'Information Africaine Supplement*, n. 347, 1998, p. 2.

[59] R. Devisch, "Parody in Matricentered Christian Healing Communes of the Sacred Spirit in Kinshasa", *Contours*, vol 1, n.2, outono [quarto trimestre] 2003, p. 7.

[60] Wrong, *In the Footsteps of Mr. Kurtz*, p. 152.

Humanidade excedente?

da economia política e da análise urbana. Como pergunta o antropólogo Filip de Boeck, que estuda as crianças do Congo:

> O que significa ser uma cidade de estimados 6 milhões de habitantes, na qual quase não há trânsito de carros nem transporte público pela simples razão de que, em intervalos frequentes, não haja uma gota de combustível à disposição durante semanas ou até meses? Por que continuar com a convenção social de se referir ao papel-moeda como "dinheiro" quando se é confrontado diariamente com o fato de que não passa de um pedaço de papel sem valor? [...] De que adianta distinguir a economia formal da informal ou paralela quando a informal tornou-se a mais comum e a formal quase desapareceu?[61]

Os habitantes de Kinshasa negociam a sua cidade em ruínas com senso de humor irrefreável, mas até o canhão antiaéreo da ironia cede diante da dureza do terreno social: a renda média caiu para menos de US$ 100 por ano; dois terços da população estão desnutridos; a classe média extinguiu-se; e um em cada cinco adultos é HIV-positivo[62]. Três quartos dos habitantes também não podem pagar pela assistência médica formal e precisam recorrer à cura pentecostal pela fé ou à magia nativa[63]. E, como veremos adiante, as filhas dos moradores pobres da cidade estão se transformando em bruxas.

Kinshasa, como o restante do Congo-Zaire, foi destruída por uma tempestade ideal de cleptocracia, geopolítica da Guerra Fria, ajuste estrutural e guerra civil crônica. A ditadura de Mobutu, que durante 32 anos saqueou sistematicamente o Congo, foi o frankenstein criado e sustentado por Washington, pelo FMI e pelo Banco Mundial, com o Quai d'Orsay no papel de coadjuvante. O Banco Mundial, cutucado quando necessário pelo Departamento de Estado, encorajou Mobutu a usar a garantia do setor mineral de seu país para tomar emprestadas grandes quantias de bancos estrangeiros, sabendo muito bem que a maior parte do dinheiro iria diretamente para contas bancárias particulares na Suíça. Então o FMI, começando com o primeiro PAE em 1977, surgiu para garantir que os congoleses comuns pagassem a dívida com juros. As primeiras condicionalidades (impostas por uma equipe do FMI no Banque du Zaire e por uma equipe francesa no Ministério da Fazenda) dizimaram o serviço público: 250 mil funcionários – o maior grupo ocupacional formal da economia – foram demitidos sem indenização. Aqueles que permaneceram dedicaram-se

---

[61] Filip de Boeck, "Kinshasa: Tales of the 'Invisible City' and the Second World", em Enwezor et al., *Under Siege*, p. 258.

[62] James Astill, "Congo Casts out its Child Witches", *Observer*, 11/5/2003.

[63] Lynne Cripe et al., "Abandonment and Separation of Children in the Democratic Republic of the Congo", relatório de avaliação da Agency for International Development dos Estados Unidos, realizado pelo Displaced Children and Orphans Fund and Leahy War Victims Contract, abr. 2002, p. 5-7.

Planeta Favela

prontamente ao peculato e à prevaricação ("artigo 15") em escala épica, com o endosso público de Mobutu.

Uma década depois, com a infraestrutura antes impressionante do Congo enferrujada ou saqueada, o FMI impôs um novo PAE. Tshikala Biaya descreve como o acordo de 1987 "buscou dar 'poderes legais' ao setor informal e torná-lo a nova galinha dos ovos de ouro que substituiria o Estado de bem-estar social que o FMI e o Banco Mundial tinham acabado de destruir". O Clube de Paris rolou a dívida de Mobutu em troca de mais restrições ao setor público, mais abertura de mercado, privatização de estatais, remoção dos controles sobre o câmbio e aumento da exportação de diamantes. As importações estrangeiras inundaram o Zaire, as indústrias nativas fecharam e perderam-se mais 100 mil empregos em Kinshasa. A hiperinflação logo destruiu o sistema monetário e toda e qualquer aparência de racionalidade econômica[64].

"O dinheiro", escreveu René Devisch, "parecia ser uma entidade misteriosa e fantástica, que não tinha nenhuma relação com o trabalho ou a produção. O povo passou a buscar refúgio numa economia do destino"[65]. De fato, os habitantes da cidade envolveram-se num frenesi desesperado de apostas: corridas de cavalo francesas, loterias organizadas pelas grandes cervejarias, jogos de tampinhas de garrafa das fábricas de refrigerante e, de forma mais funesta, um esquema de pirâmide monetária controlado secretamente pelos militares. (Uma "piramidemania" parecida e quase mágica varreria a Albânia com resultados igualmente devastadores em 1996-7, sugando e destruindo metade do PIB do empobrecido país[66].) Os primeiros investidores ganharam rádios e eletrodomésticos da África do Sul, induzindo todos a participar, na crença de que conseguiriam abandonar o esquema antes que desmoronasse – mas houve poucos sobreviventes do desastre inevitável. Como explica Devisch, "com parte tão grande da população de Kinshasa envolvida nesses esquemas financeiros, o efeito do colapso na economia, e principalmente no setor informal, foi desastroso. A amarga frustração do povo levou a uma mentalidade de feitiçaria, imaginária mas nefasta"[67].

---

[64] Tshikala Biaya, "SAP: A Catalyst for the Underdevelopment and Privatization of Public Administration in the Democratic Republic of Congo, 1997-2000", *DPMN Bulletin*, v. 7, n. 3, dez. 2000.

[65] Devisch, "Frenzy, Violence, and Ethical Renewal in Kinshasa", p. 604.

[66] Ver as análises dos pesquisadores do Banco Mundial: Carlos Elbirt, "Albania under the Shadow of the Pyramids", e Utpal Bhattacharya, "On the Possibility of Ponzi Schemes in Transition Economies", em *Transition Newsletter* (boletim publicado pelo World Bank Group), jan.-fev. 2000, disponível em: < www.worldbank.org/transition-newsletter/janfeb600/pgs24-26.htm>.

[67] Devisch, ibidem, p. 604.

Humanidade excedente?

O que se seguiu, em meio à inflação constante, foi a grande *jacquerie* urbana de setembro de 1991, quando os favelados de Kinshasa, com a conivência do Exército, dedicaram-se à festiva pilhagem em massa de fábricas, lojas e depósitos. Devisch descreve a "deflagração eufórica e perversa da anomia, da violência inerte internalizada pelo povo sob a pressão da inflação galopante e do mercado de trabalho falido"[68]. Outros desastres seguiram-se prontamente. Em janeiro de 1993, Kinshasa foi saqueada novamente, agora somente pelos soldados. O sistema bancário desmoronou, a administração pública quase desapareceu, as empresas recorreram ao uso do escambo e pequenos funcionários públicos descobriram que agora os seus salários valiam apenas um oitavo do valor de 1988 em termos reais. Segundo De Boeck, "a retirada do FMI e do Banco Mundial do país em novembro de 1993 atestou o fato de que o Congo não participava mais da economia mundial"[69]. Com a economia nacional em ruínas e a riqueza do Congo trancada nos cofres dos bancos suíços, Mobutu finalmente foi derrubado, em 1997; no entanto, a "libertação" só levou a intervenções estrangeiras e a uma guerra civil interminável que a Usaid estimou ter tirado mais de 3 milhões de vidas (principalmente por fome e doenças) até 2004[70]. A rapinagem de exércitos saqueadores no leste do Congo, que lembra cenas da Guerra dos Trinta Anos na Europa, empurrou novas ondas de refugiados para as favelas superpovoadas de Kinshasa.

Diante da morte da cidade formal e de suas instituições, os habitantes comuns – mas, acima de tudo, as mães e as avós – lutaram pela sobrevivência "aldeizando" Kinshasa: restabeleceram a agricultura de subsistência e formas rurais tradicionais de ajuda mútua. Cada metro quadrado de terra desocupada, inclusive os canteiros centrais das estradas, foi plantado com mandioca, enquanto mulheres sem terra, as *mamas miteke*, saíam para procurar raízes e plantas comestíveis no mato[71]. Com o colapso sucessivo do mundo do trabalho e depois do universo de fantasia dos jogos de azar, as pessoas voltaram a depender da mágica e dos cultos proféticos das aldeias. Buscaram livrar-se da "doença dos brancos", *yimbeefu kya mboongu*: a doença fatal do dinheiro[72]. Em vez de fábricas abandonadas e lojas saqueadas, igrejas minúsculas e grupos de oração instalaram-se sob placas primitivas, pintadas com cores vivas. Em favelas imensas como Masina (conhecida no local como "República da China" por causa da sua densidade), o pentecostalismo espalhou-se

---

[68] Ibidem, p. 606.

[69] De Boeck, "Kinshasa", p. 258.

[70] A estimativa real de Anthony Gambino, diretor aposentado da missão da Usaid no Congo, é de 3,8 milhões (Mvemba Dizolele, "Eye on Africa: SOS Congo", UPI, 28/12/2004).

[71] De Boeck, ibidem, p. 266.

[72] Devisch, ibidem, p. 625.

Planeta Favela

com velocidade tropical: "No final de 2000, dizia-se haver 2.177 seitas religiosas recém-fundadas em Kinshasa, muitas das quais se reuniam em sessões de oração durante toda a noite"[73].

Como enfatizaram Devisch e outros, o fenômeno pentecostal é variado e complexo, e abrange uma gama de formas nativas e importadas. Algumas Igrejas, por exemplo, foram fundadas por leigos católicos ou ex-seminaristas que, sem os meios financeiros nem a instrução necessária para entrar para o sacerdócio, criaram franquias lucrativas de pregação à moda norte-americana com base na cura pela fé e no evangelho da prosperidade[74]. Outras, como a Igreja Mpeve Ya Nlongo, são comunas de cura lideradas por mulheres, nas quais se usam transes, sonhos proféticos e "línguas celestiais" para ter acesso tanto ao Espírito Santo quanto aos ancestrais tribais na antevisão de um "mundo que virá" para eliminar a pobreza e a desigualdade. "Essas comunidades centradas nas mães", escreve Devisch, "falam da necessidade de ter centros morais para o futuro da cidade, a atenção aos valores, uma ideia de ninho e domesticidade"[75]. De qualquer modo, o reavivamento pentecostal de Kinshasa correspondeu a uma renovação espiritual da comunidade – o reencantamento de uma modernidade catastrófica – em um contexto histórico no qual a política tornou-se totalmente desacreditada.

Mas o talento dos moradores da cidade para se organizar e *se débrouiller* tem limites materiais reais, assim como um lado mais sinistro. Apesar dos esforços heroicos, principalmente das mulheres, a estrutura social tradicional está se erodindo. Diante da miséria absoluta, os antropólogos descrevem a dissolução das trocas de presentes e das relações de reciprocidade que ordenam a sociedade zairense: incapazes de pagar o preço de uma noiva ou de alimentar os seus, os rapazes, por exemplo, abandonam moças grávidas e pais de família desaparecem[76]. Ao mesmo tempo, o holocausto da aids deixa para trás um número imenso de órfãos e crianças contaminadas com o HIV. Há pressões enormes sobre as famílias urbanas pobres, arrancadas de suas redes rurais de apoio do clã ou, pelo contrário, sobrecarregadas pelas exigências da solidariedade do parentesco, para que abandonem seus membros mais dependentes. Como observa tristemente um pesquisador da entidade Save the Children: "A capacidade

---

[73] Abdou Maliq Simone, p. 24.

[74] Sedecias Kakule, entrevistado em "Democratic Republic of the Congo: Torture and Death of an Eight-Year-Old Child", Federation Internationale de L'Acat (Action des Christiens pour L'Abolition de la Torture) (FiatCat)], out. 2003.

[75] R. Devisch, sumário de palestra ("'Pillaging Jesus': The Response of Healing Churches of Central Africa to Globalization"), *Forum for Liberation Theology, Annual Report 1997-98*.

[76] Resenha de conferência de Filip de Boeck, "Children, the Occult and the Street in Kinshasa", *News from Africa*, fev. 2003.

Humanidade excedente?

das famílias e comunidades congolesas de garantir assistência e proteção básicas aos seus filhos parece estar desmoronando"[77].

Além disso, a crise da família coincidiu tanto com a explosão pentecostal quanto com o renascer do medo da feitiçaria. Muitos habitantes de Kinshasa, segundo Devisch, interpretam o seu destino dentro da catástrofe urbana maior como "um tipo de maldição ou *ensorcellement* (feitiçaria)"[78]. Consequentemente, a crença pervertida e literal em Harry Potter tomou conta de Kinshasa, levando à histérica denúncia em massa de milhares de crianças "bruxas" e sua expulsão para as ruas e até ao seu assassinato. As crianças, algumas pouco mais do que bebês, foram acusadas de todos os malfeitos e acredita-se, pelo menos na favela Ndjili, que voem à noite em enxames, montadas em vassouras. Os trabalhadores das entidades de auxílio enfatizam a novidade do fenômeno:

> Até 1990, era difícil ouvir falar de crianças bruxas em Kinshasa. As crianças que hoje são acusadas de bruxaria estão na mesma situação: tornaram-se um fardo improdutivo para os pais que não podem mais alimentá-las. As crianças chamadas de "bruxas" vêm com mais frequência de famílias paupérrimas.[79]

As Igrejas carismáticas têm sido profundamente cúmplices da promoção e da legitimação dos temores sobre crianças enfeitiçadas; na verdade, os pentecostais retratam a sua fé como a armadura de Deus contra a bruxaria. A histeria entre adultos e crianças (que desenvolveram fobias intensas a gatos, lagartos e à longa noite escura da falta de luz) foi exacerbada pela circulação generalizada de vídeos cristãos repulsivos que mostram a confissão de "crianças bruxas" e os exorcismos subsequentes, que por vezes envolvem fome e água fervente[80]. Os pesquisadores da Usaid culpam diretamente o trabalho de "autodenominados pregadores" que "instalam seus púlpitos e distribuem previsões entre aqueles que buscam uma solução fácil para seu sofrimento e infortúnio".

> Quando as profecias falham, os pregadores podem facilmente atribuir a miséria constante a causas espúrias, como a bruxaria, muitas vezes apontando crianças como a causa, porque são fáceis de culpar e menos capazes de se defender. A família que busca o conselho do pregador pode ouvir, por exemplo, que seu filho deficiente está provocando o sofrimento constante de todos, tendo a deficiência da criança como indicador claro de que é uma bruxa.[81]

---

[77] Mahimbo Mdoe citado em Astill, "Congo Casts Out its 'Child Witches'".

[78] Devisch, "Frenzy, Violence, and Ethical Renewal in Kinshasa", p. 608.

[79] "DRC: Torture and Death of an Eight-Year-Old Child", outubro de 2003.

[80] Ver "Christian Fundamentalist Groups Spreading over Africa", German Campaign of Friends of People Close to Nature, 17/6/2004. Disponível em: <www.fpcn-global.org>.

[81] Cripe et al., "Abandonment and Separation of Children in the Democratic Republic of Congo", p. 16.

Planeta Favela

De Boeck, pelo contrário, afirma que as seitas estão preservando uma ordem moral informal em meio ao colapso generalizado, e que "os líderes da igreja não produzem eles mesmos essas acusações, mas meramente confirmam-nas e, assim, legitimizam-nas". Os pastores organizam confissões e exorcismos públicos (*cure d'âmes* [cura de almas]): "A criança é colocada no meio de um círculo de mulheres em oração, muitas vezes em transe, que costumam cair em glossolalia, sinal do Espírito Santo". Mas é comum que as famílias se recusem a levar a criança de volta, depois de ter sido acusada e, então, ela é obrigada a ir para as ruas. "Sou Vany e tenho três anos", disse uma criança a De Boeck. "Eu estava doente. Minhas pernas começaram a inchar. Aí começaram a dizer que eu era bruxa. É verdade. O pregador confirmou."[82]

As crianças-bruxas, como as virgens possuídas de Salém no século XVII, parecem ter alucinações com as acusações feitas a elas, aceitando o seu papel de receptáculos sacrificatórios da miséria da família e da anomia urbana. Um menino disse ao fotógrafo Vincen Beeckman:

> Comi oitocentos homens. Fiz que sofressem acidentes de avião e de carro. Fui até à Bélgica, graças a uma sereia que me levou o caminho todo até o porto de Antuérpia. Às vezes viajo de vassoura, outras vezes numa casca de abacate. De noite, tenho trinta anos e cem filhos. Meu pai perdeu o emprego de mecânico por minha causa – depois, eu o matei com a sereia. Também matei meu irmão e minha irmã. Enterrei eles vivos. Também matei todos os filhos não nascidos da minha mãe.[83]

Beeckman afirma que, como não há nenhum sistema de assistência à criança funcionando em Kinshasa, a expulsão dos acusados de bruxaria pela própria família não é apenas uma justificativa racionalizada do abandono, mas "uma oportunidade de colocá-los numa comunidade religiosa onde receberão algum tipo de educação e comida para sobreviver ou de interná-los nos centros gerenciados por ONGs internacionais". Mas a maioria das crianças-bruxas, principalmente as doentes e infectadas pelo HIV, acabam simplesmente nas ruas, tornando-se parte do exército urbano de pelo menos 30 mil indivíduos, composto de "fugitivos, crianças vítimas de agressão, crianças desalojadas pela guerra, soldados-crianças que desertaram, órfãos e solteiros"[84].

As crianças-bruxas de Kinshasa, como as favelas exportadoras de órgãos da Índia e do Egito, parecem levar a um ponto zero da existência além do qual só há campos de extermínio, fome e horror kurtziano. Com efeito, um autêntico kinês,

---

[82] Ver trechos de Filip de Boeck, "Geographies of Exclusion: Churches and Child-Witches in Kinshasa", *BEople*, n. 6, mar.-ago. 2003.

[83] Vincen Beeckman, "Growing Up on the Streets of Kinshasa", *The Courier ACP EU*, set.-out. 2001, p. 63-4.

[84] Beeckman, ibidem, p. 64.

Humanidade excedente?

Thierry Mayamba Nlandu, numa reflexão pungente mas digna de Whitman ("as favelas, também, cantam Kinshasa..."), pergunta: "Como esses milhões sobrevivem à vida incoerente e miserável de Kinshasa?". A sua resposta é que "Kinshasa é uma cidade morta. Não é uma cidade dos mortos". O setor informal não é um *deus ex machina*, mas uma "devastação sem alma", e também "uma economia de resistência" que confere honras aos pobres "onde, não fosse assim, a lógica do mercado levaria ao desespero total"[85]. Os que moram lá, assim como os habitantes da favela da Martinica chamada "Texaco" no famoso romance de mesmo nome de Patrick Chamoiseau, agarram-se à cidade "por suas milhares de fissuras de sobrevivência" e, teimosamente, recusam-se a largá-la[86].

---

[85] Thierry Mayamba Nlandu, "Kinshasa: Beyond Chaos", em Enwezor et al., *Under Siege*, p. 186.

[86] Chamoiseau, *Texaco*, p. 316.

Epílogo
Descendo a rua Vietnã

> A promessa é de que, mais uma vez, saído do lixo,
> das penas espalhadas, das cinzas e dos corpos em
> pedaços, algo novo e belo possa nascer.
>
> John Berger[1]

A tardia triagem capitalista da humanidade, portanto, já aconteceu. Como alertou Jan Breman, ao escrever sobre a Índia:

> Chega-se a um ponto sem volta quando o exército de reserva à espera de ser incorporado ao processo de trabalho torna-se estigmatizado como massa permanentemente supérflua, fardo excessivo que não pode ser incluído, nem agora nem no futuro, na economia e na sociedade. Essa metamorfose, ao menos na minha opinião, é a verdadeira crise do capitalismo mundial.[2]

Ou então, como observou tristemente a CIA, em 2002: "No final dos anos 1990, espantosos 1 bilhão de trabalhadores, que representavam um terço da força de trabalho mundial, a maioria deles no hemisfério sul, estavam desempregados ou subempregados"[3]. Além do informalismo infinitamente flexível à moda De Soto, parecido com um novo culto do cargueiro, não há roteiro para a reincorporação dessa enorme massa de mão de obra excedente na corrente principal da economia do mundo.

O contraste com a década de 1960 é dramático: há quarenta anos a guerra ideológica entre os dois grandes blocos da Guerra Fria gerou ideias para abolir a pobreza do mundo e reabrigar os favelados que disputavam entre si. Com seus *sputniks* triunfantes e mísseis balísticos intercontinentais, a União Soviética ainda era um modelo plausível de industrialização velocíssima pela indústria pesada e pelos planos quinquenais. Por outro lado, o governo Kennedy diagnosticou

---

[1] John Berger, "Rumor", prefácio de Tekin, *Berji Kristin*, p. 8.

[2] Breman, *The Labouring Poor*, p. 13.

[3] Central Intelligence Agency, *The World Factbook* (Washington, CIA, 2002), p. 80.

Planeta Favela

oficialmente as revoluções do Terceiro Mundo como "doenças da modernização" e receitou, além dos boinas-verdes e dos B-52, reformas agrárias ambiciosas e programas habitacionais. Para imunizar os colombianos contra a subversão urbana, por exemplo, a Aliança para o Progresso subsidiou enormes projetos habitacionais como Ciudad Kennedy (80 mil pessoas), em Bogotá, e Villa Socorro (12 mil pessoas), em Medellín. A *Allianza* foi anunciada como o Plano Marshall do hemisfério ocidental, que logo elevaria o padrão de vida pan-americano para o nível do sul da Europa, se não fosse possível o nível *gringo*. Enquanto isso, como vimos, líderes nacionalistas carismáticos como Nasser, Nkrumah, Nehru e Sukarno vendiam no varejo a sua própria versão de revolução e progresso.

Mas a terra prometida da década de 1960 não surge mais nos mapas neoliberais do futuro. O último sopro de idealismo desenvolvimentista é a campanha das Metas de Desenvolvimento do Milênio (MDMs) das Nações Unidas (caricaturadas como "Metas de Desenvolvimento Minimalista" por alguns trabalhadores africanos de entidades de auxílio), que visa cortar pela metade até 2015 a proporção de pessoas que vivem em extrema pobreza, além de reduzir drasticamente a mortalidade materna e infantil no Terceiro Mundo. Apesar de casos esporádicos de solidariedade dos países ricos – como, em julho de 2005, os eventos do Make Poverty History e Live 8 ocorridos durante a reunião da Cúpula do G8, no Hotel Gleneagles, em Edimburgo –, as MDMs, quase certamente, não serão atingidas no futuro próximo. Em seu *Relatório de Desenvolvimento Humano 2004*, importantes pesquisadores da ONU advertiram que, no nível atual de "progresso", a África subsaariana só atingirá a maioria das MDMs com o século XXI já bem avançado. Os principais parceiros do subdesenvolvimento da África, o FMI e o Banco Mundial, repetiram a mesma avaliação pessimista em seu *Relatório de Monitoramento Global*, publicado em abril de 2005[4].

Com a literal "grande muralha" da imposição de uma fronteira de alta tecnologia que bloqueia a migração em grande escala para os países ricos, somente a favela continua a ser solução totalmente permitida para o problema do armazenamento da humanidade excedente deste século. A população favelada, de acordo com o UN-Habitat, cresce hoje espantosos 25 milhões de pessoas por ano[5]. Ademais, como enfatizado em capítulo anterior, a fronteira da terra segura e ocupável desaparece por toda parte, e os recém-chegados à margem urbana enfrentam condições de vida que só podem ser descritas como "marginalidade dentro da marginalidade" ou, na frase mais pungente de um favelado desespera-

---

[4]   *Human Development Report 2004*, p. 132-3; Tanya Nolan, "Urgent Action Needed to Meet Millennium Goals", *ABC Online*, 13/4/2005.

[5]   UN-Habitat, "Sounding the Alarm on Forced Evictions", comunicação à imprensa, 20ª Sessão do Conselho Diretor, Nairóbi, 4-8/4/2005.

Epílogo: Descendo a rua Vietnã

do de Bagdá, uma "semimorte"[6]. De fato, a *pobreza periurbana* – sinistro mundo humano ao mesmo tempo bastante isolado da solidariedade de subsistência do campo e desconectado da vida política e cultural da cidade tradicional – é a nova face radical da desigualdade. A orla urbana é uma zona de exílio, uma nova Babilônia; já se disse, por exemplo, que alguns dos jovens terroristas nascidos e criados nas *bidonvilles* periféricas de Casablanca, que atacaram hotéis de luxo e restaurantes estrangeiros em maio de 2003, nunca tinham estado antes no centro da cidade e espantaram-se com a riqueza da *medina*[7].

Mas se o urbanismo informal transforma-se em beco sem saída, os pobres não se revoltarão? As grandes favelas, como temia Disraeli em 1871, e preocupava-se Kennedy em 1961, não são apenas vulcões à espera de explodir? Ou será que a impiedosa competição darwinista, quando um número cada vez maior de pobres compete pelos mesmos restos informais, gera em vez disso uma violência comunitária que se aniquila a si mesma como forma ainda mais elevada de "involução urbana"? Até que ponto o proletariado informal possui o mais potente dos talismãs marxistas, a "ação histórica"?

Essas são perguntas complexas que precisam ser examinadas por estudos de caso concretos e comparativos antes que possam ser respondidas em termos gerais. (Pelo menos, foi essa a abordagem que Forrest Hylton e eu adotamos no livro que estamos escrevendo sobre o "governo dos pobres".) Especulações pós-marxistas pomposas, como as de Antonio Negri e Michael Hardt, sobre uma nova política de "multidões" nos "espaços rizomáticos" da globalização continuam sem fundamento em nenhuma sociologia política real. Até dentro de uma só cidade, a população favelada pode apresentar variedade enlouquecedora de reações à privação e à negligência estruturais, que vão das Igrejas carismáticas e cultos proféticos às milícias étnicas, gangues de rua, ONGs neoliberais e movimentos sociais revolucionários. No entanto, se não há um tema monolítico nem uma tendência unilateral na favela global, ainda assim há uma miríade de atos de resistência. Com efeito, o futuro da solidariedade humana depende da recusa combativa dos novos pobres urbanos a aceitar a sua marginalidade terminal dentro do capitalismo global.

Essa recusa pode assumir formas tanto atávicas quanto vanguardistas: tanto a rejeição à modernidade quanto tentativas de recuperar as suas promessas reprimidas. Não deveria surpreender que alguns jovens pobres dos arredores de Istambul, Cairo, Casablanca ou Paris abracem o niilismo religioso de Salafia Jihadia e alegrem-se com a destruição dos símbolos mais excessivamente arrogantes de uma modernidade estrangeira. Ou que milhões de outros prefiram a economia

---

[6] Citado em James Glanz, "Iraqs Dislocated Minorities Struggle in Urban Enclaves", *New York Times*, 3/4/2005.

[7] Ver relatos disponíveis na internet em: <www.maroc-hebdo.press.ma> e <www.bladi.net>.

Planeta Favela

de subsistência urbana controlada por gangues de rua, narcotraficantes, milícias e organizações políticas sectárias. A retórica demonizadora das várias "guerras" internacionais ao terrorismo, às drogas e ao crime são igualmente um *apartheid* semântico: constroem paredes epistemológicas ao redor das favelas, *gecekondus* e *chawls*, que impossibilitam qualquer debate honesto sobre a violência cotidiana da exclusão econômica. E, como na época vitoriana, a criminalização categórica dos pobres urbanos é uma profecia que leva ao seu próprio cumprimento e configura, de modo garantido, um futuro de guerra interminável nas ruas. Enquanto a classe média do Terceiro Mundo fortifica-se cada vez mais em seus condomínios de parques temáticos no subúrbio e em suas "aldeias de segurança" eletrificadas, perde a compreensão moral e cultural das urbanas terras de ninguém que deixou para trás.

Além disso, a imaginação dos governantes parece cambalear diante da consequência óbvia de um mundo de cidades sem empregos. É verdade que o otimismo neoliberal é perseguido por certo quociente de pessimismo maltusiano, talvez mais bem ilustrado pelos textos de viagem apocalípticos de Robert D. Kaplan (*Os confins da terra* e *À beira da anarquia*). Mas a maioria dos pensadores profundos dos grandes centros de pesquisa e institutos de relações internacionais norte-americanos e europeus ainda precisam dedicar o pensamento às consequências geopolíticas de um "planeta de favelas". Os mais bem-sucedidos, provavelmente porque não precisam conciliar o dogma neoliberal com a realidade neoliberal, têm sido os estrategistas e os planejadores táticos da Academia da Força Aérea norte-americana, da Rand Arroyo Center do Exército dos Estados Unidos e do Laboratório de Guerra em Quantico, na Virgínia, do corpo de fuzileiros navais norte-americanos. De fato, na ausência de outros paradigmas, o Pentágono elaborou o seu próprio ponto de vista distinto sobre a pobreza urbana.

O fracasso de Mogadíscio (Somália), em 1993, quando as milícias faveladas infligiram baixas de 60% ao corpo de elite dos *rangers* do Exército, obrigou os teóricos militares a repensar o que, em pentagonês, se chama MOUT: "Military Operations on Urbanized Terrain" (operações militares em terreno urbanizado). Finalmente uma mesa-redonda de estudos sobre defesa nacional, em dezembro de 1997, criticou o Exército por estar despreparado para o combate prolongado nas ruas labirínticas e quase intransitáveis das cidades pobres do Terceiro Mundo. Todas as Forças Armadas, coordenadas pelo Grupo de Trabalho Conjunto de Treinamento em Operações Urbanas, iniciaram programas expressos para dominar a luta nas ruas sob condições realistas de favela. "O futuro da guerra", declarou a revista da Academia de Guerra do Exército,

> está nas ruas, nos esgotos, arranha-céus e aglomerações de casas que formam as cidades alquebradas do mundo. [...] A nossa história militar recente está pontilhada de nomes de cidades – Tuzla [Bósnia-Herzegovina], Mogadíscio, Los Angeles [!], Beirute,

Epílogo: Descendo a rua Vietnã

Cidade do Panamá, Hué, Saigon, Santo Domingo –, mas esses enfrentamentos não passaram de um prólogo, com o drama de verdade ainda por vir.[8]

Para ajudar a desenvolver um arcabouço conceitual maior para as MOUT, os planejadores militares recorreram, na década de 1990, à antiga escola do dr. Strangelove, a Rand Corporation, sediada em Santa Monica. A Rand, centro de pesquisas criado pela Força Aérea norte-americana em 1948, ficou famosa ao simular o armagedom nuclear na década de 1950 e por auxiliar a criar a estratégia da Guerra do Vietnã nos anos 1960. Atualmente, a Rand cuida das cidades: os seus pesquisadores ponderam as estatísticas de crime urbano, a saúde pública dos bairros pobres do centro da cidade e a privatização da educação pública. Também gerenciam o Arroyo Center do Exército, que publicou uma pequena biblioteca de estudos sobre o contexto social e a mecânica tática da guerra urbana.

Um dos projetos mais importantes da Rand, iniciado no começo da década de 1990, é um grande estudo de "como as mudanças demográficas afetarão conflitos futuros". O resultado final, afirma a Rand, é que a urbanização da pobreza mundial produziu "a urbanização da revolta" – título do seu relatório. "Os rebeldes seguem os seus seguidores até as cidades", alerta a Rand, "criando 'zonas liberadas' nas favelas urbanas. Nem a doutrina dos Estados Unidos, nem o treinamento, nem o equipamento são projetados para o combate à subversão urbana". Esses pesquisadores concentram-se no exemplo de El Salvador durante a década de 1980, quando os militares locais, apesar do apoio maciço de Washington, foram incapazes de impedir que os guerrilheiros da FMLN de abrir uma frente urbana. Então, "se os rebeldes da Frente Farabundo Martí de Libertação Nacional operassem com eficácia nas cidades no início da revolta, é de questionar o que os Estados Unidos poderiam ter feito para ajudar a manter até mesmo o impasse entre o governo e os insurgentes"[9]. A megafavela, insinuam claramente os pesquisadores, tornou-se o elo mais fraco da nova ordem mundial.

Mais recentemente, um importante teórico da Força Aérea defendeu pontos semelhantes na *Aerospace Power Journal*: "A urbanização rápida dos países em desenvolvimento", escreve o capitão Troy Thomas no número do segundo trimestre de 2002, "resulta num ambiente de batalha que é cada vez menos compreensível, já que cada vez mais lhe falta planejamento". Thomas contrasta os núcleos urbanos hierárquicos modernos, cuja infraestrutura centralizada é facilmente

---

[8] Major Ralph Peters, "Our Soldiers, Their Cities", *Parameters*, primavera (segundo trimestre) de 1996, p. 43-50.

[9] Jennifer Morrison Taw e Bruce Hoffman, *The Urbanization of Insurgency: The Potential Challenge to U.S. Army Operations* (Santa Monica, Rand, 1994) (resumo disponível na internet em: <www.rand.org/pubs/monograph–reports/2005/MR398.SUM.pdf>).

Planeta Favela

incapacitada por ataques aéreos (Belgrado) ou ataques terroristas (Manhattan), com a periferia favelada que se espalha pelo Terceiro Mundo, organizada por "subsistemas descentralizados informais" onde não existe planta-baixa e cujos "pontos de alavancagem do sistema não são fáceis de discernir". Usando o "mar de miséria urbana" que cerca Karachi como principal exemplo, Thomas retrata o desafio do "combate assimétrico" dentro de terrenos urbanos "não nodais nem hierárquicos" contra milícias "com base em clãs", impelidas por "desespero e ódio". Ele também cita as periferias faveladas de Cabul, Lagos, Duchambe (Tadjiquistão) e Kinshasa como outros campos de batalha dignos de pesadelo, aos quais outros escritores militares costumam acrescentar Porto Príncipe. O capitão Thomas, como outros planejadores das MOUT, receita equipamento de alta tecnologia e treinamento realista, de preferência em "nossas próprias cidades arruinadas", onde "projetos habitacionais maciços tornaram-se inabitáveis, e instalações industriais inutilizáveis. Mas seriam quase ideais para o treinamento do combate em cidades"[10].

Quem, exatamente, é o inimigo que os futuros soldados-robôs, treinados nas favelas de Detroit e de Los Angeles, perseguirão no labirinto das cidades do Terceiro Mundo? Alguns especialistas apenas dão de ombros, respondendo: "qualquer um". Em um influente artigo intitulado "Geopolitics and Urban Armed Conflict in Latin America" [Geopolítica e conflito armado urbano na América Latina], escrito em meados da década de 1990, Geoffrey Demarest, importante pesquisador de Fort Leavenworth, propôs um estranho elenco de "atores anti-Estado", como "anarquistas psicopatas", criminosos, oportunistas cínicos, lunáticos, revolucionários, líderes trabalhistas, nativos étnicos e especuladores imobiliários. No fim, contudo, acabou ficando com os "despossuídos" em geral e o "crime organizado" em particular. Além de defender o uso de ferramentas de pesquisa emprestadas da arquitetura e do urbanismo para ajudar a prever a subversão futura, Demarest acrescentou que "as forças de segurança deveriam abordar o fenômeno sociológico das populações excluídas". Estava especialmente preocupado com "a psicologia da criança abandonada", já que acredita, junto com muitos defensores da teoria do crime chamada de "inchaço da juventude", que as crianças faveladas são a arma secreta das forças antiestatais[11].

Em resumo, as melhores cabeças do Pentágono ousaram aventurar-se aonde a maioria dos personagens das Nações Unidas, do Banco Mundial e do Departa-

---

[10] Capitão Troy Thomas, "Slumlords: Aerospace Power in Urban Fights", *Aerospace Power Journal*, primavera (mar.-maio) 2002, p. 1-15 (edição disponível na internet em: <http://www.airpower. maxwell.af.mil/airchronicles/apj/apj02/spr02/thomas.html>).

[11] Geoffrey Demarest, "Geopolitics and Urban Armed Conflict in Latin America", *Small Wars and Insurgencies*, v. 6, n. 1, primavera (segundo trimestre) 1995, sem número de página (Texto disponível na internet em: <http://fmso.leavenworth.army.mil/documents/geopolitics.

Epílogo: Descendo a rua Vietnã

mento de Estado tem medo de ir: descendo a estrada que parte logicamente da abdicação da reforma urbana. Como no passado, essa é uma "rua sem alegria" e, com efeito, os combatentes adolescentes desempregados do Exército Mahdi da Cidade Sadr de Bagdá, uma das maiores favelas do mundo, provocam os ocupantes norte-americanos com a promessa de que sua principal avenida será a "rua Vietnã". Mas os projetistas da guerra não recuam. Com o sangue-frio da lucidez, afirmam hoje que as "cidades fracassadas e ferozes" do Terceiro Mundo, principalmente os seus arredores favelados, serão o campo de batalha que distinguirá o século XXI. A doutrina do Pentágono está sendo reconfigurada nessa linha para sustentar uma guerra mundial de baixa intensidade e duração ilimitada contra segmentos criminalizados dos pobres urbanos. Esse é o verdadeiro "choque de civilizações".

A doutrina das MOUT, segundo Stephen Graham, que escreveu extensamente sobre a geografia da guerra urbana, é assim o estágio mais alto do orientalismo, o arremate de uma longa história em que se define o Ocidente em oposição a um Outro oriental alucinatório. De acordo com Graham, essa ideologia dicotomizante, agora elevada a "absolutismo moral" pelo governo Bush,

> funciona separando o "mundo civilizado", as cidades da "pátria" que precisam ser "defendidas", das "forças ocultas", do "eixo do mal" e dos "ninhos de terroristas" das cidades islâmicas, que, alega-se, sustentam os "malfeitores" que ameaçam a saúde, a prosperidade e a democracia de todo o mundo "livre".[12]

Por sua vez, essa dialética ilusória dos lugares urbanos securitizados *versus* lugares urbanos demoníacos gera um dueto sinistro e incessante: noite após noite, helicópteros armados perseguem como vespas inimigos enigmáticos nas ruas estreitas dos bairros favelados, despejando o fogo do inferno sobre barracos ou carros em fuga. Toda manhã, a favela responde com atentados suicidas e explosões eloquentes. Embora o império possa mobilizar tecnologias orwellianas de repressão, os seus fora-da-lei têm ao seu lado os deuses do caos[13].

---

htm>). Sobre o surgimento da "demografia estratégica" e a criminalização da juventude, ver o importante estudo de Anne Hendrixson *Angry Young Men, Veiled Young Women: Constructing a New Population Threat*, Corner House Briefing 34, Sturminster Newton 2004.

[12] Stephen Graham, "Cities and the 'War on Terror'", a ser publicado em *Theory, Culture and Society*, esboço, 2005, p. 4.

[13] Ver Mike Davis, "The Urbanization of Empire: Megacities and the Laws of Chaos", *Social Text*, n. 81, inverno (primeiro trimestre) 2004.

Agradecimentos

Enquanto eu estava na biblioteca da universidade, Forrest Hylton estava atrás de uma barricada nos Andes. Os seus comentários generosos e incisivos a este texto e, em termos mais gerais, o seu conhecimento em primeira mão do urbanismo latino-americano foram valiosíssimos. Ele e eu trabalhamos em uma continuação deste livro que examinará a história e o futuro da resistência das favelas ao capitalismo global. Os seus livros sobre a Colômbia e a Bolívia, que estão para ser publicados, são exemplos brilhantes de competência dedicada e visionária.

Tariq Ali e Susan Watkins merecem agradecimentos especiais por me convencerem a transformar "Planeta de favelas" (*New Left Review*, n. 26, mar.–abr. 2004, incluído na coletânea *Contragolpes: seleção de artigos da New Left Review* [São Paulo, Boitempo, 2006]) em livro. Perry Anderson, como sempre, ofereceu-me amizade e conselhos do mais alto nível. Ananya Roy, do Departamento de Planejamento do *campus* de Berkeley da Universidade da Califórnia, convidou-me a discutir o artigo da *NLR*, e sou muito grato à sua hospitalidade e a seus comentários estimulantes. Na editora Verso, a maravilhosa Jane Hindle foi minha editora original; mais recentemente, tive o prazer de trabalhar com Giles O'Bryen e Tom Penn. Embora nunca tenha encontrado pessoalmente nenhum deles, minha admiração por Jan Breman (*The Labouring Poor in India*) e Jeremy Seabrook (*In the Cities of the South*) deve ser óbvia pela frequência com que cito os seus magníficos livros.

Depois de transformar meu filho Jack em herói de uma recente trilogia de "aventura e ciência", é hora de dedicar um livro à sua irmã mais velha, Roisin. A cada dia ela me deixa orgulhoso de cem maneiras diferentes. (Não se preocupem, meus pequenos Cassandra Moctezuma e James Connolly, a sua vez logo chegará.)

Posfácio

Planeta Favela oferece contribuição ímpar para desvendar a desconhecida e gigantesca escala de favelização e de empobrecimento das cidades do chamado Terceiro Mundo. Considerando-se que a população das favelas cresce na base de 25 milhões de pessoas a cada ano – conforme lembra Mike Davis ao citar os dados da UN-Habitat – e que as mais altas taxas de urbanização são observadas nos países pobres, que eram, ou ainda são, predominantemente rurais, esse processo diz respeito à maioria da população do planeta. Contribuições como a deste livro tornam cada vez mais difícil ignorar a dimensão do fato e tentar dar a ele tratamento pontual, com enfoque em *best practices* (boas práticas) como tem tentado o *establishment* das agências internacionais de desenvolvimento. Davis revela que, ao contrário de aliviar o problema, essas instituições, especialmente o Fundo Monetário Internacional (FMI), que impôs os Planos de Ajuste Estrutural (PAEs) aos países do Terceiro Mundo, foram cruciais na explosão da pobreza responsável pelo desemprego de 1 bilhão de pessoas, ou um terço da mão de obra dos países do Sul no final dos anos 1990, segundo dados da CIA, citados pelo autor.

Em vez das cidades de ferro e vidro, sonhadas pelos arquitetos, o mundo está, na verdade, sendo dominado pelas favelas. Os números que abundam ao longo da obra não são novos, embora nunca tenham sido apresentados juntos e com tal ênfase. A tendência ao empobrecimento urbano vem sendo alertada por numerosos autores e instituições, muitos dos quais presentes na extensa bibliografia final.

O desastre promovido pela globalização neoliberal, com o aprofundamento da desigualdade, a partir do início dos anos 1980, já foi bastante diagnosticado também no Brasil[1]. Mas seu reconhecimento pelas instituições internacionais e

---

[1]   Em 1983, Celso Furtado já alertava para o rumo da política econômica em seu livro *Não*

Planeta Favela

pelas sociedades locais (e isso se dá em todos os países, desenvolvidos ou não) esbarra na cortina intransponível de uma hegemonia criada pelo mercado financeiro que subordina mentes e bolsos nas universidades, na mídia, entre as lideranças profissionais e empresariais, mas vale citar, com especial ênfase, pelos ativistas neoliberais que trabalham em órgãos de governo (cujos exemplos mais radicais estão nos Bancos Centrais e nos Ministérios e Secretarias de Fazenda) e que seguem, às cegas, a cartilha do Consenso de Washington[2].

Por que reconhecer que este livro é forte instrumento para derrubar essa barreira e iluminar os problemas urbanos e grande parte de suas causas? O primeiro motivo está na abrangência ampla do diagnóstico. O autor tenta mostrar que há tendências, no processo de urbanização recente, que são universais, apesar de se tratar de diferentes países. Em um estilo direto e, por vezes, chocante, Davis valoriza o conhecimento empírico e é pouco dado a longas abstrações ou desenvolvimento conceitual, o que revela sua origem proletária e de militante de esquerda. Ele utiliza, por exemplo, o conceito de "países do Terceiro Mundo" ou "países do hemisfério sul" indistintamente (mas não aceita, evidentemente, os conceitos de países "em desenvolvimento" nem "emergentes", como quer a nomenclatura do *mainstream*). Essa discussão não lhe interessa, pois não contribui com seus objetivos de escancarar a realidade. Seu trabalho tem finalidade militante, e o estilo contraria a abstração e o distanciamento usuais na maior parte dos trabalhos acadêmicos. Algumas adjetivações são bem-humoradas e eficazes para abreviar a compreensão de sua crítica cortante: o FMI é chamado de "cão de guarda financeiro do Terceiro Mundo". Em outra passagem é chamado de "mau policial" para estabelecer relação com seu parceiro Banco Mundial, que faz o papel de "policial bonzinho". John Turner é referido como "o amigo dos pobres", devido aos elogios que lhe dirigem por sua capacidade criativa e inteligência na

---

à recessão e ao desemprego (São Paulo, Paz e Terra). Ele foi seguido por outros pioneiros que malharam, durante anos, em ferro frio: Bernardo Kucinski, Maria da Conceição Tavares, José Luis Fiori, Francisco de Oliveira, Paulo Nogueira Batista, Raimundo Pereira, entre muitos outros.

[2]   O Consenso de Washington constituiu a consolidação e a sistematização de políticas esparsas que vinham sendo implementadas por agências internacionais, pelo FMI, pelo Banco Internacional para a Reconstrução e o Desenvolvimento (Bird) ou mesmo pelo governo norte-americano na América Latina. O receituário pode ser encontrado em um documento escrito por John Williamson, *Latin American adjustment: how much has happened?* (Washington, Institute for International Economics, 1990), apresentado em reunião realizada em 1989, em Washington. Alguns anos depois, o Consenso de Washington mereceu uma complementação para orientar politicamente seu exército de ativistas. Ver a respeito em J. Williamson, *The political economy of policy reform* (Washington, Institute for International Economics, 1994). A Federação das Indústrias do Estado de São Paulo (Fiesp) divulgou, em 1990, um documento intitulado *Livre para crescer: proposta para um Brasil moderno*, que contém uma agenda baseada na proposta do Consenso.

Posfácio

construção de bairros informais. Já De Soto, criticado de forma contundente, é referido como "o John Turner dos anos 1990" ou "o messias do capitalismo popular"[3]. A sólida fundamentação em dados empíricos somada a seu estilo irreverente é o que dá força ao trabalho. Evidentemente, o prestígio do autor deve ser acrescentado a essa lista como um dos fortes motivos que contribuem para dar visibilidade a um tema que teima em escapar do foco. Seus trabalhos têm tido forte impacto na compreensão da realidade urbana e do motor que a produz, além de ter influência também na produção acadêmica.

Como já foi mencionado, uma sucessão de dados numéricos e de informações qualitativas flui como uma torrente a tirar o fôlego do leitor. O tema do crescimento e do empobrecimento das cidades do Terceiro Mundo é cercado e abordado por meio de inúmeras entradas. A formação de "superurbanizações" e "megacidades" - que podem merecer a alcunha de "leviatã", como a região que engloba São Paulo, Rio de Janeiro e Campinas – abre uma longa lista de temas como por exemplo o crescimento de favelas provocado por guerras, expulsões catástrofes, recessão econômica (como no caso da América Latina), alto crescimento econômico e urbano (como nos casos da Índia e da China), segregação, racismo; tragédias decorrentes de desmoronamentos, enchentes, incêndios, terremotos (que vitimam sobretudo os pobres); áreas contaminadas, explosões tóxicas; os males do transporte rodoviarista como a poluição do ar e os acidentes de trânsito, entre outros.

A "crise sanitária" - tratada na seção "Viver na merda" - mereceu uma descrição dramática ilustrada por dados sobre centenas ou milhares de habitantes de favelas que disputam apenas uma latrina em algumas cidades da África ou da Ásia. Aborda-se ainda o impacto da carência de água, ou o altíssimo preço que os pobres pagam por ela. Davis lembra que, mesmo em circunstâncias trágicas como as mencionadas, a orientação implementada pelo FMI e pelo Banco Mundial foi a da privatização do saneamento. A água, assim como a "defecação humana", foi transformada em negócio global, inclusive em cidades nas quais a população mal tem recursos sequer para comer.

Nesse capítulo, denominado "Ecologia de favela", Davis contribui para a tese da impossibilidade de se separar a sustentabilidade ambiental da condição de pobreza em massa. Essa controvérsia emerge em todos os debates sobre as cidades ou sobre a sustentabilidade ambiental; esteve presente nas últimas reuniões da Comissão do Desenvolvimento Sustentável (CDS) da ONU, especialmente

---

[3] As pesquisas de Julio Calderón Cockburn já demonstraram a falência das propostas de Hernando de Soto no Peru, mas as agências internacionais fingem desconhecer esses resultados empíricos e continuam a apregoar a fórmula mágica de criar dinheiro com a regularização das moradias informais. Ver a respeito J. Cockburn, *Official registration (formalization) of property in Peru (1996-2000)* (2001). Disponível em: <http://www.ucl.ac.uk/dpu-projects>.

Planeta Favela

após a Declaração de Joanesburgo, em setembro de 2002, que buscou juntar as Metas de Desenvolvimento do Milênio com as resoluções anteriores sobre o desenvolvimento sustentável. No Brasil, essa controvérsia se coloca cada vez mais contundente e presente entre urbanistas, movimentos sociais de moradia e ambientalistas[4].

A referência ao tema da terra mostra que o impacto da valorização imobiliária na promoção da escassez de moradias e do enriquecimento de poucos tem contado com a ajuda dos Estados, especialmente em contextos de hiperinflação e destruição de economias submetidas aos PAEs. O recrudescimento do patrimonialismo terceiro-mundista, sob as forças globais, é uma boa tese a ser desenvolvida. Aliás, a leitura do livro suscita muita inspiração para novas pesquisas. O negócio da terra é alimentado também pela busca da segurança e do investimento em condomínios fechados que repetem no mundo todo os modelos norte-americanos. Dentre as menções que o Brasil merece no livro está a de Alphaville: "a mais famosa cidade periférica cercada e americanizada do Brasil".

Davis reclama da falta de periodização dos assentamentos informais ou do "padrão global de povoamento informal" e tenta formulá-la sinteticamente. Embora reconheça ser grosseiro o resultado, devido "às histórias nacionais e especificidades urbanas", não deixa de ser interessante ao evidenciar: a) um ritmo generalizado de crescimento urbano mais lento até o final da primeira metade do século XX, em grande parte do mundo sob controle imperialista ou ditatorial, b) um ritmo mais acelerado a partir da segunda metade do mesmo século com Estados nacionais que esboçaram tentativas de atender à demanda social de moradias, e, finalmente, c) a fase dos Estados minimalistas e dos ajustes fiscais de meados de 1970 ao início dos anos 1980.

O "*big bang* da pobreza" tem suas raízes quando, entre 1974 e 1975, o FMI e o Banco Mundial reorientam as políticas econômicas do Terceiro Mundo, abalado pelos preços do petróleo. A orientação aos países devedores para abandonar suas estratégias de desenvolvimento foram claramente explicitadas no Plano Backer, em 1985. Davis classifica o impacto dessa direção na América Latina como "maior e mais longo do que a Grande Depressão" e, considerando-se a realidade das décadas que ficaram conhecidas como décadas perdidas, ele sem dúvida não está exagerando.

O Brasil, por exemplo, cresceu 7% ao ano de 1940 a 1970. Na década de 1980, cresceu 1,3%, e na década de 1990, 2,1%, segundo o IBGE. Ou seja, o crescimento econômico do país, nas duas últimas décadas do século XX, não conseguiu incorporar nem mesmo os ingressantes da População Econo-

---

[4]   Essa controvérsia, presente em várias das reuniões do Conselho Nacional do Meio Ambiente (Conama) em 2006, revela amplo desconhecimento da realidade urbana.

Posfácio

micamente Ativa (PEA) no mercado de trabalho, o que acarretou consequências dramáticas para a precarização do trabalho e, consequentemente, também para a crise urbana[5].

Interessante observar, como fez Ha-Joon Chang, analisando a história do crescimento econômico de vários países do mundo, no livro *Chutando a escada*, que os países do Terceiro Mundo cresceram mais nas décadas 1960-1980, quando não estavam sob a orientação das políticas neoliberais, de que nas décadas 1980-1999, quando obedeciam à orientação das "boas políticas" do FMI[6].

O Consenso de Washington serviu de cartilha para o trabalho de um verdadeiro exército de ativistas, a que já nos referimos. Se havia sentido na palavra de ordem "Fora FMI", utilizada na década de 1980, ele havia desaparecido em meados dos anos 1990 já que a receita neoliberal fora inoculada no Estado e, em parte, da sociedade brasileira[7]. Tudo o que contraria o modelo é referido como "populista", "atrasado", "nacionalista", "ultrapassado" mas, especialmente, "ideológico". Uma bem-sucedida estratégia de *capacity building* penetrou profundamente nas instituições visando disseminar o pensamento único que não admite controvérsias. Ou seja, trata-se de um processo que, esse sim, é acima de tudo ideológico. Para ele, o novo papel do Estado é de "capacitador do mercado" ou de "liberar as barreiras que restringem a produtividade dos agentes econômicos", usando as palavras de Davis.

Tanto o FMI quanto muitas das agências internacionais de desenvolvimento impõem condições para emprestar dinheiro (como se fosse uma doação), determinando a reestruturação de órgãos de governos municipais, estaduais e federais e orientando suas práticas. Os empréstimos pagam consultores internacionais que, frequentemente, pouco conhecem da realidade local, mas conhecem muito bem os idênticos modelos que são impostos a diferentes países, de diferentes culturas, em diferentes cidades. Esses empréstimos sobrecarregam a dívida, que é o garrote onde emperra o investimento em políticas públicas, já que constituem gastos - e, de acordo, com os PAEs, devem ser contidos. Até mesmo o investimento da Petrobras em torres de extração de petróleo considera-se gasto e concorre com os demais gastos públicos no "espaço" estreito da realização orçamentária permitida pela política de ajuste fiscal. As forças da globalização engendraram a reestruturação dos Estados nacionais, com base nas propostas já conhecidas

---

[5] Ver a respeito J. Mattoso, *O Brasil desempregado* (São Paulo, Fundação Perseu Abramo, 1999).

[6] Ha-Joon Chang, *Chutando a escada* (São Paulo, Unesp, 2003).

[7] Em 2005, foi o próprio ministro Antonio Palocci Filho que, ao pagar as dívidas brasileiras com o Fundo, desligou o Brasil da obrigatoriedade de seguir suas determinações. Nada mudou, no entanto, pois alguns dos ativistas que dominam parte do Ministério da Fazenda, apoiados pelo ministro, mostraram-se menos flexíveis do que o FMI e fizeram superávits maiores do que aquele acordado com o Fundo, ou seja, 4,25%.

Planeta Favela

de livre mercado (o que permitiu a destruição de diversos parques industriais nacionais), flexibilização das importações, redução dos gastos públicos, privatização dos serviços públicos, desregulamentação agrícola, desregulamentação do mercado, entre outras condições. Incapazes de se adaptar às incertezas e aos prazos do debate parlamentar, próprio da democracia burguesa, as forças globais criaram instituições, que são nacionais, mais poderosas que os próprios governos, o próprio Congresso e as Cortes Supremas.

Não se trata apenas da diminuição dos Estados nacionais, mas sim de mudar seu perfil. Quando se trata de matéria de interesse do sistema financeiro internacional e de cumprir regras impostas pelo FMI, o Estado nacional é forte. Ele é mínimo quando se refere às políticas sociais e especialmente de subsídios, palavra maldita que foi varrida do vocabulário e substituída pelo *cost recovery*. A taxação do patrimônio ou de ganhos financeiros não faz parte da receita, lembra Davis.

O impacto das políticas neoliberais deu-se de forma diferente nos países desenvolvidos e não desenvolvidos. Nestes últimos, esse verdadeiro *tsunami* (para usar o estilo de Davis) recai sobre uma sociedade que não conheceu o pleno emprego nem a previdência social universal, onde a informalidade é estrutural, a segregação territorial, histórica, onde o poder passa por relações pessoais de favor e de troca, onde a lei se aplica conforme as circunstâncias.

As cidades dos países desenvolvidos têm revelado as mazelas de mais de vinte anos sem Welfare State, como evidenciaram as revoltas de Paris em 2005. Os livros anteriores de Mike Davis alertam sobre a irresponsável voracidade e total desrespeito com que parte da população e os recursos naturais são tratados pelos mercados. Em especial o autor se dedica à crítica ao mercado imobiliário, cuja sanha avassaladora de ocupação do território dos Estados Unidos é aterrorizante para qualquer ser humano preocupado com o futuro da Terra[8]. No entanto, nada se compara ao impacto sofrido pela maior parte da população e pelo meio ambiente dos países periféricos, e nestes as cidades mostram-se como *locus* privilegiado para a leitura[9].

Quem acompanha a vida de qualquer grande cidade no Brasil é testemunha do crescimento explosivo das periferias abandonadas ou da favelização a partir do início dos anos 1980. Não que o ovo da serpente não estivesse lá antes disso. As favelas do Rio de Janeiro e de Recife surgiram no final do século XIX e começo

---

[8] Ver os trabalhos anteriores de Davis: *Cidade de quartzo* (São Paulo, Página Aberta, 1993; nova edição será publicada pela Boitempo em 2008); *Ecology of fear* (Nova York, Metropolitan, 1998); *Dead cities and other tales* (Nova York, New Press, 2002); *O monstro bate à nossa porta: a ameaça global da gripe aviária* (Rio de Janeiro, Record, 2006).

[9] Ver a respeito o trabalho de E. Maricato, "Globalization and urban policy in the periphery of capitalism", apresentado na conferência de abertura do Congresso Mundial de Escolas de Planejamento (Cidade do México, UNAM, 2006). Versão em português disponível em: <www.fau.usp.br/labhab>.

Posfácio

do século XX, quando uma parte da mão de obra escrava libertada ficou sem alternativa de moradia (o restante passou a viver de favor). Era frequente ainda que os brancos pobres lançassem mão do escambo para se prover de moradia. Décadas se passaram, e nem o trabalho passou à condição absoluta e geral de mercadoria, nem a moradia, como acontecera no capitalismo central. Não se pode responsabilizar a globalização e as políticas neoliberais pela segregação e pela pobreza que são estruturais em um país cuja esfera social é profundamente desigual. Mas a velocidade e a intensidade do crescimento da pobreza urbana mudaram. O IBGE mostra que enquanto a população brasileira cresceu a 1,9% ao ano entre 1980 e 1991, e 1,6 % entre 1991 e 2000, a população favelada cresceu respectivamente 7,65% e 4,18%. Em 1970, a cidade de São Paulo tinha apenas 1,2% da população morando em favelas, segundo dados da Secretaria de Habitação e Desenvolvimento Urbano da Prefeitura Municipal (Sehab). Em 2005, essa proporção sobe para 11% segundo a mesma fonte.

Apesar de o BNH, durante sua existência, de 1964 a 1985, não ter priorizado a habitação para baixa renda, os recursos investidos ajudaram a minorar a carência. Na verdade, os investimentos declinaram fortemente a partir de 1982; nas décadas seguintes, entretanto, a restrição aos financiamentos para habitação e saneamento por parte do governo federal, que em alguns anos do período chegou a quase desaparecer, também contribuiu para o acentuado crescimento das favelas.

Portanto, não foram apenas a taxa de urbanização e o crescimento demográfico que alimentaram a tragédia urbana brasileira. A taxa de urbanização foi, sem dúvida, muito grande em todo o século XX. Segundo o IBGE, saímos de uma condição de contar com 10% da população em cidades, em 1900, para 81% em 2000. A concentração urbana foi uma das características desse crescimento: 32,9% da população urbana moram em onze metrópoles, onde estão também 82,1% dos domicílios localizados em favelas do total nacional, o que revela o caráter concentrador da pobreza urbana nas metrópoles. Mas é preciso perceber que, a partir de 1980, as metrópoles passam a crescer menos do que as cidades de porte médio (população entre 100 mil e 500 mil habitantes) e o padrão de urbanização muda também no que se refere aos fluxos migratórios no território nacional. O crescimento urbano em direção ao norte e centro-oeste é fortemente determinado pelas forças da globalização, já que é impulsionado de forma contundente pelo agronegócio, além da exploração de minérios e de madeira.

Nem tudo é negatividade nesse processo de urbanização. Sua contribuição foi decisiva para a espetacular queda do número de filhos por mulher em idade fértil entre 1940 e 2000: de 44,4% para 23,8%, o que representa uma queda de 4,4 filhos em média por mulher, em 1940, para 2,4, em 2000. A mortalidade infantil diminuiu de 150 crianças que completavam um ano de idade dentre mil crianças nascidas vivas em 1940 para 29,6 em 2000. Outro dado positivo

Planeta Favela

é o aumento da expectativa de vida que passou de 40,7 anos em 1940 para 70,5 anos em 2000, sempre segundo o IBGE.

Entretanto, o aumento do desemprego e da pobreza urbana a partir dos anos 1980 contribuiu para mudar a imagem das cidades no Brasil: de centros de modernização que se destinavam a superar o atraso e a violência localizados no campo, passaram a representar crianças abandonadas, epidemias, enchentes, desmoronamentos, tráfego infernal, poluição do ar, poluição dos rios, favelas e... violência. Há trinta anos, o que não constitui período muito longo, não se temia a violência urbana; as cidades eram relativamente pacíficas. Para quem viveu apenas na cidade formal e evitou perceber o que estava acontecendo, a violência serviu de alerta, como a ponta do gigantesco *iceberg*. As taxas de homicídio no Brasil, segundo o IBGE, passaram de 17,2 mortos para cada 100 mil habitantes, em 1980, para 35,9 mortos em 1989, e, finalmente, para 48,5 em 1999.

A situação dos transportes públicos revela o sacrifício a que a população da periferia está submetida, especialmente nas metrópoles. O aumento do custo das tarifas está conduzindo parte da população para a imobilidade, e a falta de regulação do setor à crescente informalidade ou ilegalidade na oferta do serviço. Segundo dados do Ministério das Cidades em associação da ANTP- Associação Nacional dos Transportes Públicos, os usuários de transporte coletivo vêm decrescendo, e a mobilidade da população, diminuindo apesar de parecer impossível, pois 44% das viagens nas regiões metropolitanas brasileiras são feitas a pé e apenas 29% em transporte coletivo, enquanto 9% apenas são feitas por automóvel, apesar desse tipo de transporte constituir a matriz hegemônica da mobilidade urbana municipal. Não é necessário ser especialista para concluir que a população da periferia, e isso atinge especialmente os jovens desempregados, vive um exílio forçado na "não cidade".

O recuo nos investimentos em políticas públicas pode ser constatado em cada poro do cotidiano das cidades; exemplo disso é a irresponsabilidade com que a política prisional ou de menores infratores foi tratada em ambiente de altas taxas de desemprego e desigualdade, fomentando o crime organizado, única alternativa de renda para muitos jovens de vida curta.

As propostas que apostavam na "produtividade urbana", "competitividade entre as cidades", na "cidade corporativa", na "cidade pátria", na "cidade espetáculo" ou na "cidade global" acabaram fazendo sucesso entre alguns prefeitos angustiados (os mais honestos) e outros nem tanto, com o crescimento da pobreza, desemprego, queda de arrecadação e regras financeiras draconianas. O marketing urbano e o modelo do "plano estratégico" fizeram parte das pirotecnias utilizadas para reverter um processo de deterioração urbana[10]. Entretanto, o rumo adotado

---

[10] Para uma crítica às propostas neoliberais para as cidades ver O. B. F. Arantes, C. Vainer e E. Maricato, *A cidade do pensamento único* (Petrópolis, Vozes, 2000).

Posfácio

começou a fazer água com o crescimento da pobreza, e as críticas começaram a vencer a barreira do "pensamento único". O crescimento previsto na receita aplicada não aconteceu.

A correção de rota do Consenso de Washington foi apontar a necessidade de se encarar a esfera da política. *Governance, participation, empowerment of communities, poverty alliviation* passaram a ser as palavras de ordem junto com a *descentralization*, o que significa maior poder para as cidades ou municípios no contexto do suposto enfraquecimento do Estado nação. Trata-se da defesa de uma democracia local e fragmentada, combinada a políticas sociais focadas. Durante a Segunda Conferência Internacional do Habitat ocorrida em Istambul, em 1996, e no último Fórum Urbano Mundial ocorrido em 2006, essas palavras de ordem faziam parte de entusiasmados discursos das agências internacionais de desenvolvimento. A defesa da autonomia dos municípios entusiasma prefeitos e também as ONGs e os movimentos sociais. A descentralização da gestão urbana é de fato uma necessidade diante das especificidades geográficas, históricas, econômicas, sociais e culturais de cada cidade, mas ignorar a macroeconomia e a esfera nacional é uma armadilha. Nada mais interessante para as agências internacionais: contratos de financiamentos aos municípios sem a intermediação dos governos centrais. Nessas condições a participação é festejada: para debater o bairro e a cidade, não para debater a política econômica que na verdade determina grande parte dos problemas vividos pelas cidades. A comunidade tem o poder no fragmento.

Durante os quatro anos do governo Lula, pela primeira vez o governo federal reservou R$ 8,4 bilhões para seu maior programa social, o Bolsa Família. Pela primeira vez, depois de 25 anos, o orçamento do FGTS para o financiamento habitacional volta a ser significativo tendo R$ 10,0 bilhões para aplicar em moradia[11]. E pela primeira vez talvez em toda a história do FGTS, 80% desse valor está sendo dirigido para a população de rendas entre 0 e 5 salários mínimos. Ainda pela primeira vez em vinte anos, recursos da ordem de R$10,6 bi estão sendo aplicados, entre 2003 e 2006, para financiar ou subsidiar o saneamento[12]. Esses investimentos tiveram o efeito de retirar o Brasil da lanterna da lista dos países mais desiguais do mundo. De penúltimo lugar, o Brasil melhorou sua posição e passou a ser "apenas" o oitavo pior do mundo em desigualdade social. Além disso, 6 milhões de pessoas passaram das faixas de renda D e E para C.

---

[11] Uma resolução do Conselho Monetário Nacional (CMN) forçou a transferência para o investimento no setor produtivo imobiliário de recursos da poupança que estavam aplicados em papéis públicos. Dessa forma, além dos R$ 10,0 bilhões mencionados, o mercado conta com mais R$ 8,7 bilhões para financiamento privado em 2006.

[12] Esses recursos têm origem em diversas fontes, mas as principais são orçamento da União para a área de saúde e FGTS.

Planeta Favela

Certamente, o aumento real de 14% do salário mínimo em 2005 combinado a uma estabilidade e até rebaixamento do preço da cesta básica contribuiu para essa mudança relativamente rápida.

Por outro lado, em 2006, de acordo com a lei orçamentária aprovada no Congresso Nacional, o Brasil pagará R$ 179, 7 bilhões pelos juros da dívida pública, configurando uma gigantesca transferência de recursos públicos para o sistema financeiro. A taxa de juros, uma das maiores do mundo, é decidida pelos diretores e pelo presidente do Banco Central do Brasil. Nenhum deles foi eleito por sufrágio universal e a maior parte deles é totalmente desconhecida pela população brasileira. Suas reuniões são secretas, e as atas frequentemente indecifráveis para economistas experientes. O FMI orienta os países a aprovar a independência do Banco Central.

Considerando-se que parcos recursos tiveram impacto tão significativo na sociedade, é inevitável pensar nas consequências, se uma maior parte dessa significativa quantia fosse aplicada em políticas sociais ou infraestrutura para o desenvolvimento. É inevitável ainda pensar em quantas vidas foram destruídas, quantos sonhos desfeitos, potencialidades desperdiçadas, por décadas de desemprego.

Em algum momento, em meados dos anos 1990, a professora Maria da Conceição Tavares, ao participar de uma banca de doutorado na Unicamp, alimentou a ideia de que, para o capital, na era da globalização, havia gente sobrando, ou melhor, que parte da força de trabalho, em vez de exército industrial de reserva, seria "óleo queimado". A lembrança desse debate veio a propósito de expressões usadas por Mike Davis que vão nessa linha: "fardo humano", "humanidade excedente", "massa permanentemente supérflua". Até mesmo o acesso a essa terra gratuita, situada em meio adverso, obtida por meio das invasões, deverá acabar. Essa é, segundo Davis, a verdadeira crise do capitalismo, e nada, segundo o autor, parece apontar para a mudança desse quadro. O livro se conclui sem deixar resquício de esperança, sobretudo ao chamar a atenção para a criminalização das favelas, agora no foco dos estrategistas militares norte-americanos.

Essa falta de saída ou a ausência de qualquer proposta tem gerado críticas ao trabalho de Davis. Não é necessário que um texto que contenha denúncias apresente propostas. Como já enfatizamos, o pensamento crítico é indispensável para desmontar a falsa representação da realidade, que serve a determinados interesses. O texto, entretanto, pode alimentar uma atitude contrária àquela que pretende Davis e promover o medo em relação às cidades e às pessoas que moram nela. Essa crítica partiu de Tom Angotti quando se referiu ao artigo que deu origem a este livro[13]. Angotti acusa Davis de promover uma visão

---

[13] O artigo em questão é: "Planet of Slums" (publicado originalmente em *New Left Review*, n. 26, mar.-abr. 2004, e incluído, com o título "Planeta de favelas", em *Contragolpes: seleção de artigos da New Left Review*, organizada por Emir Sader e publicada pela Boitempo em 2006). A

Posfácio

antiurbanista ou anticidade, classificando-o no time dos TINA (*There Is No Alternative*; Não Há Alternativa, em português), expressão usada para se criticar uma atitude que é comum entre acadêmicos e ativistas. Ele questiona a falta de atenção para com os movimentos sociais em todo o mundo e a tendência de vê-los como "mero produto da informalidade urbana e do paroquialismo".

De fato, em sua crítica demolidora, Davis inclui propostas de urbanização de favelas, de microcréditos, de regularização fundiária, de construção por conta própria, entre outras. As críticas são pertinentes, mas deixam de considerar especificidades históricas e geográficas que alimentam muitas lutas sociais. Vamos dar um exemplo.

No Brasil, os movimentos sociais progressistas e organizações profissionais representativas de advogados, urbanistas, engenheiros, geógrafos têm lutado durante muitos anos para a regularização fundiária de assentamentos informais. Após treze anos de batalha, a aprovação do Estatuto da Cidade e a Medida Provisória n. 220 abriram espaços para as propostas de regularização fundiária. Esse movimento diverge frontalmente das ideias de De Soto, para quem a escritura formal permitiria introduzir milhões de novos empreendedores no mercado devido aos financiamentos que os imóveis poderiam alavancar no sistema financeiro por meio de hipotecas. Essa tese não se revelou verdadeira, como mostrou a experiência peruana. E, diferentemente do que aconteceu no Peru, há grande resistência da sociedade brasileira – Judiciário, parte dos cartórios, funcionários municipais, parte do Ministério Público – em realizar a regularização fundiária de assentamentos informais de pessoas de baixa renda, o que não ocorre com os loteamentos de alto padrão, também irregulares. No Estado de São Paulo, loteamentos fechados, que constituem flagrante ilegalidade até o momento, quando a revisão da lei federal de parcelamento do solo – n. 6766/79 – ainda não foi aprovada no Congresso Nacional, têm recebido aprovação dos órgãos responsáveis; já a regularização de favelas, que conta com base legal, tem sido praticamente impossível. Essa diferença de tratamento contrasta ainda com a sucessão inacreditável de confusões e de fraudes nos registros de terras e nos valores de desapropriações de terra que caracterizam a história do Brasil[14].

Apenas o preconceito pode explicar essa situação, pois as favelas propostas para regularização, por diversos municípios, passaram por processos de urbanização e apresentam boa qualidade ambiental nos primeiros anos depois de finalizada a obra. A ilegalidade continuada após a urbanização contribui

---

crítica pode ser encontrada em T. Angotti, "New anti-urban theories of metropolitan region: 'Planet of Slums' and apocalyptic regionalism" (Kansas City, Conference of the Association of Collegiate School of Planners, 2005).

[14] Ver a respeito a tese de doutorado de Joaquim de Brito da Costa Neto, *A questão fundiária nos parques e estações ecológicas do Estado de São Paulo: origens e efeitos da indisciplina da documentação do registro imobiliário* (São Paulo, FAU-USP, 2006).

Planeta Favela

para a deterioração, pois não dá à prefeitura o poder de polícia (fiscalização) quanto ao uso e à ocupação do solo no local. A regularização é necessária para exigir do poder público o controle e a manutenção do local e para dar aos moradores a cidadania plena (outros direitos previstos na lei), além da segurança da posse.

A primeira crítica de Davis contra a regularização fundiária refere-se à inserção dos moradores – proprietários ou locatários – à base tributária e, portanto, ao aumento das despesas. Essa inserção tributária não precisa ser necessariamente pesada, e nem sempre o é. Outra crítica é que a titulação divide *colonias* entre proprietários e não proprietários, solapando a solidariedade e acomodando os primeiros e quebrando a unidade. Essa assertiva teria resolução teórica apenas na ausência da propriedade privada, pois no seu reino é possível amenizar a desigualdade e o volume da renda apropriada pelos proprietários, mas jamais eliminá-la. Mencionamos "resolução teórica" porque as experiências empíricas têm mostrado que, mesmo nas favelas, onde a terra não é, formalmente, propriedade privada, existe um mercado imobiliário dinâmico cujas variáveis são muito pouco conhecidas pela academia no mundo todo[15]. Esse tema é extremamente complexo para ser tratado nesta apresentação.

A bibliografia utilizada no livro é quase totalmente em língua inglesa, o que constitui uma limitação. O número de títulos utilizados é impressionante, mas a tentativa de construção de explicações e fenômenos generalizados para o mundo todo, ou para os países não desenvolvidos, sem o conhecimento das especificidades nacionais, cobra um preço como não podia deixar de ser. Cabe aqui um alerta aos leitores brasileiros ou latino-americanos. A produção intelectual de países como o Brasil (subordinado culturalmente) não prestigia a memória da produção local que tem sido constantemente solapada e reescrita. Apenas essa tradição de desprestígio explica a falta de acúmulo com as experiências vividas, o frequente reinício de temas tratados sem se considerar a memória existente e o mimetismo intelectual que busca no exterior o eixo da reflexão, frequentemente descolado da realidade local. Mais do que cobrar de Davis, é preciso cobrar internamente o tratamento privilegiado das contradições da

---

[15] A crítica pouco circunstanciada leva o autor a criticar, ainda que de forma passageira, a política habitacional da Prefeitura de São Paulo durante a gestão do PT com a prefeita Luiza Erundina. Utilizando um dos poucos trabalhos sobre o Brasil que fazem parte de sua bibliografia, Davis critica a consolidação de um submercado imobiliário nas favelas, decorrente da ação das melhorias ali introduzidas pela prefeitura. Certamente, essa primeira experiência do PT na Prefeitura de São Paulo merece inúmeras críticas, já que tentou mudar paradigmas históricos. Mas esse não foi o pior momento da política habitacional na cidade. Muitos trabalhos acadêmicos (impossível citar todos aqui) e testemunhos de movimentos sociais revelam exatamente o contrário. À disposição nas bibliotecas de FAU-USP, EESC-USP, PUC-SP, EP-USP.

Posfácio

221

realidade próxima sem ignorar o pensamento contemporâneo internacional como sempre lembraram Roberto Schwarz, Celso Furtado, Sergio Buarque de Hollanda, Emilia Viotti, Florestan Fernandes, entre outros.

Um dos indicadores utilizado por Davis, para o Brasil, no capítulo 2 ("A generalização das favelas"), merece reparo. Ele atribui ao Brasil a proporção de 36,6% da população urbana morando em favelas. Em São Paulo, segundo ele, teríamos de 6 a 8 milhões de favelados. Como a tabela apresentada no livro usa uma classificação baseada em números absolutos, o Brasil está situado como o terceiro país do mundo com a maior população moradora de favelas, atrás apenas da Índia e da China. Para chegar a esse número, o autor soma na conta das favelas locatários informais, cortiços, loteamentos ilegais e moradores de rua. Davis reconhece que há diferenças no interior desse conjunto, mas decide colocar tudo no mesmo saco.

Há diferenças fundamentais no interior das diversas formas de moradia aqui classificadas como favelas, seja para a abordagem teórica, seja para aqueles que se dedicam a buscar a solução de problemas por meio de políticas públicas. Para entender essa diferença é preciso levar em conta a esfera da produção e não apenas a esfera do consumo ou da aparência.

Michael Ball desenvolveu o conceito de formas de provisão de habitação, buscando melhor compreender a produção do ambiente construído ou, mais exatamente, a estrutura de provisão de moradias, em cada momento histórico, de determinada sociedade, por meio do conhecimento dos agentes que delas participam e das regras que a regulam[16]. Diferentes capitais (financiamento, construção e promoção imobiliária), proprietários de terra ou imóveis, trabalhadores da construção estão entre os principais agentes que disputam lucros, juros, rendas e salários mediados pelo papel do Estado que regula o mercado, a terra, o financiamento e a força de trabalho. Cada forma de provisão da moradia implica diferentes formas de arranjo desses agentes: condomínios de casas unifamiliares, incorporação privada de apartamentos para a venda ou para aluguel, promoção pública para aluguel ou para a venda. Implica também diferentes formas de posse (*tenure*). A legislação urbana, a regulação do financiamento (com a decisão sobre a quantidade de subsídios a serem investidos), o próprio estágio de luta dos trabalhadores são exemplos de fatores que interferem na produtividade e nos resultados que conformam parte do ambiente construído. Ball trabalhou sobre o quadro da produção capitalista central, mas, tomando o devido cuidado, podemos fazer uso de seus conceitos para incorporar às formas de provisão capitalistas da moradia os chamados assentamentos informais que, embora não constituam

---

[16] M. Ball, "Housing analysis: time for a theoretical refocus", *Housing Studies*, Londres, v. 1, n. 3, 1986.

Planeta Favela

formas capitalistas *stricto sensu*, contribuem para o processo de acumulação ao reduzir o preço da reprodução da força de trabalho[17].

Daremos um exemplo para evidenciar as diferenças essenciais entre diversas formas de assentamentos informais: um assentamento em terra invadida e um loteamento ilegal podem apresentar diferença crucial na relação jurídica com a terra. Há inúmeras variáveis que podem determinar a não aprovação final de um loteamento e, portanto, definir sua condição ilegal. Uma delas está no fato de as obras de infraestrutura ou a demarcação dos lotes e dos espaços públicos não seguirem corretamente as posturas legais municipais. Nesse exemplo hipotético, a propriedade da gleba pode ser regular, o loteamento pode ter sido aprovado na prefeitura, os compradores têm um contrato de compra e venda de seus lotes, mas a escritura não está acessível devido ao descompasso entre o desenho e a implantação do loteamento. Ambos constituem assentamentos informais ou ilegais, mas a situação jurídica de cada um faz toda a diferença. As variações entre os casos são muitas, indicando que as especificidades são importantes e que mesmo a fronteira entre o legal e o ilegal não é tão clara.

Temos definido favelas pela relação jurídica que o assentamento mantém com a terra invadida. Há casas em favelas que são melhores do que casas em bairros legais, mas essa constatação não basta. A pura e simples análise da esfera do consumo não fornece informações que nos permitem compreender o motor da produção e apropriação desigual do ambiente construído, e podemos ainda correr o risco de achar que o consumo determina a produção. Essas observações não tiram o mérito do livro, mas pretendem contribuir para fazer avançar a leitura a partir do enfoque da produção do espaço na periferia do capitalismo. O próprio autor reconhece nas primeiras linhas do texto a imprecisão dos dados de que dispunha.

De acordo com o IBGE, os domicílios em aglomerados subnormais – que correspondem ao conceito de favela – constituem 3,7% dos domicílios brasileiros, o que é bastante subestimado como todos sabemos. Embora os dados sobre a precariedade habitacional careçam de muito rigor, o que por si só já é revelador, há estudos que merecem credibilidade e fornecem números sobre a inadequação habitacional no Brasil. É o caso do trabalho *Déficit habitacional no Brasil*, elaborado pela Fundação João Pinheiro a pedido do Ministério das Cidades, baseado em dados do Censo IBGE e da Pesquisa Nacional por Amostra de Domicílios (PNAD). A soma dos domicílios improvisados, rústicos, que se reduzem a cômodos ou que apresentam coabitação familiar – isto é, domicílios que precisam ser repostos e que compõem o que o estudo chama de *déficit* habitacional bási-

---

[17] Ver a respeito o clássico trabalho de Francisco de Oliveira, "A economia brasileira: crítica à razão dualista", São Paulo, *Cadernos Cebrap*, n. 2, 1972.

Posfácio

223

co – perfaz 13,2% do total dos domicílios brasileiros ou 11,2% dos domicílios urbanos. Por outro lado, há uma classificação de domicílios inadequados, que não precisam necessariamente ser repostos, mas exigem melhorias que apresentam os seguintes percentuais em relação aos domicílios urbanos: inadequação fundiária, 5,8%; adensamento excessivo, 7,5%; domicílio sem banheiro, 8,6%; e domicílio carente de infraestrutura (água de rede pública e/ou rede de esgoto ou fossa e/ou energia elétrica e/ou coleta de lixo), 32,4%. Esses números não podem ser somados, pois podem se referir ao mesmo domicílio.

São Paulo tem 1,1 milhão de pessoas que moram em favelas, 1,6 milhão que moram em loteamentos ilegais, aproximadamente 500 mil pessoas em cortiços, e 10 mil moradores de rua.

Davis aponta corretamente o caráter reformista ou, não pouco frequentemente regressivo, de muitas das propostas apontadas como soluções para os problemas habitacionais. Mas a busca de alternativas ou exemplos de soluções nem sempre leva à cooptação ou à acomodação. Muito frequentemente, mostrar que esses problemas têm soluções que estariam à mão se houvesse mais justiça social é alimento fundamental para o avanço da luta democrática. Apesar de todos os revezes, o Brasil também apresenta muitos aspectos que alimentam a esperança de mudança.

O serviço de água e esgoto no país é um dos mais atraentes mercados para as empresas internacionais, e não faltaram tentativas de mudança do marco regulatório de modo a ampliar as possibilidades de privatização desde início dos anos 1990. No entanto, graças à resistência localizada num movimento de técnicos reunidos em torno da Frente Nacional do Saneamento (FNS), isso não aconteceu. Desde 1985, com a extinção do Plano Nacional de Saneamento Básico (Planasa), até 2006 o país ficou sem regras claras para o desenvolvimento do setor devido à queda-de-braço entre os interesses divergentes[18].

O movimento pela reforma urbana, que reúne entidades profissionais, acadêmicas, de pesquisa, ONGs, funcionários públicos, além das entidades nacionais que lutam pela moradia, são uma das características positivas da sociedade brasileira na conjuntura atual. Esse movimento social conquistou a aprovação de leis importantes como o Estatuto da Cidade (lei n. 10.257, em 2000), a Lei do Fundo Nacional de Moradia Social (lei n. 11.124, em 2005), conquistou ainda a criação do Ministério das Cidades (ele era uma reivindicação que vinha sendo feita havia mais de dez anos). Com ele, o movimento acabou se fortalecendo, devido

---

[18] Em julho de 2006, o PLS 219-06 enviado pelo governo federal em 2004 foi aprovado pelo Senado após uma negociação cujo principal objeto foi a retirada, do projeto, da menção ao Sistema Nacional do Saneamento Ambiental. Alguns aspectos progressistas continuam na proposta, que deve passar pela aprovação na Câmara Federal.

Planeta Favela

à promoção das Conferências Nacionais das Cidades, processo que teve início nos municípios, envolveu todos os estados da federação e culminou em Brasília com a participação de mais de 2500 delegados, dos quais 70% foram eleitos nas Conferências Estaduais e o restante indicados por entidades nacionais. A primeira conferência das cidades, em 2003, abrangeu a participação de mais de 300 mil pessoas para debater princípios, diretrizes e prioridades da Política Nacional de Desenvolvimento Urbano. A segunda, em 2005, aprofundou as propostas.

Uma geração de prefeitos democráticos que se formaram no âmbito da luta contra o regime militar também teve importante papel nesse processo de dar visibilidade aos excluídos nas cidades e formular propostas participativas, a partir dos anos 1980.

Finalmente, não se pode esquecer da resistência do Movimento dos Trabalhadores Rurais Sem Terra (MST), que combina a desesperada luta para permanecer no campo em um país de dimensões continentais, produzindo alimentos, com a compreensão da sustentabilidade ambiental e a sensibilidade da preservação das culturas regionais.

Esses avanços são afetados mas sobrevivem à crise partidária eclodida em 2005, que evidenciou ter o Partido dos Trabalhadores lançado mão de expedientes condenáveis que fazem parte da política institucional no Brasil. Entretanto não podemos afirmar que existe uma clara reversão do processo de aprofundamento dos problemas urbanos. Essas conquistas são relativamente recentes e as mudanças são lentas, já que envolvem uma cultura histórica – ou de raízes escravistas – de exclusão social. A esperança está assentada em fatos concretos, e Davis acerta quando remete a fonte principal das mazelas às forças globais dominadas por interesses financeiros e garantidas militarmente pelos Estados Unidos ou por aquilo que David Harvey denomina de Novo Imperialismo.

Erminia Maricato
São Paulo, julho de 2006

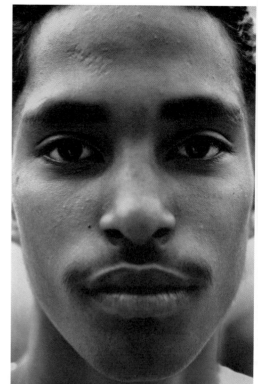
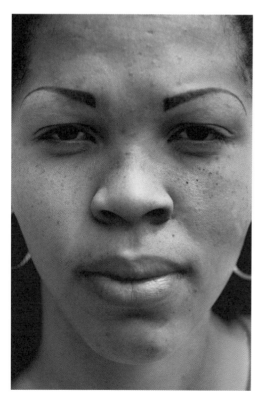
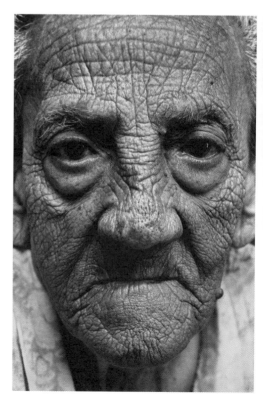

Bibliografia

ABANI, Chris. *Graceland*. New York, Farrar, Straus and Giroux, 2004.

ABDO, Geneive. *No God but God*: Egypt and the Triumph of Islam. Oxford, Oxford University Press, 2000.

ABDOUL, Mohamadou. The Production of the City and Urban Informalities. In: ENWEZOR, Okwui et al. (Orgs.) *Under Siege*: Four African Cities: Freetown Johannesburg, Kinshasa, Lagos. Ostfildern-Ruit, Hatje Cantz, 2002.

ABRAHAMSEN, Rita. Review Essay: Poverty Reduction or Adjustment by Another Name? *Review of African Political Economy*, n. 99, 2004.

ABU-LUGHOD, Janet. Urbanization in the Arab World and the International System. In: GUGLER, Josef. *Cities in the Developing World*: Issues, Theory and Policy. Oxford, Oxford University Press, 1997.

ADHAM, Khaled. Cairo's Urban déjà-vu. In: ELSHESHTAWY, Yasser (Org.). *Planning Middle Eastern Cities*: An Urban Kaleidoscope in a Globalizing World. London, Routledge, 2004.

AGBOLA, Tunde. *Architecture of Fear*. Ibadan, African Book, 1997.

AGUILAR, Adrián; WARD, Peter. Globalization, Regional Development, and Mega-City Expansion in Latin America: Analyzing Mexico City's Peri-Urban Hinterland. *Cities*, v. 20, n. 1, 2003.

AHMAD, Adil Mustafa; EL-BATTHANI, Atta El-Hassan. Poverty in Khartoum. *Environment and Urbanization*, v. 7, n. 2, Oct. 1995.

AINSTEIN, Luis. Buenos Aires: A Case of Deepening Social Polarization. In: GILBERT, Alan (Org.). *The Mega-City in Latin America*. Tokyo/New York, United Nations University, 1996.

AMIS, Philip. Commercialized Rental Housing in Nairobi. In: PATTON, Carl (Org.) *Spontaneous Shelter*: International Perspectives and Prospects. Philadelphia, Temple University, 1988.

AMIS, Philip. Making Sense of Urban Poverty. *Environment and Urbanization*, v. 7, n. 1, April 1995.

AMNESTY INTERNATIONAL. *Clouds of Injustice*: The Bhopal Disaster 20 Years On. London, Amnesty International, 2004.

AMUYUNZU-NYAMONGO; Mary; TAFFA, Negussie. The Triad of Poverty, Environment and Child Health in Nairobi Informal Settlements. *Journal of Health and Population in Developing Countries*, 8/1/2004.

ANDREASSON, Stefan. Economic Reforms and "Virtual Democracy" in South Africa. *Journal of Contemporary African Studies*, v. 21, n. 3, Sept. 2003.

APPADURAI, Arjun. Deep Democracy: Urban Governmentality and the Horizon of Politics. *Environment and Urbanization*, v. 13, n. 2, Oct. 2001.

ASIAN COALITION FOR HOUSING RIGHTS. Building an Urban Poor People's Movement in Phnom Penh, Cambodia. *Environment and Urbanization*, v. 12, n. 2, Oct. 2001.

_____. Special Issue on How Poor People Deal with Eviction. *Housing by People in Asia*, n. 15, Oct. 2003.

BAKEN, Robert-Jan; VAN DER LINDEN, Jan. *Land Delivery for Low Income Groups in Third World Cities*. Aldershot, Avebury, 1992.

BALOGUN, Fidelis Odun. *Adjusted Lives*: Stories of Structural Adjustments. Trenton, New Jersey, Africa World Press, 1995.

BANKOFF, Greg. Constructing Vulnerability: The Historical, Natural and Social Generation of Flooding in Metropolitan Manila. *Disasters*, v. 27, n. 3, 2003.

BARKAT, Abul; RAHMAN, Mati Ur; BOSE, Manik. Family Planning Choice Behavior in Urban Slums of Bangladesh: An Econometric Approach. *Asia-Pacific Population Journal*, v. 12, n. 1, March 1997.

BARKE, Michael; ESCASANY, Tony; O'HARE, Greg. Samba: A Metaphor for Rio's Favelas. *Cities*, v. 18, n. 4, 2001.

BARÓSS, Paul. Sequencing Land Development: The Price Implications of Legal and Illegal Settlement Growth. In: BARÓSS, Paul; VAN DER LINDEN, Jan (Orgs.). *The Transformation of Land Supply Systems in Third World Cities*. Aldershot, Gower, 1990.

BARÓSS, Paul; VAN DER LINDEN, Jan (Orgs.). *The Transformation of Land Supply Systems in Third World Cities*. Aldershot, Gower, 1990.

BARÓSS, Paul; VAN DER LINDEN, Jan. Introduction. In: _____. (Orgs.) *The Transformation of Land Supply Systems in Third World Cities*. Aldershot, Gower, 1990.

BASILI, Helen. Demolition: The Scourge of the Urban Poor. *Transitions*, Service for the Treatment and Rehabilitation of Torture and Trauma Survivors, n. 6, May 2000.

BAYAT, Asef. Un-civil Society: The Politics of the "Informal People". *Third World Quarterly*, v. 18, n. 1, 1997.

_____. Globalization and the Politics of the Informals in the Global South. In: ROY, Ananya; AL SAYYAD, Nezar (Orgs.). *Urban Informality*: Transnational Perspectives from the Middle East, Latin America, and South Asia. Lanham, Lexington, 2004.

BAYAT, Asef; DENIS, Eric. Who Is Afraid of *Ashiwaiyat?*. *Environment and Urbanization*, v. 17, n. 2, out. 2000.

Bibliografia

BEALL, Jo; CRANKSHAW, Owen; PARNELL, Susan. Local Government, Poverty Reduction and Inequality in Johannesburg. *Environment and Urbanization*, v. 12, n. 1, Apr. 2000.

_____. *Uniting a Divided City*: Governance and Social Exclusion in Johannesburg. London, Earthscan, 2002.

BEECKMAN, Vincent. Growing Up on the Streets of Kinshasa. *The Courier ACP EU*, Sept.-Oct. 2001.

BELL, Beverly. *Walking on Fire*: Haitian Women's Stories of Survival and Resistance. Ithaca, Cornell University Press, 2001.

BENJAMIN, Solomon. Governance, Economic Settings and Poverty in Bangalore. *Environment and Urbanization*, v. 12, n. 1, April 2000.

_____. Globalization's Impact on Local Government. *UN-Habitat Debate*, v. 7, n. 4, Dec. 2001.

BENJAMIN, Walter. *The Arcades Project*. Cambridge, Cambridge University Press, 2002.

BERG, L. van den; WIJK, M. van; HOI, Pham van. The Transformation of Agricultural and Rural Life Downstream of Hanoi. *Environment and Urbanization*, 15:1, Apr. 2003.

BERGER, John. Rumor. In: TEKIN, Latife. *Berji Kristin*: Tales from the Garbage Hills. London, Marion Boyars, 1996.

BERNER, Erhard. *Defending a Place in the City*: Localities and the Struggle for Urban Land in Metro Manila. Cidade Quezon, Ateneo de Manila, 1997.

_____. Poverty Alleviation and the Eviction of the Poorest. *International Journal of Urban and Regional Research*, v. 24, n. 3, Sept. 2000.

_____. Learning from Informal Markets. In: WESTENDORFF, David; EADE, Deborah (Orgs.). *Development and Cities*: Essays from Development Practice. Oxford, Oxfam GB/UNRISD, 2002.

BETANCUR, John. Spontaneous Settlements in Colombia. In: ALDRICH, Brian; SANDHU, Ranvinder (Orgs.). *Housing the Urban Poor*: Policy and Practice in Developing Countries. London, Taschner, 1995.

BIAYA, Tshikala. SAP: A Catalyst for the Underdevelopment and Privatization of Public Administration in the Democratic Republic of Congo, 1997-2000. *DPMN Bulletin*, v. 7, n. 3, Dec. 2000.

BREMAN, Jan. *The Labouring Poor in India*: Patterns of Exploitation, Subordination, and Exclusion. New Delhi, Oxford University Press, 2002.

BREMAN, Jan; DAS, Arvind. *Down and out*: Labouring Under Global Capitalism. New Delhi, Oxford University Press, 2000.

BRENNAN, Ellen. Urban Land and Housing Issues Facing the Third World. In: KASARDA, John D.; PARNELL, Allan M. (Orgs.) *Third World Cities*: Problems, Policies and Prospects. Newbury Park, Sage, 1993.

BROUDEHOUX, Anne-Marie. *The Making and Selling of Post-Mao Beijing*. New York, Columbia University Press, 2004.

BROWDER, John; GODFREY, Brian. *Rainforest Cities*: Urbanization, Development, and Globalization of the Brazilian Amazon. New York, Columbia University, 1997.

Planeta Favela

BROWN, Alison. Cities for the Urban Poor in Zimbabwe: Urban Space as a Resource for Sustainable Development. In: WESTENDORFF, David; EADE, Deborah (Orgs.). *Development and Cities*: Essays from Development Practice. Oxford, Oxfam GB/ UNRISD, 2002.

BRYCESON, Deborah. Disappearing Peasantries? Rural Labour Redundancy in the Neo-Liberal Era and Beyond. In: BRYCESON, Deborah; KAY, Cristóbal; MOOIJ, Jos (Orgs.). *Disappearing Peasantries?*: Rural Labour in Africa, Asia and Latin America. London, ITDG, 2000.

BURGWAL, Gerrit. *Caciquismo, Paralelismo and Clientelismo*: The History of a Quito Squatter Settlement. Amsterdam, Vrife Universiteit, 1993.

CALDEIRA, Teresa. *City of Walls*: Crime, Segregation, and Citizenship in São Paulo. Berkeley, University of California Press, 2000. [Ed. original: *Cidade de muros*: crime, segregação e cidadania em São Paulo. São Paulo, Editora 34, 2000.]

CAMPBELL, John. World Bank Urban Shelter Projects in East Africa. In: AMIS, Philip; LLOYD, Peter (Orgs.). *Housing Africa's Urban Poor*. Manchester, Manchester University, 1990.

CASTELLS, Manuel. *The City and the Grassroots*: A Cross-Cultural Theory of Urban Social Movements. Berkeley, University of California Press, 1983.

CASTELLS, Manuel; PORTES, Alejandro. World Underneath: The Origins, Dynamics and Effects of the Informal Economy. In: PORTES, Alejandro; CASTELLS, Manuel; BENTON, Lauren (Orgs.). *The Informal Economy*: Studies in Advanced and Less Developed Countries. Baltimore, Johns Hopkins University Press, 1989.

ÇELIK, Zeynep. *Urban Forms and Colonial Confrontations*: Algiers under French Rule. Berkeley, University of California Press, 1997.

CENTRAL INTELLIGENCE AGENCY (CIA). *The World Factbook*. Washington, CIA, 2002.

CHAMOISEAU, Patrick. *Texaco*. New York, Pantheon, 1997.

CHANG, Ha-Joon. Kicking Away the Ladder: Infant Industry Promotion in Historical Perspective. *Oxford Development Studies*, v. 31, n. 1, 2003.

CHANT, Sylvia. Urban Livelihoods, Employment and Gender. In: GWYNNE, Robert; KAY, Cristóbal (Orgs.). *Latin America Transformed*: Globalization and Modernity. London, Arnold, 2004.

CHAPIN, Edwin. *Humanity in the City*. New York, DeWitt & Davenport, 1854.

CHAPLIN, Susan. Cities, Sewers and Poverty: India's Politics of Sanitation. *Environment and Urbanization*, v. 11, n. 1, Apr. 1999.

CHATTERJEE, Gautam. Consensus versus Confrontation. *Habitat Debate*, v. 8, n. 2, June 2002.

CHATTERJIMITRA, Banashree. Land Supply for Low-Income Housing in Delhi. In: BAKEN, Robert-Jan; VAN DER LINDEN, Jan. *Land Delivery for Low Income Groups in Third World Cities*. Aldershot, Avebury, 1992.

CHERU, Fantu. Debt, Adjustment and the Politics of Effective Response to HIV/AIDS in Africa. *Third World Quarterly*, v. 23, n. 2, 2002.

CHOGUILL, Charles. The Future of Planned Urban Development in the Third World. In: ALDRICH, Brian; SANDHU, Ranvinder (Orgs.). *Housing the Urban Poor*: Policy and Practice in Developing Countries. London, Taschner, 1995.

Bibliografia

CONNOLLY, Priscilla. Mexico City: Our Common Future? *Environment and Urbanization*, v. 11, n. 1, Apr. 1999.

CONSTANTINO-DAVID, Karina. Unsustainable Development: The Philippine Experience. In: WESTENDORFF, David; EADE, Deborah (Orgs.). *Development and Cities*: Essays from Development Practice. Oxford, Oxfam GB/UNRISD, 2002.

COUR, Jean-Marie; SNRECH, Serge (Orgs.). *Preparing for the Future*: A Vision of West Africa in the Year 2020. Paris, OCDE, 1998.

COURSEN-NEFF, Zama. Small Change: Bonded Child Labor in India's Silk Industry. *Human Rights Watch Report*, v. 15, n. 2, Jan. 2003.

CUSTERS, Geert. Inner-city Rental Housing in Lima: A Portrayal and an Explanation. *Cities*, v. 18, n. 1, 2001.

CZEGLEDY, Andre. Villas of the Highveld: A Cultural Perspective on Johannesburg and Its Northern Suburbs. In: TOMLINSON, Richard et al. (Orgs.) *Emerging Johannesburg*: Perspectives on the Postapartheid City. New York, Routledge, 2003.

DAS, P. K. Manifesto of a Housing Activist. In: PATEL, Sujata; THORNER, Alice (Orgs.) *Bombay*: Metaphor for Modern India. Delhi, Oxford University Press, 1996.

DATTA, Kavita; JONES, Gareth A. Preface. In: _____. (Orgs.) *Housing and Finance in Developing Countries*. London, Routledge, 1999.

DAVIS, Diane. *Urban Leviathan*: Mexico City in the Twentieth Century. Philadelphia, Temple University Press, 1994.

DAVIS, Mike. *Late Victorian Holocausts*: El Niño Famines and the Making of the Third World. London, Verso, 2001.

_____. The Urbanization of Empire: Megacities and the Laws of Chaos. *Social Text*, n. 81, Winter 2004.

_____. *The Monster at Our Door*: The Global Threat of Avian Flu. New York, The New Press, 2005. [Ed. bras.: *O monstro bate à nossa porta*: a ameaça global da gripe aviária. Rio de Janeiro, Record, 2006.]

DAYARATNE, Ranjith; SAMARAWICKRAMA, Raja. Empowering Communities: The Peri-Urban Areas of Colombo. *Environment and Urbanization*, 15:1, Apr. 2003.

DE BOECK, Filip. Kinshasa: Tales of the "Invisible City" and the Second World. In: ENWEZOR, Okwui et al. (Orgs.) *Under Siege*: Four African Cities: Freetown Johannesburg, Kinshasa, Lagos. Ostfildern-Ruit, Hatje Cantz, 2002.

_____. Geographies of Exclusion: Churches and Child-Witches in Kinshasa. *BEople*, n. 6, March-Aug. 2003.

DEMAREST, Geoffrey. Geopolitics and Urban Armed Conflict in Latin America. *Small Wars and Insurgencies*, v. 6, n. 1, Spring 1995.

DE SOTO, Hernando. *The Mystery of Capital*: Why Capitalism Triumphs in the West and Fails Everywhere Else. New York, Basic Books, 2000.

DEVAS, Nick. Can City Governments in the South Deliver for the Poor?. *International Development and Planning Review*, v. 25, n. 1, 2003.

DEVAS, Nick; KORBOE, David. City Governance and Poverty: The Case of Kumasi. *Environment and Urbanization*, v. 12, n. 1, Apr. 2000.

DEVISCH, René. Frenzy, Violence, and Ethical Renewal in Kinshasa. *Public Culture*, v. 7, n. 3, 1995.

_____. Parody in Matricentered Christian Healing Communes of the Sacred Spirit in Kinshasa. *Contours*, v. 1, n. 2, Autumn 2003.

DEVRAJ, Ranjit. No Way but Down for India's Slum Dwellers. *Asia Times*, 20/7/2000.

DEWAR, Neil. Harare: A Window on the Future for the South African City?. In: LEMON, Anthony (Org.). *Homes Apart*: South Africa's Segregated Cities. Capetown, David Philip, 1991.

DIANOUS, Sébastien de. Les damnés de la terre du Cambodge. *Le Monde Diplomatique*, sept. 2004, p. 20.

DIETZ, Henry. *Urban Poverty, Political Participation, and the State*: Lima, 1970-1990. Pittsburgh, University of Pittsburgh Press, 1998.

DISPOSABLE People: Forced Evictions in South Korea. London, Catholic Institute for International Relatioons, 1988.

DONG, Stella. *Shanghai*: The Rise and Fall of a Decadent City. New York, Harper Colins, 2000.

DRAKAKIS-SMITH, David. *Third World Cities*. 2. ed. London, Routledge, 2000.

DRUMMOND, James. Providing Collateral for a Better Future. *Financial Times*, 18/10/2001.

DÜNDAR, Özlem. Informal Housing in Ankara. *Cities*, v. 18, n. 6, 2001.

DURAND-LASSERVE, Alain. Articulation Between Formal and Informal Land Markets in Cities in Developing Countries: Issues and Trends. In: BARÓSS, Paul; VAN DER LINDEN, Jan (Orgs.). *The Transformation of Land Supply Systems in Third World Cities*. Aldershot, Gower, 1990.

DURAND-LASSERVE, Alain; ROYSTON, Lauren. International Trends and Country Contexts. In: _____. (Orgs.) *Holding Their Ground*: Secure Land Tenure for the Urban Poor in Developing Countries. London, Earthscan, 2002.

EDWARDS, Michael. Rental Housing and the Urban Poor. In: AMIS, Philip; LLOYD, Peter (Orgs.). *Housing Africa's Urban Poor*. Manchester, Manchester University, 1990.

EL ARABI, M. Urban Growth and Environment Degradation: The Case of Cairo. *Cities*, v. 19, n. 6, 2002.

ELSHESHTAWY, Yasser (Org.). *Planning Middle Eastern Cities*: An Urban Kaleidoscope in a Globalizing World. London, Routledge, 2004.

ENGELS, Friedrich. *The Condition of the Working-Class in England in 1844*. Moscou, Progresso, 1975. Marx-Engels Collected Works, v. 4.

ENVIRONMENT and Urbanization, v. 15, n. 1, Apr. 2003.

ENWEZOR, Okwui et al. (Orgs.) *Under Siege*: Four African Cities: Freetown Johannesburg, Kinshasa, Lagos. Ostfildern-Ruit, Hatje Cantz, 2002.

ESCOBAR, Agustin; GONZÁLEZ DE LA ROCHA, Mercedes. Crisis, Restructuring and Urban Poverty in Mexico. *Environment and Urbanization*, v. 7, n. 1, Apr. 1995.

EVERS, Hans-Dieter; KORFF, Rüdiger. *Southeast Asian Urbanism*: The Meaning and Power of Social Space. New York, Palgrave MacMillan, 2000.

Bibliografia

FABRE, Guilhem. La Chine. In: PAQUOT, Thierry. *Les mondes des villes*: panorama urbain de la planète. Bruxelas, Complexe, 1996.

FARMERS Being Moved Aside by China's Booming Market in Real Estate. *New York Times*, 8/12/2004.

FAY, Marianne; WELLENSTEIN, Anna. Keeping a Roof over One's Head. In: FAY, Marianne (Org.). *The Urban Poor in Latin America*. Washington, World Bank, 2005.

FAZAL, Shahab. Urban Expansion and Loss of Agricultural Land – a GIS-Based Study of Saharanpur City, India. *Environmental and Urbanization*, v. 12, n. 2, Oct. 2000.

FINDLEY, Sally. The Third World City. In: KASARDA, John D.; PARNELL, Allan M. (Orgs.) *Third World Cities*: Problems, Policies and Prospects. Newbury Park, Sage, 1993.

GALVÃO, Luis. A Water Pollution Crisis in the Americas. *Habitat Debate*, Sept. 2003.

GANDY, Matthew. Amorphous Urbanism: Chaos and Complexity in Metropolitan Lagos. *New Left Review*, n. 33, maio-jun. 2005.

GARZA, Gustavo. Global Economy, Metropolitan Dynamics and Urban Policies in Mexico. *Cities*, v. 16, n. 3, 1999.

GAZZOLI, Rubén. The Political and Institutional Context of Popular Organizations in Urban Argentina. *Environment and Urbanization*, v. 8, n. 1, Apr. 1996.

GEERTZ, Clifford. *Agricultural Involution*: The Processes of Ecological Change in Indonesia. Berkeley, University of California Press, 1963.

GHANNAM, Farha. *Remaking the Modern*: Space, Relocation, and the Politics of Identity in a Global Cairo. Berkeley, University of California Press, 2002.

GILBERT, Alan; WARD, Peter. *Housing, the State and the Poor*: Policy and Practice in Three Latin American Cities. Cambridge, Cambridge University Press, 1985.

GILBERT, Alan; VARLEY, Ann. *Landlord and Tenant*: Housing the Poor in Urban Mexico. London, Routledge, 1991.

GILBERT, Alan et al. *In Search of a Home*: Rental and Shared Housing in Latin America. Tucson, University of Arizona, 1993.

GLASSER, David. The Growing Housing Crisis in Ecuador. In: PATTON, Carl (Org.) *Spontaneous Shelter*: International Perspectives and Prospects. Philadelphia, Temple University, 1988.

GOLDSTEIN, Sidney. Levels of Urbanization in China. In: DOGAN, Mattei; KASARDA, John (Orgs.). *The Metropolis Era*. Newbury Park, Sage, 1988. v. 1: A World of Giant Cities.

GOOPTU, Nandini. *The Politics of the Urban Poor in Early Twentieth-Century India*. Cambridge, Cambridge University Press, 2001.

GOTT, Richard. *In the Shadow of the Liberator*: Hugo Chávez and the Transformation of Venezuela. London, Verso, 2001.

GRANT, Miriam. Difficult Debut: Social and Economic Identities of Urban Youth in Bulawayo, Zimbabwe. *Canadian Journal of African Studies*, v. 37, n. 2/3, 2003.

GROOTAERT, Christiaan; BRAITHWAITE, Jeanine. The Determinants of Poverty in Eastern Europe and the Former Soviet Union. In: BRAITHWAITE, Jeanine; GROOTAERT, Christiaan; MILANOVIC, Branko (Orgs.). *Poverty and Social Assistance in Transition Countries*. New York, Palgrave Macmillan, 2000.

Planeta Favela

GUGLER, Josef. *Cities in the Developing World*: Issues, Theory and Policy. Oxford, Oxford University Press, 1997.

_____. Introduction – II. Rural-Urban Migration. In: _____. *Cities in the Developing World*: Issues, Theory and Policy. Oxford, Oxford University Press, 1997.

_____. Overurbanization Reconsidered. In: _____. *Cities in the Developing World*: Issues, Theory and Policy. Oxford, Oxford University Press, 1997.

GULDIN, Gregory. *What's a Peasant To Do?*: Village Becoming Town in Southern China. Boulder, Westview, 2001.

HA, Seong-Kyu. The Urban Poor, Rental Accomodation, Housing Policy in Korea. *Cities*, v. 19, n. 3, 2002.

HAMZA, Mohamed; ZETTER, Roger. Structural Adjustment, Urban Systems, and Disaster Vulnerability in Developing Countries. *Cities*, v. 15, n. 4, 1998.

HARDING, Andrew. Nairobi Slum Life. *The Guardian*, 4, 8, 10 e 15/10/2002.

HARMS, Hans. To Live in the City Centre: Housing and Tenants in Central Neighborhoods of Latin American Cities. *Environment and Urbanization*, v. 9, n. 2, Oct. 1997.

HARRIS, Nigel. Urbanization, Economic Development and Policy in Developing Countries. *Habitat International*, v. 14, n. 4, 1990.

HARRIS, Richard; WAHBA, Malak. The Urban Geography of Low-Income Housing: Cairo (1947-1996) Exemplifies a Model. *International Journal of Urban and Regional Research*, v. 26, n. 1, March 2002.

HASAN, Arif. Introduction. In: KHAN, Akhtar Hameed. *Orangi Pilot Project*: Reminiscences and Reflections. Karachi, Oxford University Press, 1996.

HENDRIXSON, Anne. *Angry Young Men, Veiled Young Women*: Constructing a New Population Threat. Sturminster Newton, Corner House Briefing 34, 2004.

HEWITT, Kenneth. *Regions of Risk*: A Geographical Introduction to Disasters. Harlow, Longman, 1997.

HODGES, Tony. *Angola*: Anatomy of an Oil State. 2. ed. Oxford, James Currey, 2004.

HOQUE, Serajul. Micro-credit and the Reduction of Poverty in Bangladesh. *Journal of Contemporary Asia*, v. 34, n. 1, 2004.

HORTON, Richard. *Health Wars*: On the Global Front Lines of Modern Medicine. New York, The New York Review of Books, 2003.

HOUSE, William. Nairobi's Informal Sector: Dynamic Entrepreneurs or Surplus Labor?. *Economic Development and Cultural Change*, n. 32, Jan. 1984.

_____. Priorities for Urban Labour Market Research in Anglophone Africa. *The Journal of Developing Areas*, n. 27, Oct. 1992.

HOWARD, Allen. Cities in Africa, Past and Present. *Canadian Journal of African Studies*, v. 37, n. 2/3, 2003.

HSUEH, Feng-hsuan. *Beijing: The Nature and the Planning of the Chinese Capital City*. Chichester, John Wiley & Sons, 1995.

HUNTINGTON, Samuel. The Bases of Accommodation. *Foreign Affairs*, v. 46, n. 4, July 1968.

HUSSAIN, Akmal. *Pakistan National Human Development Report 2003*: Poverty, Growth and Governance. Karachi, Oxford University Press, 2003.

Bibliografia

HYLTON, Forrest. An Evil Hour: Uribe's Colombia in Historical Perspective. *New Left Review*, n. 23, Sept.-Oct. 2003.

IMPARATO, Ivo; RUSTER, Jeff. *Slum Upgrading and Participation*: Lessons from Latin America. Washington, World Bank, 2003.

JACQUEMIN, Alain. *Urban Development and New Towns in the Third World*: Lessons from the New Bombay Experience. Aldershot, Ashgate, 1999.

JELLINEK, Lea. Collapsing under the Weight of Success: An NGO in Jakarta. *Environment and Urbanization*, v. 15, n. 1, Apr. 2003.

JENKINS, Paul; ROBSON, Paul; CAIN, Allan. Luanda. *Cities*, v. 19, n. 2, 2002.

JIMENEZ-DIAZ, Virginia. The Incidence and Causes of Slope Failure in the Barrios of Carracas. In: MAIN, Hamish; WILLIAMS, Stephen (Orgs.). *Environment and Housing in Third World Cities*. Chichester, John Wiley, 1994.

JONES, Gareth Stedman. *Outcast London*: A Study in the Relationship Between Classes in Victorian Society. Oxford, Clarendon Press, 1971.

JOSEPH, Jaime. Sustainable Development and Democracy in Megacities. In: WESTENDORFF, David; EADE, Deborah (Orgs.). *Development and Cities*: Essays from Development Practice. Oxford, Oxfam GB/UNRISD, 2002.

KALPAGAM, U. Coping with Urban Poverty in India. *Bulletin of Concerned Asian Scholars*, v. 17, n. 1, 1985.

KANJI, Nazneen. Gender, Poverty and Structural Adjustment in Harare, Zimbabwe. *Environment and Urbanization*, v. 7, n. 1, Apr. 1995.

KARST, Kenneth; SCHWARTZ, Murray; SCHWARTZ, Audrey. *The Evolution of Law in the Barrios of Caracas* Los Angeles, University California, 1973.

KAY, Cristóbal. Latin America's Agrarian Transformation: Peasantization and Proletarianization. In: BRYCESON, Deborah; KAY, Cristóbal; MOOIJ, Jos (Orgs.). *Disappearing Peasantries?*: Rural Labour in Africa, Asia and Latin America. London, ITDG, 2000.

KAZEMI, Farhad. *Poverty and Revolution in Iran*: The Migrant Poor, Urban Marginality and Politics. New York, New York University Press, 1980.

KEELING, David. *Buenos Aires*: Global Dreams, Local Crises. Chichester, John Wiley & Sons, 1996.

KELLY, Philip. Everyday Urbanization: The Social Dynamics of Development in Manila's Extended Metropolitan Region. *International Journal of Urban and Regional Research*, v. 23, n. 2, 1999.

KEYDER, Çaglar. The Housing Market from Informal to Global. In: _____. (Org.) *Istanbul*: Between the Global and the Local. Lanham, Rowman & Littlefield, 1999.

KHAN, Asim. Urban Air Pollution in Megacities of the World. *Green Times*, Penn Environmental Group, Spring 1997.

KHAN, Azizur Rahman; RISKIN, Carl. *Inequality and Poverty in China in the Age of Globalization*. Oxford, Oxford University Press, 2001.

KILLICK, Tony. Twenty-five Years in Development: The Rise and Impending Decline of Market Solutions. *Development Policy Review*, n. 4, 1986.

Planeta Favela

KIPLING, Rudyard. *The City of Dreadful Night, and Other Places.* Allahabad/London, A. H. Wheeler, 1891.

KIRKBY, Richard. China. In: MATHÉY, Kosta (Org.). *Beyond Self-Help Housing.* London, Mansell, 1992.

KLAK, Thomas; SMITH, Marlene. The Political Economy of Formal Sector Housing Finance in Jamaica. In: DATTA, Kavita; JONES, Gareth A. (Orgs.) *Housing and Finance in Developing Countries.* London, Routledge, 1999.

KOMBE, William. Institutionalising the Concept of Environmental Planning and Management. In: WESTENDORFF, David; EADE, Deborah (Orgs.). *Development and Cities:* Essays from Development Practice. Oxford, Oxfam GB/UNRISD, 2002.

KONADU-AGYEMANG, Kwadwo. *The Political Economy of Housing and Urban Development in Africa:* Ghana's Experience from Colonial Times to 1998. Westport, Greenwood, 2001.

KRISHNAKUMAR, Asha. A Sanitation Emergency. *Focus,* 20:24, 22/11-5/12/2003.

KRUECKEBERG, Donald. The Lessons of John Locke or Hernando de Soto: What if Your Dreams Come True?. *Housing Policy Debate,* v. 15, n. 1, 2004.

LAQUIAN, Aprodicio. The Effects of National Urban Strategy and Regional Development Policy on Patterns of Urban Growth in China. In: JONES, Gavin; VISARIA, Pravin (Orgs.) *Urbanization in Large Developing Countries:* China, Indonesia, Brazil, and India. Oxford, Clarendon, 1997.

LAYACHI, Azzedine. Algeria: Flooding and Muddled State-Society Relations. *The Middle East Research and Information Project (MERIP) Online,* 11/12/2001.

LEE-SMITH, Diana. Squatter Landlords in Nairobi: A Case Study of Korogocho. In: AMIS, Philip; LLOYD, Peter (Orgs.). *Housing Africa's Urban Poor.* Manchester, Manchester University, 1990.

LEISCH, Harald. Gated Communities in Indonesia. *Cities,* v. 19, n. 5, 2002.

LEMOS, Amália Geraiges de; SCARLATO, Francisco; MACHADO, Reinaldo. O retorno à cidade medieval: os condomínios fechados da metrópole paulistana. In: CABRALES BARAJAS, Luis Felipe (Org.). *Latinoamérica:* Países Abiertos, Ciudades Cerradas. Guadalajara, Universidad de Guadalajara, 2000.

LEONARD, John. Lima: City Profile. *Cities,* v. 17, n. 6, 2000.

LESBET, Djaffar. Algeria. In: MATHÉY, Kosta. *Housing Policies in the Socialist Third World.* München, Profil, 1990.

LEWIS, Oscar. *The Children of Sanchez:* Autobiography of a Mexican Family. New York, Random, 1961. [ed. portuguesa: *Os filhos de Sanchez,* Lisboa, Moraes, 1970].

LI, Jing Neng. Structural and Spatial Economic Changes and Their Effects on Recent Urbanization in China. In: JONES, Gavin; VISARIA, Pravin (Orgs.) *Urbanization in Large Developing Countries:* China, Indonesia, Brazil, and India. Oxford, Clarendon, 1997.

LIVELIHOOD and Shelter Have To Be Seen as One Rather than Separate Entities. In: SHARMA, Kalpana. *Rediscovering Dharavi: Stories from Asia's Largest Slum.* New Delhi, Penguin, 2000.

LO, Fu-chen; YEUNG, Yue-man (Orgs.). *Emerging World Cities in Pacific Asia.* Tokyo, Brookings, 1996.

Bibliografia

LUBOVE, Roy. *The Progressives and the Slums:* Tenement House Reform in New York City, 1890-1917. Pittsburgh, Greenwood, 1962.

LUPTON, Malcolm; WOLFSON, Tony. Low-Income Housing, the Environment and Mining on the Witwatersrand. In: MAIN, Hamish; WILLIAMS, Stephen (Orgs.). *Environment and Housing in Third World Cities.* Chichester, John Wiley, 1994.

LUTZ, Wolfgang; SANDERSON, Warren; SCHERBOV, Sergei. Doubling of World Population Unlikely. *Nature,* n. 387, 19 June 1997.

MAHARAJ, Davan. Living on Pennies. *Los Angeles Times,* 16/7/2004.

MAHMUD, Shihabuddin; DUYAR-KIENAST, Umut. Spontaneous Settlements in Turkey and Bangladesh: Preconditions of Emergence and Environmental Quality of Gecekondu Settlements and Bustees. *Cities,* v. 18, n. 4, 2001.

MAIN, Hamish. Housing Problems and Squatting Solutions in Metropolitan Kano. In: POTTER, Robert; SALAU, Ademola (Orgs.). *Cities and Development in the Third World.* London, Mansell, 1990.

MAIN, Hamish; WILLIAMS, Stephen (Orgs.). *Environment and Housing in Third World Cities.* Chichester, John Wiley, 1994.

MAIN, Hamish; WILLIAMS, Stephen. Marginal Urban Environments as Havens for Low-Income Housing. In: MAIN, Hamish; WILLIAMS, Stephen (Orgs.). *Environment and Housing in Third World Cities.* Chichester, John Wiley, 1994.

MALLABY, Sebastian. *The World's Banker:* A Story of Failed States, Financial Crises, and the Wealth and Poverty of Nations. New York, Penguin, 2004.

MARCUS, Stephen. *Engels, Manchester and the Working Class.* New York, W. W. Norton, 1974.

MATTINGLY, Michael. The Role of the Government of Urban Areas in the Creation of Urban Poverty. In: JONES, Sue; NELSON, Nici (Orgs.). *Urban Poverty in Africa:* From Understanding to Alleviation. London, Intermediate Technology, 1999.

MBEMBE, Achille; ROITMAN, Janet. Figures of the Subject in Times of Crisis. In: ENWEZOR, Okwui et al. (Orgs.) *Under Siege:* Four African Cities: Freetown Johannesburg, Kinshasa, Lagos. Ostfildern-Ruit, Hatje Cantz, 2002.

McGEE, T. G. The Emergence of *Desakota* Regions in Asia: Expanding a Hypothesis. In: GINSBURG, Norton; KOPPEL, Bruce; McGEE, T. G. (Orgs.) *The Extended Metropolis:* Settlement Transition in Asia. Honolulu, University of Hawaii, 1991.

McGHEE, T. Beachheads and Enclaves: The Urban Debate and the Urbanization Process in Southeast Asia since 1945. In: YEUNG, Y. M.; LO, C. P. (Orgs.) *Changing South-East Asian Cities:* Readings on Urbanization. Singapore, Oxford University Press, 1976.

McKENZIE, Glenn. Psychiatric Tests Required for Traffic Offenders. *RedNova,* 20/6/2003.

MEETING the Urban Challenge, Population Reports. Baltimore, Center for Communication Programs, The Johns Hopkins Bloomburg School of Public Health, v. 30, n. 4, Autumn (Sept.-Nov.) 2002.

MEHTA, Suketu. *Maximum City:* Bombay Lost and Found. New York, Knopf, 2004.

MIAO, Pu. Deserted Streets in a Jammed Town: The Gated Community in Chinese Cities and its Solution. *Journal of Urban Design,* v. 8, n. 1, 2003.

MINUJIN, Alberto. Squeezed: The Middle Class in Latin America. *Environment and Urbanization*, v. 7, n. 2, Oct. 1995.

MITLIN, Diana. Civil Society and Urban Poverty – Examining Complexity. *Environment and Urbanization*, v. 13, n. 2, Oct. 2001.

MITSCHEIN, Thomas; MIRANDA, Henrique; PARAENSE, Mariceli. *Urbanização selvagem e proletarização passiva na Amazônia: o caso de Belém*. Belém, Cejup/Naea/UFPA, 1989.

MOHAN, Rakesh. *Understanding the Developing Metropolis*: Lessons from the City: Study of Bogotá and Cali, Colombia. New York, Oxford University, 1994.

MOLINA, Umberto. Bogotá: Competition and Substitution Between Urban Land Markets. In: BAKEN, Robert-Jan; VAN DER LINDEN, Jan. *Land Delivery for Low Income Groups in Third World Cities*. Aldershot, Avebury, 1992.

MOREL, Edmundo; MEJÍA, Manuel. The Dominican Republic. In: AZUELA, Antonio; DUHAU, Emilio; ORTIZ, Enrique (Orgs.). *Evictions and the Right to Housing*: Experience from Canada, Chile, The Dominican Republic, South Africa, and South Korea. Ottawa, International Development Reseach Center, 1998.

MORENO, Eduardo López. *Slums of the World*: The Face of Urban Poverty in the New Millenium? Nairobi, Global Urban Observatory, 2003.

MOSA, A. Squatter and Slum Settlements in Tanzania. In: ALDRICH, Brian; SANDHU, Ranvinder (Orgs.). *Housing the Urban Poor*: Policy and Practice in Developing Countries. London, Taschner, 1995.

MOSER, Caroline; PEAKE, Linda. Seeing the Invisible: Women, Gender and Urban Development. In: STREN, Richard (Org.). *Urban Research in Developing Countries Volume 4: Thematic Issues*. Toronto, University of Toronto, 1996.

MOSER, Caroline. Adjustment from Below: Low-income Women, Time, and the Triple Role in Guayaquil, Ecuador. In: RADCLIFFE, Sarah; WESTWOOD, Sallie (Orgs.). *"Viva"*: Women and Popular Protest in Latin America. London, Routledge, 1993.

MULWANDA, Mpanjilwa; MUTALE, Emmanuel. Never Mind the People, the Shanties Must Go. *Cities*, v. 11, n. 5, 1994.

MUMFORD, Lewis. *The City in History*: Its Origins, Its Transformations, and Its Prospects. New York, Harcourt, Brace & World, 1961.

MWACAN, Angeline; TREFON, Theodore. The Tap Is on Strike. In: TREFON, Theodore (Org.). *Reinventing Order in the Congo*: How People Respond to State Failure in Kinshasa. Kampala, Zed, 2004.

MWANGI, Meja. *Going Down River Road*. Nairobi, Heinemann, 1976.

MWANGI, Meja. *The Last Plague*. Nairobi, Michigan State University Press, 2000.

MYERS, Garth. Colonial and Postcolonial Modernities in Two African Cities. *Canadian Journal of African Studies*, v. 37, n. 2-3, 2003.

NANTULYA, Vinand; REICH, Michael. The Neglected Epidemic: Road Traffic Injuries in Developing Countries. *British Journal of Medicine*, v. 324, 11/5/2002.

NEDOROSCIK, Jeffrey. *The City of the Dead: A History of Cairo's Cemetery Communities*. Westport, Greenwood, 1997.

Bibliografia

NHUAN, Nguyen Duc; MATHÉY, Kosta. Vietnam. In: MATHÉY, Kosta. *Housing Policies in the Socialist Third World*. München, Profil, 1990.

NIENTIED, Peter; VAN DER LINDEN, Jan. The Role of the Government in the Supply of Legal and Illegal Land in Karachi. In: BAKEN, Robert-Jan; VAN DER LINDEN, Jan. *Land Delivery for Low Income Groups in Third World Cities*. Aldershot, Avebury, 1992.

NLANDU, Thierry Mayamba. Kinshasa: Beyond Chaos. In: ENWEZOR, Okwui et al. (Orgs.) *Under Siege*: Four African Cities: Freetown Johannesburg, Kinshasa, Lagos. Ostfildern-Ruit, Hatje Cantz, 2002.

NOCK, Magdalena. The Mexican Peasantry and the *Ejido* in the Neo-liberal Period. In: BRYCESON, Deborah; KAY, Cristóbal; MOOIJ, Jos (Orgs.). *Disappearing Peasantries?*: Rural Labour in Africa, Asia and Latin America. London, ITDG, 2000.

NURU, Karin. Tanzania. In: MATHÉY, Kosta. *Housing Policies in the Socialist Third World*. München, Profil, 1990.

OBERAI, A. S. *Population Growth, Employment and Poverty in Third-World Mega-Cities*: Analytical Policy Issues. London, Palgrave Macmillan, 1993.

OFEIMUN, Odia. Invisible Chapters and Daring Visions. *This Day*, 31/7/2003.

OGU, Vincent Ifeanyi. Private Sector Participation and Municipal Waste Management in Benin City. *Environment and Urbanization*, v. 12, n. 2, Oct. 2000.

O'HARE, Greg; ABBOTT, Dina; BARKE, Michael. A Review of Slum Housing Policies in Mumbai. *Cities*, v. 15, n. 4, 1998.

OKOME, Onookome. Writing the Anxious City: Images of Lagos in Nigerian Home Video Films. In: ENWEZOR, Okwui et al. (Orgs.) *Under Siege: Four African Cities: Freetown Johannesburg, Kinshasa, Lagos*. Ostfildern-Ruit, Hatje Cantz, 2002.

OKOYE, T. Historical Development of Nigerian Housing Policies. In: AMIS, Philip; LLOYD, Peter (Orgs.). *Housing Africa's Urban Poor*. Manchester, Manchester University, 1990.

OLIVEIRA, Orlandina de; ROBERTS, Bryan. The Many Roles of the Informal Sector in Development: Evidence from Urban Labor Market Research, 1940-1989. In: RAKOWSKI, Cathy (Org.). *Contrapunto*: The Informal Sector Debate in Latin America. Albany, State University of New York Press, 1994.

OMIYI, Ben. *The City of Lagos*: Ten Short Essays. New York, Vantage Press, 1995.

ONE-Kidney Communities. *Frontline*, v. 14, n. 25, 13-26/12/1997.

LAI, On-Kwok. The Logic of Urban Development and Slum Settlements. In: ALDRICH, Brian; SANDHU, Ranvinder (Orgs.). *Housing the Urban Poor*: Policy and Practice in Developing Countries. London, Taschner, 1995.

PAQUOT, Thierry. *Les mondes des villes*: panorama urbain de la planète. Bruxelas, Complexe, 1996.

PATEL, Sujata. Bombay's Urban Predicament. In: PATEL, Sujata; THORNER, Alice (Orgs.) *Bombay*: Metaphor for Modern India. Delhi, Oxford University Press, 1996.

PAYNE, Geoffrey. Lowering the Ladder: Regulatory Frameworks for Sustainable

Development. In: WESTENDORFF, David; EADE, Deborah (Orgs.). *Development and Cities*: Essays from Development Practice. Oxford, Oxfam GB/UNRISD, 2002.

PEATTIE, Lisa. Affordability. *Habitat International*, v. 11, n. 4, 1987.

PEATTIE, Lisa. Poverty Alleviation and the Eviction of the Poorest. *International Journal of Urban and Regional Research*, v. 24, n. 3, Sept. 2000.

PEIL, Margaret. *Lagos*: The City Is the People. London, Belhaven, 1991.

PEIL, Margaret. Urban Housing and Services in Anglophone West Africa. In: MAIN, Hamish; WILLIAMS, Stephen (Orgs.). *Environment and Housing in Third World Cities*. Chichester, John Wiley, 1994.

PELLOW, Deborah. And a Toilet for Everyone!. In: MILLS-TETTEY; Ralph; ADI-DAKO, Korantema (Orgs.). *Visions of the City*: Accra in the Twenty-First Century. Acra, Woeli, 2002.

PEMBERTON, M. *Managing the Future*: World Vehicle Forecasts and Strategies to 2020. London, Autointelligence, 2000. v. 1: Changing Patterns of Demand.

PENDER, John. From "Structural Adjustment" to "Comprehensive Development Framework": Conditionality Transformed? *Third World Quarterly*, v. 22, n. 3, June 2001.

PETERS, Ralph. Our Soldiers, Their Cities. *Parameters*, Spring 1996.

PEZZOLI, Keith. *Human Settlements and Planning for Ecological Sustainability*: The Case of Mexico City Cambridge, MIT, 1998.

PEZZOLI, Keith. Mexico's Urban Housing Environments. In: ALDRICH, Brian; SANDHU, Ranvinder (Orgs.). *Housing the Urban Poor*: Policy and Practice in Developing Countries. London, Taschner, 1995.

PIERMAY, Jean-Luc. Kinshasa: A Reprieved Mega-City?. In: RAKODI, Carole (Org.). *The Urban Challenge in Africa*: Growth and Management in Its Large Cities. Tokyo, United Nations University, 1997.

PIKE, Richard; HOWELL, David; GRAYMER, Russell. Landslides and Cities: An Unwanted Partnership. In: HEIKEN, Grant; FAKUNDINY, Robert; SUTTER, John (Orgs.). *Earth Science in the City*: A Reader. Washington, American Geophysical Union, 2003.

PIMPLE, Minar; JOHN, Lysa. Security of Tenure: Mumbai's Experience. In: DURAND-LASSERVE, Alain; ROYSTON, Lauren. International Trends and Country Contexts. In: _____. (Orgs.) *Holding Their Ground*: Secure Land Tenure for the Urban Poor in Developing Countries. London, Earthscan, 2002.

PORTES, Alejandro; HOFFMAN, Kelly. Latin American Class Structures: Their Composition and Change during the Neoliberal Era. *Latin American Research Review*, v. 38, n. 1, 2003.

POSEL, Deborah. Curbing African Urbanization in the 1950s and 1960s. In: SWILLING, Mark; HUMPHRIES, Richard; SHUBANE, Khehla (Orgs.). *Apartheid City in Transition*. Cape Town, Oxford University Press, 1991.

POTTS, Deborah; MUTAMBIRWA, Chris. Basics Are Now a Luxury: Perceptions of Structural Adjustment's Impact on Rural and Urban Areas in Zimbabwe. *Environment and Urbanization*, 10:1, April 1998.

Bibliografia

PROTASENKO, Tatyana. Dynamics of the Standard of Living During Five Years of Economic Reform. *International Journal of Urban and Regional Research*, v. 21, n. 3, 1997.

PRUNTY, Jacinta. Preface. In: _____. *Dublin Slums, 1800-1925: A Study in Urban Geography*. Dublin, Irish Academic, 1998.

PRYER, Jane. *Poverty and Vulnerability in Dhaka Slums*: The Urban Livelihoods Study. Aldershot, Ashgate, 2003.

PUGH, Cedric. The Role of the World Bank in Housing. In: ALDRICH, Brian; SANDHU, Ranvinder (Orgs.). *Housing the Urban Poor*: Policy and Practice in Developing Countries. London, Taschner, 1995.

RAKODI, Carole (Org.). *The Urban Challenge in Africa*: Growth and Management in Its Large Cities. Tokyo, United Nations University, 1997.

RAKODI, Carole. Global Forces, Urban Change, and Urban Management in Africa. In: _____. (Org.). *The Urban Challenge in Africa*: Growth and Management in Its Large Cities. Tokyo, United Nations University, 1997.

RAMACHANDRAN, H.; SASTRY, G. S. An Inventory and Typology of Slums in Bangalore. In: SCHENK, Hans. *Living in India Slums: A Case Study of Bangalore*. Delhi, IDPAD/Manohar, 2001.

RIGG, Jonathan. *Southeast Asia*: A Region in Transition. London, Unwin Hyman, 1991.

RISBUD, Neelima. Policies for Tenure Security in Delhi. In: DURAND-LASSERVE, Alain; ROYSTON, Lauren. International Trends and Country Contexts. In: _____. (Orgs.) *Holding Their Ground*: Secure Land Tenure for the Urban Poor in Developing Countries. London, Earthscan, 2002.

ROB, Ubaidur; KABIR, M.; MUTAHARA, M. Urbanization in Bangladesh. In: NESS, Gayl; TALWER, Prem (Orgs.). *Asian Urbanization in the New Millennium*. Singapura, Asian Urban Information Center, 2005.

ROBERTS, Bryan. From Marginality to Social Exclusion: From Laissez Faire to Pervasive Engagement. *Latin American Research Review*, v. 39, n. 1, Feb. 2004.

ROBOTHAM, Don. How Kingston Was Wounded. In: SCHNEIDER, Jane; SUSSER, Ida (Orgs.). *Wounded Cities*: Destruction and Reconstruction in a Globalized World. Oxford, Berg, 2003.

RODENBECK, Max. *Cairo*: The City Victorious. New York, Knopf, 1999.

RODGERS, Dennis. "Disembedding" the City: Crime, Insecurity and Spatial Organization in Managua. *Environment and Urbanization*, v. 16, n. 2, Oct. 2004.

RODRIGUEZ, Alfredo; ICAZA, Ana Maria. Chile. In: AZUELA, Antonio; DUHAU, Emilio; ORTIZ, Enrique (Orgs.). *Evictions and the Right to Housing*: Experience from Canada, Chile, The Dominican Republic, South Africa, and South Korea. Ottawa, International Development Reseach Center, 1998.

RONDINELLI, Dennis; KASARDA, John. Job Creation Needs in Third World Cities. In: KASARDA, John D.; PARNELL, Allan M. (Orgs.) *Third World Cities*: Problems, Policies and Prospects. Newbury Park, Sage, 1993.

ROY, Ananya. The Gentleman's City: Urban Informality in the Calcutta of New Communism. In: ROY, Ananya; AL SAYYAD, Nezar (Orgs.). *Urban Informality*:

Planeta Favela

Transnational Perspectives from the Middle East, Latin America, and South Asia. Lanham, Lexington, 2004.

ROY, Ananya; AL SAYYAD, Nezar (Orgs.). *Urban Informality*: Transnational Perspectives from the Middle East, Latin America, and South Asia. Lanham, Lexington, 2004.

ROY, Arundhati. The Cost of Living. *Frontline*, v. 17, n. 3, 5-8/2/2000.

ROY, Arundhati. *The Checkbook and the Cruise Missile*: Conversations with Arundhati Roy. Boston, South End Press, 2004.

RUBLE, Blair. *Second Metropolis: Pragmatic Pluralism in Gilded Age Chicago, Silver Age Moscow, and Meiji Osaka*. Cambridge, Cambridge University Press, 2001.

SATTERTHWAITE, David. Environmental Transformations in Cities as They Get Larger, Wealthier and Better Managed. *The Geographical Journal*, v. 163, n. 2, July 1997.

SATTERTHWAITE, David. The Links Between Poverty and the Environment in Urban Areas of Africa, Asia, and Latin America. *The ANNALS of the American Academy of Political and Social Science*, 590, 1993.

SCARPACI, Joseph; SEGRE, Roberto; COYULA, Mario. *Havana*: Two Faces of the Antillean Metropolis. Chapel Hill, University of North Carolina Press, 2002.

SCHENK, Hans. Urban Fringes in Asia: Markets versus Plans. In: BAUD, I. S. A.; POST, J. (Orgs.). *Realigning Actors in an Urbanizing World*: Governance and Insfitutions from a Development Perspective. Aldershot, Ashgate, 2002.

SCHENK, Hans. Living in Bangalore's Slums. In: _____. *Living in India Slums*: A Case Study of Bangalore. Delhi, IDPAD/Manohar, 2001.

SCHENK, Hans. Bangalore: An Outline. In: _____. *Living in India Slums*: A Case Study of Bangalore. Delhi, IDPAD/Manohar, 2001.

SCHENK, Hans; DEWITT, Michael. The Fringe Habitat of Bangalore. In: SCHENK, Hans. *Living in India Slums*: A Case Study of Bangalore. Delhi, IDPAD/Manohar, 2001.

SCHENK-SANDBERGEN, Loes. Women, Water and Sanitation in the Slums of Bangalore: A Case Study of Action Research. In: SCHENK, Hans. *Living in India Slums*: A Case Study of Bangalore. Delhi, IDPAD/Manohar, 2001.

SCHNEIDER, Cathy. *Shantytown Protest in Pinochet's Chile*. Philadelphia, Temple University Press, 1995.

SEABROOK, Jeremy. *In the Cities of the South*: Scenes from a Developing World. London, Verso, 1996.

SENGUL, H. Tarik. On the Trajectory of Urbanization in Turkey. *International Development Planning Review*, v. 25, n. 2, 2003.

SHAPIRO, Ann-Louise. Paris. In: DAUNTON, M. J. (Org.) *Housing the Workers, 1850-1914*: A Comparative Perspective. London, Leicester University Press, 1990.

SIEVERTS, Thomas. *Cities Without Cities*: An Interpretation of the Zwischenstadt. London, Taylor and Francis, 2003.

SILVA, Kalinga Tudor; ATHUKORALA, Karunatissia. *The Watta-Dwellers*: A Sociological Study of Selected Urban Low-Income Communities in Sri Lanka. Lanham, University Press of America, 1991.

Bibliografia

SIMON, David. Urbanization, Globalization and Economic Crisis in Africa. In: RAKODI, Carole (Org.). *The Urban Challenge in Africa*: Growth and Management in Its Large Cities. Tokyo, United Nations University, 1997.

SIMON, Joel. *Endangered Mexico*: An Environment on the Edge. San Francisco, Sierra Club Books, 1997.

SINHA, Rakesh K. New Delhi: The World's Shanty Capital in the Making. *OneWorld South Asia*, 26/8/2003.

SIT, Victor. *Beijing*: The Nature and Planning of a Chinese Capital City. Chichester, John Wiley & Sons, 1995.

SIVARAMAKRISHNAN, K. Urban Governance: Changing Realities. In: COHEN, Michael et al. (Orgs.) *Preparing for the Urban Future*: Global Pressures and Local Forces. Washington, Woodrow Wilson Center, 1997.

SKIDMORE, Monique. *Karaoke Fascism*: Burma and the Politics of Fear. Philadelphia, University of Pennsylvania, 2004.

SMART, Alan. *Making Room*: Squatter Clearance in Hong Kong. Hong Kong, Centre of Asian Studies, 1992.

SNOWDEN, Frank. *Naples in the Time of Cholera, 1884-1911*. Cambridge, Cambridge University Press, 1995.

SOLIMAN, Ahmed . *A Possible Way Out*: Formalizing Housing Informality in Egyptian Cities. Lanham, University Press of America, 2004.

SOLIMAN, Ahmed. Tilting the Sphinxes: Locating Urban Informality in Egyptian Cities. In: ROY, Ananya; AL SAYYAD, Nezar (Orgs.). *Urban Informality*: Transnational Perspectives from the Middle East, Latin America, and South Asia. Lanham, Lexington, 2004.

SOLINGER, Dorothy. *Contesting Citizenship in Urban China*: Peasant Migrants, the Stake and the Logic of the Market. Berkeley, University of California Press, 1999.

SONI, Varun. Slumming It. *Hindustan Times*, 24/10/2003.

SPERLING, Daniel; CLAUSEN, Eileen. The Developing World's Motorization Challenge. Issues in Science and Technology Online, Autumn 2002.

STAMBOULI, Frej. Tunis: Crise du Logement et Réhabilitation Urbaine. In: AMIS, Philip; LLOYD, Peter (Orgs.). *Housing Africa's Urban Poor*. Manchester, Manchester University, 1990.

STEINBERG, Florian. Cairo: Informal Land Development and the Challenge for the Future. In: BAKEN, Robert-Jan; VAN DER LINDEN, Jan. *Land Delivery for Low Income Groups in Third World Cities*. Aldershot, Avebury, 1992.

STEPHENS, Carolyn. Healthy Cities or Unhealthy Islands? The Health and Social Implications of Urban Inequality. *Environment and Urbanization*, v. 8, n. 2, Oct. 1996.

STEWART, Frances. *Adjustment and Poverty*: Options and Choices. London, Routledge, 1995.

STILLWAGGON, Eileen. *Stunted Lives, Stagnant Economies*: Poverty Disease and Underdevelopment. New Brunswick, Rutgers University Press, 1998.

STRAND, David. *Rickshaw Beijing*: City People and Politics in the 1920s. Berkeley, University of California Press, 1989.

Planeta Favela

STREN, Richard. Urban Housing in Africa. In: AMIS, Philip; LLOYD, Peter (Orgs.). *Housing Africa's Urban Poor*. Manchester, Manchester University, 1990.

SURET-CANALE, Jean. *French Colonialism in Tropical Africa, 1900-1945*. New York, Pico Press, 1971.

TABB, William. *Economic Governance in the Age of Globalization*. New York, Columbia University Press, 2004.

TASCHNER, Suzana. Squatter Settlements and Slums in Brazil. In: ALDRICH, Brian; SANDHU, Ranvinder (Orgs.). *Housing the Urban Poor*: Policy and Practice in Developing Countries. London, Taschner, 1995.

TAUSSING Michael. *Law in a Lawless Land*: Diary of a Limpieza in Colombia. New York, The New Press, 2003.

TAYLOR, Bruce. Hong Kong's Floating Settlements. In: PATTON, Carl (Org.) *Spontaneous Shelter*: International Perspectives and Prospects. Philadelphia, Temple University, 1988.

TEKIN, Latife. *Berji Kristin*: Tales from the Garbage Hills. London, Marion Boyars, 1996.

THAPAR, Nikhil; SANDERSON, Ian. Diarrhoea in Children: an Interface Between Developing and Developed Countries. *The Lancet*, 363, 21/2/2004.

THOMAS, Frederic. *Calcutta Poor*: Elegies on a City, Above Pretense. Armonk, M. E. Sharpe, 1997.

THOMAS, Troy. Slumlords: Aerospace Power in Urban Fights. *Aerospace Power Journal*, Spring (March-May) 2002.

THUILLIER, Guy. Gated Communities in the Metropolitan Area of Buenos Aires. *Housing Studies*, v. 20, n. 2, March 2005.

TIPPLE, A. Graham; KORBOE, David. Housing Poverty in Ghana. In: ALDRICH, Brian; SANDHU, Ranvinder (Orgs.). *Housing the Urban Poor*: Policy and Practice in Developing Countries. London, Taschner, 1995.

TODARO, M. A Model of Labor Migration and Urban Unemployment in Less Developed Countries. *American Economic Review*, v. 59, n. 1, 1969.

TOLOSA, Hamilton. The Rio/São Paulo Extended Metropolitan Region: A Quest for Global Integration. *The Annals of Regional Science*, v. 37, n. 2, Sept. 2003.

TREFON, Theodore. Introduction: Reinventing Order. In: _____. (Org.). *Reinventing Order in the Congo*: How People Respond to State Failure in Kinshasa. Kampala, Zed, 2004.

TURNER, John. Housing Priorities, Settlement Patterns and Urban Development in Modernizing Countries. *Journal of the American Institute of Planners*, n. 34, 1968.

TURNER, John. Housing as a Verb. In: TURNER, John; FICHTER, Robert (Orgs.). *Freedom to Build*: Dweller Control of the Housing Process. New York, Macmillan, 1972.

UN DEPARTMENT OF ECONOMIC AND SOCIAL AFFAIRS. Population Division. *World Urbanization Prospects*. New York, 2002. (revisão de 2001).

UN-HABITAT. *Debate*, v. 8, n. 2, June 2002.

UNICEF. *The State of the World's Children 1997*. Oxford, Oxford University Press, 1998.

Bibliografia

UNITED NATIONS DEVELOPMENT PROGRAMME. *Human Development Report 2004.* New York, UNDP, 2004.

UN-HABITAT. *An Urbanising World*: Global Report on Human Settlements. Oxford, Oxford University Press, 1996.

_____. *The Challenge of Slums*: Global Report on Human Settlements 2003. London, Earthscan, 2003.

URBAN AIR POLLUTION. *Current Science*, v. 77, n. 3, 10 Aug. 1999.

URBAN RESOURCE CENTER. Urban Poverty and Transport: A Case Study from Karachi. *Environment and Urbanization*, v. 13, n. 1, Apr. 2001.

VASAGAR, Jeevan. Bulldozers Go in To Clear Kenya's Slum City. *The Guardian*, 20/4/2004.

VERKAAIK, Oskar. *Migrants and Militants*: Fun and Urban Violence in Pakistan. Princeton, Princeton University Press, 2004.

VERMA, Gita. *Slumming India*: A Chronicle of Slums and Their Saviours. New Delhi, Penguin, 2002.

VIANA, Claudia; GALVÃO, Terezinha. Erosion Hazards Index for Lateritic Soils. *Natural Hazards Review*, v. 4, n. 2, May 2003.

VIDAL, John. Cities Are Now the Frontline of Poverty. *The Guardian*, 2/2/2005.

VILLA, Miguel; RODRÍGUEZ, Jorge. Demographic Trends in Latin America's Metropolises, 1950-1990. In: GILBERT, Alan (Org.). *The Mega-City in Latin America*. Tokyo/ New York, United Nations University, 1996.

VILLA, Victoria de la; WESTFALL, Matthew S. (Orgs.) *Urban Indicators for Managing Cities*: Cities Data Book. Manila, Asian Development Bank, 2001.

WALKER, Gordon. Industrial Hazards, Vulnerability and Planning. In: MAIN, Hamish; WILLIAMS, Stephen (Orgs.). *Environment and Housing in Third World Cities.* Chichester, John Wiley, 1994.

WALTON, John; SEDDON, David. *Free Markets and Food Riots*: The Politics of Structural Adjustment. Oxford, Blackwell, 1994.

WARAH, Rasna. Nairobi's Slums: Where Life for Women Is Nasty, Brutish and Short. *Habitat Debate*, v. 8, n. 3, Sept. 2002.

WARD, Peter. *Mexico City*: The Production and Reproduction of an Urban Environment. London, Belhaven, 1990.

WARREN, James. *Rickshaw Coolie*: A People's History of Singagore, 1880-1940. Singapore, Singapore University Press, 2003.

WEBER, Adna. *The Growth of Cities in the Nineteenth Century*: A Study in Statistics. New York, Macmillan, 1899.

WELLINGTON, H. Kelewle, Kpokpoi, Kpanlogo. In: MILLS-TETTEY; Ralph; ADI-DAKO, Korantema (Orgs.). *Visions of the City*: Accra in the Twenty-First Century. Acra, Woeli, 2002.

WENZHONG, Yang; GONGFAN, Wang. Peasant Movement: A Police Perspective. In: DUTTON, Michael (Org.). *Streetlife China*. Cambridge, Cambridge University Press, 1998.

WERNA, Edmundo; BLUE, Ilona; HARPHAM, Trudy. The Changing Agenda for Urban Health. In: COHEN, Michael et al. (Orgs.) *Preparing for the Urban*

Future: Global Pressures and Local Forces. Washington, Woodrow Wilson Center, 1997.

WESTEN, August van. Land Supply for Low-Income Housing: Bamako. In: BARÓSS, Paul; VAN DER LINDEN, Jan (Orgs.). *The Transformation of Land Supply Systems in Third World Cities*. Aldershot, Gower, 1990.

WESTENDORFF, David; EADE, Deborah (Orgs.). *Development and Cities*: Essays from Development Practice. Oxford, Oxfam GB/UNRISD, 2002.

WILLIAMS, Murray. Gated Villages Catch on among City's Super-Rich. *Cape Argus*, Capetown, 6/1/2004.

WOMEN'S GLOBAL NETWORK FOR REPRODUCTIVE RIGHTS. *A Decade After Cairo. Women's Health in a Free Market Economy.* Corner House Briefing 30, Sturminister Newton, 2004.

WOODS, Robert et al. *The Poor in Great Cities*: Their Problems and What is Being Done to Solve Them. New York, C. Scribner's Sons, 1895.

WORLD BANK. *World Development Report 1995*: Workers in an Integrating World. New York, 1995.

_____. *Inequality in Latin America and the Caribbean*: Breaking with History? Washington, 2003.

WRIGHT, Carroll D. *The Slums of Baltimore, Chicago, New York, and Philadelphia*. Washington, 1894.

WRONG, Michela. *In the Footsteps of Mr. Kurtz*: Living on the Brink of Disaster in the Congo. London, Fourth Estate, 2000.

XIAOLI, Liu; WEI, Lang. Zhejiangcun: Social and Spatial Implications of Informal Urbanization on the Periphery of Beijing. *Cities*, v. 14, n. 2, 1997.

YACH, D. et al. Global Chronic Diseases. *Science*, 21/1/2005.

YATSKO, Pamela. *New Shanghai*: The Rocky Rebirth of China's Legendary City. Singapura, John Wiley & Sons, 2003.

YEBOAH, Ian. Demographic and Housing Aspects of Structural Adjustment and Emerging Urban Form in Accra, Ghana. *Africa Today*, v. 50, n. 1, 2003.

YELLING, J. A. *Slums and Slum Clearance in Victorian London*. London, Taylor and Francis, 1986.

YEUNG, Yue-man. Geography in an Age of Mega-Cities. *International Social Sciences Journal*, n. 151, 1997.

_____. Viewpoint: Integration of the Pearl River Delta. *International Development Planning Review*, v. 25, n. 3, 2003.

YEUNG, Yue-man; LO, Fu-chen. Global Restructuring and Emerging Urban Corridors in Pacific Asia. In: LO, Fu-chen; YEUNG, Yue-man (Orgs.). *Emerging World Cities in Pacific Asia*. Tokyo, Brookings, 1996.

YONDER, Ayse. Implications of Double Standards in Housing Policy: Development of Informal Settlements in Istanbul. In: FERNANDES, Edésio; VARLEY, Ann (Orgs.). *Illegal Cities*: Law and Urban Change in Developing Countries. London, Zed, 1998.

YOUNG, Crawford; TURNER, Thomas. *The Rise and Decline of the Zairian State*. Madison, The University of Wisconsin, 1985.

Bibliografia

YOUNG, Marilyn. *The Vietnam Wars*: 1945-1990. New York, Harper Perennial, 1991.

ZANETTA, Cecilia. *The Influence of the World Bank on National Housing and Urban Policies*: The Case of Mexico and Argentina in the 1990s. Aldershot, Ashgate, 2004.

ZHANG, Yan; FANG, Ke. Is History Repeating Itself? From Urban Renewal in the United States to Inner-City Redevelopment in China. *Journal of Planning Education and Research*, n. 23, 2004.

Índice remissivo

A

Abani, Chris 31, 108, 165
Abdo, Geneive 116
Abdoul, Mohamadou 55
Abidjã 31, 62, 120, 159
Abrahamsen, Rita 84
Abu-Lughod, Janet 93
Acra
    déficit sanitário 143
    desakota 20 n. 27
    especulação imobiliária 92
    lixo 139
    propriedade da terra 45
    segregação 104
    setor informal 178
Adham, Khaled 95-6
Adis Abeba 105
Afeganistão 35, 57
África
    colonialismo 60-2
    desigualdade 104-5
    doenças 146
    habitação 44-5, 70
    HIV/aids 152
    locação 52
    Metas de Desenvolvimento do Milênio das Nações Unidas, 200
    mulheres 161-2, 163-4
    planos de ajuste estrutural 158-9
    projetos do Banco Mundial 82
    propriedade da terra 92
    remoção de favelas 109
    saneamento 143
    semoproletarização 175
    setor informal 177
    urbanização 14-7, 19, 20, 21 n. 31, 24-6, 28, 67
África do Sul
    apartheid 60, 61
    condomínios fechados 121-3
    invasões 47
    migração urbana 68, 69
    neoliberalismo 157, 158
Agbola, Tunde 106, 122
agências de desenvolvimento 84
agricultura 23, 24, 25, 26, 140-1, 173, 183
água 141, 142, 147-9
Aguilar, Adrian 21
aids *ver* HIV/aids
Ajegunle 101
Aketch, Joe 148
Albânia 63, 170, 192
Aldeia Zhejiang 117-8
Alemán, Arnoldo 123
Alexandra 54
Alexandria 45

Planeta Favela

Alphaville 123
aluguel 51-4
> ver também propriedade para locação

Amazônia 27
América Latina
aluguel 52
crescimento urbano lento 63, 64
desigualdade 160-62
invasões 47-9, 91
mão de obra 55, 56
migrantes rurais 55
modernização 25
mulheres 161-3
ONGs 85, 86
perda de emprego industrial 166, 167
pobreza no centro da cidade 40, 41
problemas de saneamento básico 142-4, 151
planos de ajuste estrutural 158-60
reforma conservadora 88
semiproletarização 175
setor informal 176-7, 180-2
urbanização 16, 19, 21, 67-8

Amis, Philip 51, 89-90, 185
Ancara 66, 93
Andreasson, Stefan 158
Angola 24, 26, 57, 109, 167
Annan, Kofi 119
Antananarivo 147
apartheid 60-1, 105
Appadurai, Arjun 104 n. 6, 186
Aquino, Corazón 111
Aranya, projeto de reassentamento de 87
áreas rurais 20-2, 163
China 19, 62-3
Índia 173-4
> ver também camponeses

Argel 42, 65, 66, 131
Argélia 65, 70, 73, 168
Argentina 34, 85, 115-6, 160
Ásia
favelas 27-8
megacidades 16
pobreza dentro da cidade 40-2
propriedade da terra 91
riquixá 188-9
semiproletarização 175
> ver também Ásia oriental/leste da Ásia; sul da Ásia; sudeste da Ásia

Ásia oriental/leste da Ásia 17-8, 22-3, 47
autoajuda 80, 81, 85, 89-90, 98, 179
autoconstrução 81
> ver também autoajuda

autoestradas 123-4

B

Bagdá 147, 201, 205
Baku 35
Balaguer, Juan 112
Balogun, Fidelis 155
Bamako 96-7
Banco Mundial 25, 28, 31, 159, 165, 166, 200
agências de desenvolvimento 107
assistência médica 152
coeficientes de Gini 161
Congo 191, 193
forças do mercado 101-2
influência na política urbana 79-80
ONGs 83-5
paradigma da autoajuda 80, 88
privatização da água 149
produtividade urbana 167
planos de ajuste estrutural 71, 151, 156-8
projetos de melhoria das favelas 80-3, 86, 87
setor informal 179
tributação 76, 158

Banda, Hastings Kamuzu 105
Bangalore
condomínios fechados 121
desenvolvimento econômico 170, 172, 173-4
despejos 107
incêndios criminosos 133-4
industrialização 26
mão de obra barata 55
mulheres 145

Índice remissivo

257

Bangcoc
  desastres químicos 134
  habitação 73
  incêndios 133
  invasores 52
  jogos de azar 183
  motorização 136
  pobreza 36
  população 15
Bangladesh 34
Bankoff, Greg 99
Baróss, Paul 49, 50, 51
barriadas 38, 132
barrios 63, 68, 101, 112, 162
Bayat, Asef 48, 67, 86
Beeckman, Vincen 196
Beirute 55, 203
Benjamin, Solomon 107, 121, 174
Berger, John 199
Berlim 26, 40, 53, 112
Berner, Erhard
  Singapura 71
  especulação imobiliária ilegal 96
  invasores 97
  Manila 37, 47, 82, 90, 91-2, 106, 121-2, 133
  moradores de rua 46
  papel do Estado 102
Betancur, John 75
Bhopal 135-6
Biaya, Tshikala 192
Bidwai, Praful 173
Birmânia (Mianmá) 61, 113-4
Blair, Tony 28
Blanqui, Auguste 106
"boa governança" 87, 90
Bogotá
  especulação imobiliária 94, 99
  expansão da zona de
    pobreza 101
  habitação 75, 200
  pessoas desalojadas 57-8
  população 15
  urbanização irregular 49-50
Bombaim *ver* Mumbai
Booth, Charles 31, 33
Bouteflika, Abdelaziz 131

Brasil
  condomínios fechados 123
  demolições 114-5
  especulação imobiliária 94, 99
  favelas em lugares perigosos 128
  New Deal urbano 70
  pobreza 160-1
  população favelada 34
  receita 160
Brazzaville 15, 35, 62
Breman, Jan 179, 181, 185 n. 40, 189, 199
Brennan, Ellen 54, 92, 94, 98
Brizola, Leonel 70
Broudehoux, Anne-Marie 113
Brown, Gordon 28
Bryceson, Deborah 25
Buenos Aires
  desindustrialização 23
  estradas particulares 124
  favelas em lugares perigosos 128
  inquilinatos 44
  invasores 49, 50
  migrantes rurais 55
  perda de emprego industrial 166
  pobreza no centro da cidade 40, 42
  população 15
  remoção de favelas 115-6
  urbanização regionalizada 21
Bulawayo 119
Bulgária 170
Bundun 149
Bush, George H. W. 157
Bush, George W. 205
bustees 37, 65, 100, 135, 147

C

Cabinda 57
Cabul 57, 139, 204
Cairo
  acidentes de trânsito 137
  cidades-satélite 107
  comércio de órgãos humanos 190
  condomínios fechados 120
  crise habitacional 93-4
  desastres ambientais 134
  especulação imobiliária 94, 95
  favelados 35, 37

Planeta Favela

hostilidade juvenil 201
invasores 39-40, 43, 48, 52
moradores de telhados 45
motorização 136
população 15
repressão do Estado 116-7
terra agrícola 140
trabalho infantil 186-7
urbanização 66
Zamalek 120
Cali 58
Calcutá *ver* Kolkata
Caldeira, Teresa 123
callejones 44
Camboja 25, 63
campanhas de embelezamento 111-4
camponeses 62-4, 68, 98, 171, 175
campos de triagem 56
Cantão 26
capital social 85
capitalismo 34, 59, 88, 199, 201-2
    China 68-9
    clientelista 100
    planos de ajuste estrutural 157
    setor informal 179-80, 181
Caracas 63, 67-8, 101
    instabilidade do solo 128-9
    invasores 48, 49
    moradia 177
    quebra-quebras 165
Caribe 129
Cartum
    cheias 130
    crescimento de 26, 46, 47
    favelados 40, 41
    Hilat Kusha 55, 56
    planos de ajuste estrutural 158-9
    refugiados 56, 57
    setor informal 177
Casablanca 201
Castells, Manuel 97, 176, 185 n. 40
Castro, Fidel 69
Ceilão 61
Challenge of Slums, The 31-2, 33, 36, 157,
    158, 166, 175
Chamoiseau, Patrick 175, 197
Chang, Ha-Joon 157

Chant, Sylvia 161, 184
Chapin, Edwin 33
Chaplin, Susan 144, 153
Chatterjee, Gautam 28
Chatterjimitra, Banashree 107
chawls 44, 46, 179, 202
Chennai 172, 189
Cheru, Fantu 152
Chicago 26
Chile 115, 160
China
    automóveis 137, 138
    crescimento industrial 23
    desenvolvimento econômico 170-2
    despejos 109-10
    esgoto 144-5
    especulação imobiliária ilegal 96
    luta social 99
    migração rural 63-3
    moradias públicas 40, 70
    mulheres 162
    população favelada 34
    setor informal 177, 178
    terra agrícola 140
    urbanização 14, 17-8, 19-20, 22, 68-9
Chitagongue 150
Choguill, Charles 83
Chossudovsky, Michel 151
Cidade da Guatemala 40, 132, 188
Cidade do Cabo 69, 122, 150
Cidade do México
    aluguel 52, 54
    cidades-satélite 107
    crescimento urbano 27, 68-9
    desastres ambientais 131, 134, 135
    doença 147-8
    favelados 34, 35, 37-9, 41
    migrantes rurais 55, 63, 64
    moradia 70-1
    perda de emprego industrial 166, 167
    poluição 134, 138, 141
    população 14n6, 15, 16
    propriedade da terra 99
    regularização 89
    Santa Cruz Meyehualco 56
    tributação 76
    urbanização regionalizada 21

Índice remissivo

259

Cidade Sadr 147, 205
Singapura 40, 70, 71
Cisjordânia 117
Cité-Soleil 100, 146
Ciudad Juarez 26
classe média 41, 52, 160, 202
    evasão fiscal 75
    moradia em bairros pobres do centro
      da cidade 91
    Índia 105, 107, 108, 153, 173, 174
    investimento em propriedades 94
    política habitacional 73, 74, 76, 77
    projetos urbanos do Banco Mundial
      81, 82, 83
    propriedade da terra 98, 99
    Rússia 168, 169
    uso de carros 137, 138
    ver também elites; classe social
classe social 40-3, 52, 119-21
    classe trabalhadora informal 176-9
    luta de classes 86, 87, 102, 105, 106
    semiproletarização 175
    ver também classe média
Clausen, Eileen 136
clientelismo 66, 85, 86
Cochabamba 35
Colômbia 57, 167, 207
Colombo 21, 42, 94, 140, 187
colonialismo 60-2, 104,105, 120, 143
comércio de órgãos humanos 189, 190
comércio de rins 189
condomínios fechados 120-5
Congo, República Democrática do
    (antigo Zaire) 26, 61-2, 190-7
Connolly, Priscilla 27
Consenso de Washington 71, 84, 85, 156,
    179
construção por conta própria
    ver autoajuda
Coreia do Norte 63
Coreia do Sul 34
corrupção 96, 131, 153, 167-8
cortiços 33, 37, 47, 55
    América Latina 63
    Estados coloniais 61, 62
    Lusaka 47
    ver também barrios; bustees; favelas

Costa do Marfim 159
Costa Rica 160, 163
crescimento populacional 14, 15, 18, 28
crianças
    abandonadas 204
    bruxaria 191, 195-7
    desnutrição 162, 163, 174
    taxa de mortalidade 35, 150, 151-2,
      164, 173, 174, 200
    trabalho infantil 181, 185-8
criminosos 50, 58
Cuba 69, 70
Czegledy, Andre 122

D

Dabu-Dabu 111
Daca
    aluguel 52
    desastres ambientais 134, 135
    desigualdade 103-4
    despejos 117
    doença 150, 151
    esgoto 143, 144
    especulação imobiliária 94
    favelados 33-5, 37-9
    favelas em lugares perigosos 127
    Grameen Bank 183
    incêndios 133, 134
    pobreza 190-1
    população 15, 16
    refugiados 64-5
    riquixás 188-9
    setor informal 177, 178
    trabalho infantil 186
    urbanização 13, 14
    venda de água 148, 149
Dacar 55, 62, 83, 106, 110
Dadaad 57
dalals 50
Dar es Salaam 26, 60, 82, 139, 149, 159,
    182
Darman, Richard 156
Dhapa, depósito de lixo 56
Darwin, Charles 182
Das, Arvind 181
Das, P. K. 86
Datta, Kavita 81

Davis, Diane 64
De Boeck, Filip 191, 193, 196
Délhi
  cidades-satélites 107
  despejos 107-8
  esgoto 144
  favelados 28, 35, 37
  habitação 74
  hibridação urbano/rural 20-1
  incêndios 133-4
  poluição 138
  população 15
  refugiados 64-5
Demarest, Geoffrey 204
democracia 76, 157-8
Deng Xiaoping 110
densidade populacional 100-1, 103-4, 106, 107
DERP *ver* Documentos de Estratégia para a Redução da Pobreza
desakotas 20 n. 27, 21
desastres naturais 128-34
desemprego 24, 67, 166-7, 179, 199
  China 171
  Congo 191-2
  Nápoles 176
  planos de ajuste estrutural 162
desenvolvimento econômico 170-4
desigualdade 17, 18, 103, 156-7, 160-2
  África 104-5
  Angola 167
  China 170-1
  Colômbia 167
  Índia 105
  Paquistão 168
  Rússia 168-9
  setor informal 181
  transporte 136-7
desindustrialização 23, 26, 159, 162, 170
deslizamentos de terras 128-9
despejos 105-10
  Bangcoc 73
  campanhas de embelezamento 111-4
  Délhi 74, 107, 108
  Manila 100, 106, 107
desregulamentação 25

Devas, Nick 76
Devisch, René 190, 192, 193, 194, 195
Dewar, Neil 104
Dharavi 100
Díaz, Carlos Alfredo 58
Diaz Ordaz, Gustavo 68
Dickens, Charles 34
direitos de propriedade 54, 87-8, 179
dívida externa, crise da 23, 92, 152-3, 155-6, 156-8, 162-3
Documentos de Estratégia para a Redução da Pobreza (DERP) 84-5
doença 61, 146-53, 174
Drakakis-Smith, David 20
Dublin 26, 40, 176
Duchambe 204
Dündar, Özlem 93
Durand-Lasserve, Alain 98
Dutton, Michael 117

E

Eckstein, Susan 52
Edwards, Michael 44
Egito
  especulação imobiliária 92, 93
  invasões 47, 48
  moradia pública 76, 77
  pobreza 167, 168
  população favelada 34, 35
  repressão do Estado 116, 117
  urbanização 19, 20
elites 76, 77, 124, 125, 152, 153
  ver também classe média
El Paso 51
El Salvador 203
Elbasan 170
Eltayeb, Galal Eldin 31-2 n. 3
empowerment 84
emprego 37-41, 55, 56
  China 170-2
  Índia 173, 174
  mão de obra excedente 182, 199
  mulheres 161-3
  planos de ajuste estrutural 160, 161, 166-7
  setor informal 160-4, 169, 170, 176-93, 196, 197

Índice remissivo

trabalho infantil 181, 186-8
ver também desemprego
empresários, empreendedores 50, 51, 55,
88, 147-9, 179, 180, 181, 182
Engels, Friedrich 31, 34, 142
epidemias 61
Equador 162
Erevan 35
Escobar, Augustin 163
esgoto 87, 140, 142-7, 149
especulação imobiliária 90, 92-100
Estado 70-1, 102, 105
Estados Unidos 34, 40
Estrada, Joseph 111
Etienne, Yolette 184
Etiópia 34, 35
Europa 40, 183
Europa oriental 169-70
Evers, Hans-Dieter 72, 91, 183
excrementos 142-6
exploração 181, 186-90

F

Fabre, Guilhem 63
Faisalabad 149
Fakulteta 170
Fang, Ke 110
favelas 37-9, 43-4, 100-1, 201-2
Ásia 26-8
Bangcoc 73, 74
classificação das 37-40
colonialismo britânico 61
contaminação da água 141
crescimento da população 27
crescimento das 200
criminalização das 114-20
definições 32-4
demolição de 114-5
doenças 146-53
ecologia das 127-53
esgoto e saneamento básico 142-8
Índia 75, 78, 175
Kinshasa 194-5
limpeza 107-20
lucro 88-90
lugares perigosos 128
melhoria das 79-88

planejamento militar 208-5
pobreza 35-7
projetos de regularização 89
títulos de propriedade 88-90
ver também cortiços; invasores
federação russa 35, 168-70
Filipinas
campanhas de embelezamento 111-2
gastos com saúde 151, 152
população favelada 34, 35
projeto do Banco Mundial 81, 82
Findley, Sally 24 n. 41
Firozabad 187
Flight, Thomas 91
FMI *ver* Fundo Monetário Internacional
Fundo das Nações Unidas para a
Infância (Unicef) 186, 187
Fundo Monetário Internacional (FMI)
23-25, 28, 79, 92, 200
Congo 191, 192, 193
protestos contra 164-6
planos de ajuste estrutural 71, 152,
155-8, 192
tributação 76, 158

G

Gana 45, 145-6, 151
Gandy, Matthew 134
Gauteng (Witwatersrand) 15, 21 n. 31
Gaviria, César 167
Gaza 56-7
Gazzoli, Rubén 85
gecekondus 47-9, 66, 93, 132-3, 141, 201-2
Geddes, Patrick 139
Geertz, Clifford 182, 183
gentrificação (enobrecimento) 52-3, 81-2,
92-3
geologia 128-9
Ghannam, Farha 116
Giddens, Anthony 124
Gilbert, Alan 52, 59, 90, 98
Gini, coeficientes de 161, 167-9
Glasser, David 42
globalização 22, 153, 166, 170, 175
Goma 57
González, Mercedes 163
Gooptu, Nandini 61, 77, 105, 144n67, 178

Planeta Favela

Gorki, Maximo 32
Goulart, João 70
Grã-Bretanha 142
Graham, Stephen 205
Grameen Bank 183
grupos comunitários 84-6
Guadalajara 162-3
Guayaquil 26, 162, 163
Guldin, Gregory 18, 19

H

Haiti 26, 184
Hanói 140, 143, 149
Harare 104, 110, 119-20, 163-4
Hardt, Michael 201
Harms, Hans 115
Harris, Nigel 24
Hart, Keith 178
Haussman, barão 72, 105
Havana 42, 69
Havana Velha 42
Hewitt, Kenneth 132
Hilat Kusha 55
hipercidades 16
HIV/aids 147, 152, 153, 157, 163-4, 191, 194
Hodges, Tony 109
Hoffman, Kelly 180
Hong Kong 40, 45, 46
  condomínios fechados 121
  despejos 109-10
  moradia pública 70-2
  Tríades 50
Horton, Richard 150
House, William 180
Howard, Allen 105
Human Rights Watch 113, 186, 187, 188
Huntington, Samuel 65
Hyderabad 18, 65, 96, 133, 172
Hylton, Forrest 201

I

Igrejas 193-6
imperialismo 84, 85, 86, 87, 175
Império Britânico 60-2
incêndio criminoso 133-4
incêndio proposital 132-4

Índia
  colonialismo britânico 61
  classe média 153
  comércio de órgãos humanos 189, 190
  desenvolvimento econômico 170-4
  esgoto 143-5-40
  geografia excludente 105, 106
  mão de obra excedente 199
  política habitacional 43, 44, 73-4, 76-7
  população favelada 34, 35
  projetos de melhoria da favela 86-7
  propriedade da terra 92
  setor informal 177, 178, 179
  solidariedade interétnica 184, 185
  terra agrícola 140
  trabalho infantil 186-8
  urbanização 18-20, 26, 64-5
individualismo 184
Indonésia 21, 34, 136, 179
Indore, projeto 87
indústria/lixo tóxico 128, 134-6, 140, 141
industrialização 23, 24, 26, 66, 150-1
Inglaterra 142-3
inquilinatos 44
inundações 129-32
invasores 28, 39, 45, 52, 97-100
  América Latina 63, 91
  Bangcoc 52, 53
  Buenos Aires 44
  Cidade do México 64
  locação 53
  Manila 106, 111
  manipulação da propriedade da terra 96-7
  projetos do Banco Mundial 82
  remoções 110
  Turquia 66
involução/involução urbana 182-3, 201
Irã 34, 57
Ishash al-Turguman 116, 117
islamismo 167, 168
Israel 117
Istambul 47-9, 51, 66, 201
  floresta de Omerli 141

Índice remissivo

investimento em propriedade 93
população 15
terremotos 132

J

Jacarta
coleta de lixo 139
condomínios fechados 121
desakotas 21
despejos 109, 110
esgoto 143, 144
habitação pública 72
motorização 136
ONGs 85, 86
pobreza 36
poluição 134
população 15, 16
propriedade da terra 98
repressão do Estado 118-9
trabalho infantil 187
urbanização 13
Jacquemin, Alain 76
Jamaica 75
Java 26, 182
Jellinek, Lea 85-6
Jiang Zemin 171
Joanesburgo 43, 121-23
desindustrialização 23
geologia 128
Soweto 53-4, 146
Jogos Olímpicos 112-3
Jones, Gareth A. 81
Jones, Gareth Stedman 90
Josaphat, Lovly 146
Joseph, Jaime 183-4

K

Kakkar, Prahlad 144
Kalle, Pepe 127
Kampala 141, 146
Kamwokya 146
Kanji, Nazneen 164
Kanpur 144 n. 67
Kaplan, Robert D. 202
Karachi
coleta de lixo 139
dalals 50

especulação imobiliária 92, 96
favelados 28, 34-41
planejamento militar 204
população 15, 16
refugiados 64-5
setor informal 177
venda de água 149
Kaunda, Kenneth 117
Keeling, David 49, 50
Kelly, Philip 21 n. 30
Keyder, Çaglar 47, 66, 93
Khan, Akhtar Hameed 50
Khan, Azizur 170
Khulna City 133
Kibaki, Mwai 109
Kibera 100, 101, 103, 109, 143, 147, 148
Kingston 42
Kinshasa 190-7
água 149
desigualdades 105
esgoto 143
favelados 35, 36
planejamento militar 204
população 15
serviços públicos 159
urbanização 14, 26
Kipling, Rudyard 33, 143
Kirkby, Richard 70
Klak, Thomas 75
Kohl, Helmut 156
Kolkata (Calcutá)
depósito de lixo de Dhapa 56
despejos 109-10
favelados 37-9
habitação 74
Kipling fala de 32, 33
linha de pobreza 36n20
ONGs 86
pobreza no centro da cidade 41
população 15
posse da terra 88
privadas 147
refugiados 64-5
riquixás 188-90
setor informal 181-2
superpopulação 100
Konadu-Agyemang, Kwadwo 92, 104

Planeta Favela

Korff, Rüdiger 73, 91, 183
Korogocho 53
Krasheninnokov, Alexey 168-9
Krishnakumar, Asha 145
Krung Thep *ver* Bangcoc
Kuala Lumpur 56, 117, 188
Kumasi 45, 146

L

Lagos
    acidentes de trânsito 137, 138
    aluguel 45
    "arquitetura do medo" 122
    campanha de embelezamento 111
    desastres ambientais 134
    despejos 108-10
    esgoto 143
    especulação imobiliária 95
    favelados 35
    ilha Victoria 120
    incêndios 133
    moradores de rua 46-7
    planejamento militar 204
    planos de ajuste estrutural 155
    população 15-7
    protestos contra o FMI 165
    reassentamentos 106
    recessão econômica 25
    rede de estradas 124
    superpopulação 101
    urbanização 13, 14, 19
Laquian, Aprodicio 177
Larkin, Emmet 26
Layachi, Azzedine 131
Lee-Smith, Diana 53
Lesbet, Djaffar 73
Lewis, Oscar 42
liberalização 25, 158-60, 176
Lilongué 105
Lima
    classe média 42
    habitação 44, 75
    invasores 97
    pobreza 37-9, 41, 160
    população 15
    terremotos 132
    urbanização 13, 26

Lisboa 51
lixo 139-40
Lobito 57
Londres 90-1, 101, 176
Los Angeles 22, 26, 46, 130, 202
loteamentos residenciais comerciais
    abaixo do padrão (LRCAPs) 50-1
loteamentos urbanizados 41, 79, 80, 81, 82, 83
LRCAPs *ver* loteamentos residenciais
    comerciais abaixo do padrão
Luanda
    crescimento de 26
    desemprego 167
    despejos 109-10
    pobreza 35
    refugiados 57
    segregação 105
    venda de água 149
Lubove, Roy 100
Luce, Edward 173
Lusaka
    cortiços 47
    demolições 117
    doença 147
    loteamentos urbanizados 83
    migração urbana 60
    pobreza 40, 41
    segregação 104

M

Malan, Rian 69
Malásia 19, 36, 56, 188, 189
Malauí 105
Mallaby, Sebastian 84
Mamayes 128
Manágua 123, 124
Manchester 26, 142
Mandalay 56, 113, 114
Mangin, William 80
Manila
    campanhas de embelezamento 111
    condomínios fechados 121, 122
    conflitos de classe 106-7
    favelas em lugares perigosos 127
    incêndios 133, 134
    inundações 129, 130

Índice remissivo

pobreza 37
população 15
preço dos terrenos 99, 106
projeto do Banco Mundial 81, 82
propriedade da terra 91-2
Smoky Mountain (Montanha
Fumegante) 56, 133
títulos de propriedade 90
venda de água 149
Manshiyet Nast 100
maoismo 62, 65
Maputo 35, 147
Marcos, Imelda 82, 111
Marcus, Steven 142, 175
Maroko 108
Marx, Karl 26
marxismo 175
Mathare 146
Mathéy, Kosta 74
Mayhew, Henry 31
Mbuji-Mayi 19
megacidades 14, 15, 16-9, 59, 60, 150
megafavelas 37, 38, 100, 153
Megawati Sukarnoputri 118
Mehta, Suketu 138
Mejia, Manuel 112
México
áreas rurais 22
crise da dívida externa 162
favelados 34
habitação 75
planos de ajuste estrutural 151, 156-7
pobreza 36, 41, 160, 166-7, 184
setor informal 176-7
urbanização 26
Meyer, Hannes 70
Mianmá 56, 113
microempresas 88, 179, 180, 181, 183-4
migrantes 37-40, 55, 60-70, 170 n. 63,
171-2, 174
Milanovic, Branko 32
Mitchell, Timothy 93
Mitlin, Diana 85
Mobutu, Sese Seko 67-8, 190, 191, 192,
193
Mogadíscio 202
Mohan, Rakesh 49-50

Moi, Daniel Arap 108
Molina, Humberto 117
Mombasa 28
Monróvia 141
Montevidéu 42
moradia 37-41, 176-7, 200
autoajuda 80-1, 89, 90, 97-8
Pequim 109, 110
privatização 71, 72, 80
pública 40-1, 69-77
reaproveitamento de casarões 40-4
Rússia 169, 170
moradores de rua 45-6
Morel, Edmundo 112
mortalidade 150-1
mortalidade infantil 35, 150, 151-2, 164,
173, 174, 200
Moscou 32, 169
Moser, Caroline 162
Mugabe, Robert 119
mulheres
África 163-4
China 171, 172
comércio de órgãos humanos 189
direitos reprodutivos 152
emprego 161-2
Kinshasa 193
problemas de saneamento básico 145
setor informal 181, 184
Mumbai (Bombaim)
autoridades de desenvolvimento
urbano 76-7
cidades-satélite 107
desigualdades 104, 105
desindustrialização 23, 24
despejos 109, 110
esgoto 143, 144
favelados 28, 35, 36, 37, 40, 41
habitação 44, 73-4
invasão de áreas protegidas 141
moradores de rua 46
mulheres 145
período colonial 61
poluição 138-9
população 15, 16
privatização 173
projeto do Banco Mundial 82-3

Planeta Favela

propriedade da terra 92
refugiados 64-5
superpopulação 100
taxa de mortalidade 150-1
trabalho infantil 185
venda de água 149
Mwacan, Angeline 149
Mwangi, Meja 142

N

Nações Unidas *ver* Organização das
Nações Unidas
Nairóbi
aluguéis elevados 45, 51
contaminação da água 141
crescimento populacional 28
desigualdade 103
despejos 108-10
esgoto 142, 143, 147
incêndios 133
mortalidade infantil 150
período colonial 60
propriedade para locação 53, 95
superpopulação 101
venda de água 148
Nápoles 32, 51, 91, 101, 176
Nasser, Gamal Abdel 70, 200
Navarro 58
Nedoroscik, Jeffrey 43, 94, 190
Negri, Antonio 201
Nehru, Jawaharlal 70, 200
neoliberalismo 26, 87, 89, 145, 165,
166, 200
África do Sul 158
cartéis das drogas colombianos 167
Chile 160
globalização 175
impacto sobre a assistência médica
150-2
Índia 172, 173, 174
individualismo 184
mão de obra flexível 184, 185
México 162
otimismo 202
privatização dos banheiros 145
recuperação dos custos 81
setor informal 180, 185, 186

Nepal 35
Nguyen Duc Nhuan 74
Nicarágua 48
Nientied, Peter 96
Nigéria
campanha de embelezamento 111
mortalidade infantil 151
habitação 74-5
população favelada 34
planos de ajuste estrutural 155, 159
Nkrumah, Kwame 200
Nlandu, Thierry Mayamba 197
Nock, Magdalena 22
Nova Bombaim 74, 107
Nova York 15, 16, 53, 100
Nuru, Karin 60

O

Oberai 75-6, 83, 179
Ofeimun, Odia 108
OIT *ver* Organização Internacional
do Trabalho
Okome, Onookome 13
OMS *ver* Organização Mundial da Saúde
ONGs *ver* organizações não
governamentais
Organização das Nações Unidas (ONU)
Comissão de Direitos Humanos 112
Década Internacional de Água
Potável e Saneamento Básico 148
Human Development Report 166, 200
Metas de Desenvolvimento do Milê-
nio 28, 200
Programa de Assentamentos Huma-
nos (UN-Habitat) 31, 32, 34, 201
Programa de Indicadores Urbanos 35
Projeto Observatório Urbano 155
proposta de fundo para HIV e aids
152
Organização Internacional do Trabalho
(OIT) 27, 160, 188
Organização Mundial da Saúde (OMS)
137-8, 148
organizações não governamentais (ONGs)
79, 80, 83-8, 158, 184
orientalismo 205
Oriente Médio 49, 66, 167, 185

Índice remissivo

P

PAEs *ver* Planos de Ajuste Estrutural
Palm Springs 51
Paquistão
    especulação imobiliária 92
    pobreza 168
    população favelada 34
    refugiados 57, 65
Paris 72, 105-6
Payatas 130
Payne, Geoffrey 88, 131-2
PDIs *ver* pessoas deslocadas
    internamente
Peattie, Lisa 81
Peil, Margaret 95
Penang 56
pentecostalismo 193-5
Pequim
    automóveis 137
    campanhas de embelezamento 113
    Cidade Velha 42
    condomínios fechados 121
    demolições 117-8
    despejos 110, 112-3
    moradias públicas 47, 72
    poluição 138
    população 15
    saneamento 144-5
    sweatshops 55, 68-9
Pérez Jiménez, Marcos 63, 67-8
periferalidade 47-8, 101
Peru
    invasões 48
    migrantes rurais 38
    política habitacional 70
    população favelada 34
    recessão 160
    setor informal 177
pessoas deslocadas internamente
    (PDIs) 56
Pezzoli, Keith 99
Phnom Penh 45, 63, 114, 149
PIB *ver* Produto Interno Bruto
Pinochet, Augusto 115, 160
planejamento militar 202-5
planejamento urbano 107-8, 134-5
Plano Baker 156

Planos de Ajuste Estrutural (PAEs) 25, 70-
    2, 156-66, 175
    Congo 191-2
    consequências ambientais 131
    especulação imobiliária 92
    estruturas de classe urbanas 180
    impacto sobre os gastos com saúde
        151, 152
    Zimbábue 178
Pnud *ver* Programa de Desenvolvimento
    das Nações Unidas
pobreza 34-9, 155-74
    África 17, 28
    América Latina 160-1
    Argélia 168
    centro da cidade 40-7
    China 172
    Europa oriental 169, 170
    Índia 16, 172-4
    lucro com a 90-7
    México 166, 184
    Nigéria 159
    Paquistão 168
    periurbana 201
    relatório do UN-Habitat 31, 32
    riscos urbanos 130, 133, 134
    rural 60
    Rússia 168, 169
    superurbanização 26
    urbanização da 59
pobreza dentro da cidade 40-6
política 107, 115-7
Pol Pot 63, 114
poluição 134-5, 138-9, 140-1, 147, 148-9
Portes, Alejandro 180, 185 n. 40
Porto Príncipe 100, 146, 187, 188, 204
Porto Rico 128
Potts, Deborah 159-60
privatização
    água 149
    Argélia 168
    assistência médica 152, 162
    banheiros 145-6
    Congo 192
    educação 203
    Índia 173
    moradia 71, 80

Planeta Favela

políticas do Banco Mundial 166, 167
planos de ajuste estrutural 156, 157
transporte 137
problemas de saúde 146-53, 162
ver também saneamento básico
Produto Interno Bruto (PIB) 23
Programa de Assentamentos Humanos das
Nações Unidas (UN-Habitat) 31, 32,
34, 201
Programas de Ajuste Estrutural *ver*
Planos de Ajuste Esturutral
Programa de Desenvolvimento das
Nações Unidas (Pnud) 83
propriedade para locação 51-3, 90-2,
94-5, 97
ver também aluguel
protestos 164-5
Pugh, Cedric 81, 163
Pusan 26
Putin, Vladimir 169

Q

Quarantina 55
quebra-quebras 165
Quênia 26, 28, 57, 95, 146
questões ambientais 127-53
Quito 41, 94, 141, 150, 162

R

Raftopoulos, Brian 120
Rakodi, Carole 159
Rand Corporation 203
Rangel, José Vincente 129
Reagan, Ronald 156, 157
rebelião 203-4
redes de estradas 123-4
refugiados 56-8, 64-5, 108, 193
Região Metropolitana Ampliada
Rio-São Paulo (RMARSP) 16
regularização 88-9
República Dominicana 112
resistência 115-7, 164-5, 201
Rigg, Jonathan 36
Riis, Jacob 31
Rio de Janeiro
desigualdade 161
favelados 37, 41

favelas em lugares perigosos 128
pobreza no centro da cidade 40
poluição 134
população 15
remoção de favelas 107, 110, 115
verticalização das favelas 101
riquixás 188-90
Riskin, Carl 170
RMARSP *ver* Região Metropolitana
Ampliada Rio-São Paulo
Roberts, Bryan 182
Robotham, Don 166
Rocha, Mercedes de la 184
Rodenbeck, Max 43
Rodésia *ver* Zimbábue
Rodgers, Dennis 123
Rogerson, Christine 164
Roma 170
Roy, Ananya 109
Roy, Arundhati 87, 144
Ruggeri, Laura 121, 124

S

Sabana Perdida 112
Sadat, Anwar 116-7
saneamento básico 142-48, 150, 151,
152, 153
Índia 173
Mumbai 82
período colonial 61, 62
Santa Cruz Meyehualco 55
Santiago 21, 40, 115, 176-7
Santo Domingo 103, 110, 112, 203
São Paulo
condomínios fechados 123
contaminação da água 141
desindustrialização 23, 24
favelados 35
favelas 27, 44
industrialização 26
perda de emprego industrial 166
pobreza no centro da cidade 41
poluição 134, 135, 138
população 15
regularização 89
urbanização regionalizada 21
valor dos aluguéis 94

Índice remissivo

São Petersburgo 169
São Salvador 188
Schenk, Hans 55, 134
Schenk-Sandbergen, Loes 145
Schneider, Cathy 115
Schultz, George 157
Scott, James 48
Seabrook, Jeremy 19, 20, 79, 81, 108
    burguesia urbana do Terceiro
        Mundo 125
    Daca 189
    favelas em lugares perigosos 127, 135
    incêndios em favelas 133
    Índia 173
Seddon, David 164
segregação 104-5, 106, 120-5, 153
segregação racial 104-5
segurança 122-3
separação da família 163, 164
setor informal 27, 160-4, 169, 170,
    175-93, 196, 197
    ver também vendedores ambulantes
Seul-Incheon 15, 16, 22, 45, 110, 112
Shapiro, Ann-Louise 72
Sharma, Kalpana 105
Shi, Anqing 148
Shinomiya, Hiroshi 130
Sieverts, Thomas 20
Simon, Joel 135
sistemas urbanos policêntricos 20, 21
Skidmore, Monique 56, 114, 147
Smart, Alan 71
Smith, Marlene 75
Smoky Mountain 56, 133
Snowden, Frank 91, 176
socialismo 109-10
sociedade civil 84, 85
Sófia 170
solidariedade 184, 185, 201
Soliman, Ahmed 39, 66, 77
Solinger, Dorothy 118, 144
Soto, Hernando de 80, 87-8, 179, 180, 181
Soweto 53-4, 146
Sperling, Daniel 136
stalinismo 62
Steinberg, Florian 140
Stewart, Frances 156

Stiglitz, Joseph 85
Stillwaggon, Eileen 49, 146
subsidiaridade 158
subúrbios 120-5
Sudão 34
sudeste da Ásia
    invasões 48-9
    mulheres 161-2
    propriedade da terra 92
    saneamento básico 143-4
    urbanização 20
Sukarno 70, 200
sul da Ásia
    desigualdade 167
    favelas 27-8, 36, 37
    saneamento básico 143-5
superpopulação 62, 100-1
Surate 55, 151, 181
Suret-Canale, Jean 61-2
Sutiyoso, general 118

T

Tabb, William 157
Tanzânia 34, 70
Taschner, Suzana 89, 114
Tatlon 129
Taussig, Michael 58
Tchade 35
Teerã 15, 48, 66, 168
Tekin, Latife 48
teoria neoclássica 165, 166
terremotos 131-2
terrorismo 201, 202, 205
Thatcher, Margareth 156
Thomas, Frederic 74, 86, 182
Thomas, Troy 203-4
Tibaijuka, Anna 34 n. 12
Tirana 170
títulos de propriedade 88-90, 98
Tóquio 16, 100, 130
trânsito 135-8
transporte público 136-7
Trefon, Theodore 149, 159
tributação 75, 76, 168
Truman, Harry 110
Túnis 134
Tunísia 73

Planeta Favela

turismo 113-4
Turner, John 39, 80-1
Turquia 34, 48, 66, 132

U

Uganda 157
UN-Habitat *ver* Programa de
Assentamentos Humanos das
Nações Unidas
União Soviética, antiga, (URSS) 168-70,
200
Unicef *ver* Fundo das Nações Unidas para
a Infância
urbanização 13-4, 16-29
  África 23-6, 67, 68
  África do Sul 61
  América Latina 68-9
  China 17-8, 20, 22-3, 68-9
  doenças 150-1
  Índia 18-9, 64-5, 140
  leste da Ásia 22-3
  Oriente Médio 66-7
  irregular 46-51, 68-9, 97-8
  rebeliões 202-4
  regionalizada 20-1
  riscos naturais 130
  Turquia 66-7
  Vietnã 64-6
URSS *ver* União Soviética, antiga
Uruchurtu, Ernesto 63-4, 70
Uruguai 161

V

Van der Linden, Jan 49-51, 96
Van Westen, August 97
Varanasi 186, 187
Varley, Ann 88, 90
Vasagar, Jeevan 103
Vaux, James Hardy 32
Velasco Alvarado, Juan 70
vendedores ambulantes
  Dar es Salaam 182
  Manila 106
  mulheres 162
  Nápoles 176
  repressão de 118-9
  ver também setor informal

Venezuela 63, 67-8, 129, 160
Verma, Gita 86-7, 103
Vietnã 34, 63, 74
Vijayawada 127
violência 184-5
violência étnica 184

W

Walton, John 164
Warah, Rasna 101, 147
Ward, Peter 21, 54, 59, 89
Weber, Max 26
Whitelaw, James 31
Wiseman, cardeal 32
Wolfensohn, James 84

X

Xangai
  desenvolvimento econômico 170-2
  despejos 110
  favelados 35
  mão de obra camponesa 68
  população 15, 16
  riquixás 188
  saneamento básico 144
  setor informal 178
  Zona Econômica 17
Xi Ying 188

Y

Yamuna Pushta 108
Yangon 56, 110, 113-4, 147
Yatsko, Pamela 171
Yeboah, Ian 20 n. 27
Yonder, Ayse 51
Young, Marilyn 65

Z

Zaire (Congo) 57, 67, 190-7
Zanetta, Cecilia 115, 167
Zhang, Yan 110
Zimbábue 60, 119-20, 152, 158, 178

Créditos das imagens

CAPA: Michael e a paisagem – Favela da Rocinha, Rio de Janeiro

VERSO DA PRIMEIRA CAPA: Panorâmica La Vega #1 – Favela La Vega, Caracas; Panorâmica Petare – Favela Petare Sul, Caracas; Panorâmica La Vega #2 – Favela La Vega, Caracas

VERSO DA SEGUNDA CAPA: Panorâmica Pavão e Pavãozinho – Favela Pavão e Pavãozinho, Rio de Janeiro; Panorâmica Rocinha – Favela da Rocinha, Rio de Janeiro; Panorâmica Petare Sul – Favela Petare Sul, Caracas

p. 225: Arquitetura barco – Favela Catia, Caracas

p. 226: (a) Menina em nova invasão – Favela Petare Sul, Caracas
         (b) Tubos e canos – Favela da Rocinha, Rio de Janeiro

p. 227: Membros do Surfavela – Favela da Rocinha, Rio de Janeiro

p. 228: Subindo o morro – Favela La Pastora, Caracas

p. 229: (a) Enchente – Favela da Rocinha, Rio de Janeiro
         (b) Soldado do Comando Vermelho – Favela da Mineira, Rio de Janeiro

p. 230: Close-up barrios – Favelas, Caracas

p. 231: Sandra grávida – Favela da Rocinha, Rio de Janeiro

p. 232: Pai e filho – Favela da Rocinha, Rio de Janeiro

As fotos de Caracas são parte do projeto Caracas Urban Think Tank and the Federal Culture Foundation of Germany.

Este livro foi composto em Bembo, corpo 11, títulos em Helvética, e reimpresso em papel offset 75 g/m^2 pela gráfica Rettec, para a Boitempo, em outubro de 2020, com tiragem de 1.000 exemplares.